Dieter Seibert

Stubaier Alpen

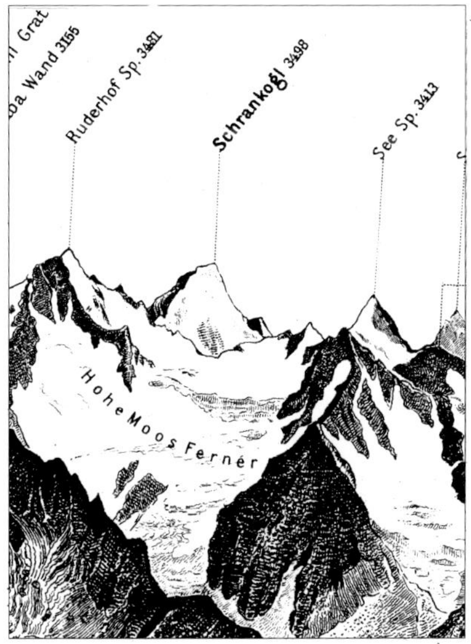

Stubaier

Wandern
Gipfel
Klettersteige
Skitouren

rosenheimer

Alpen

Dieter Seibert

Titelbild: Das Zuckerhütl, der Hauptgipfel der Stubaier Alpen, und der große Eisbruch des Sulzenauferners.

Aufnahme der Seiten 2 und 3: Die Kleine Kalkwand bei der Innsbrucker Hütte, im Hintergrund Olperer und Schrammacher in den Zillertaler Alpen.

Aufnahme rechts: Nordwand des Zuckerhütls, links der Ostgrat (Normalweg), rechts die Verbindung zur Pfaffenschneide. Die »Froschperspektive« dieser Aufnahme läßt das Gelände zu flach erscheinen.

Bildnachweis: Gerhard Dierza 5, 56/57; Norbert Fischer, 61; Siegfried Garnweidner 106/107, 111; Rainer Köfferlein 104, 109; Ludwig Mallaun Umschlag, 6/7, 38/39, 58/59, 74/75, 126/127.
Die übrigen Aufnahmen stammen von Dieter Seibert, der auch die Kartenskizzen zeichnete.

Der Sektion Innsbruck, der Sektion Touristenklub Innsbruck des Österreichischen Alpenvereins und Horst Fankhauser, dem Wirt der Franz-Senn-Hütte, sei für ihre Hilfe noch besonders gedankt.

ISBN 3-475-52 775-8

Dieses Buch erscheint im Rosenheimer Verlagshaus GmbH & Co. KG, Rosenheim. Den Satz besorgten Dieter Seibert und Typografica GmbH, Rosenheim. Es wurde gedruckt und gebunden von Egedsa, Spanien.
Die Lithografie der Abbildungen fertigte gorenjski tisk, Kranj, Slowenien.

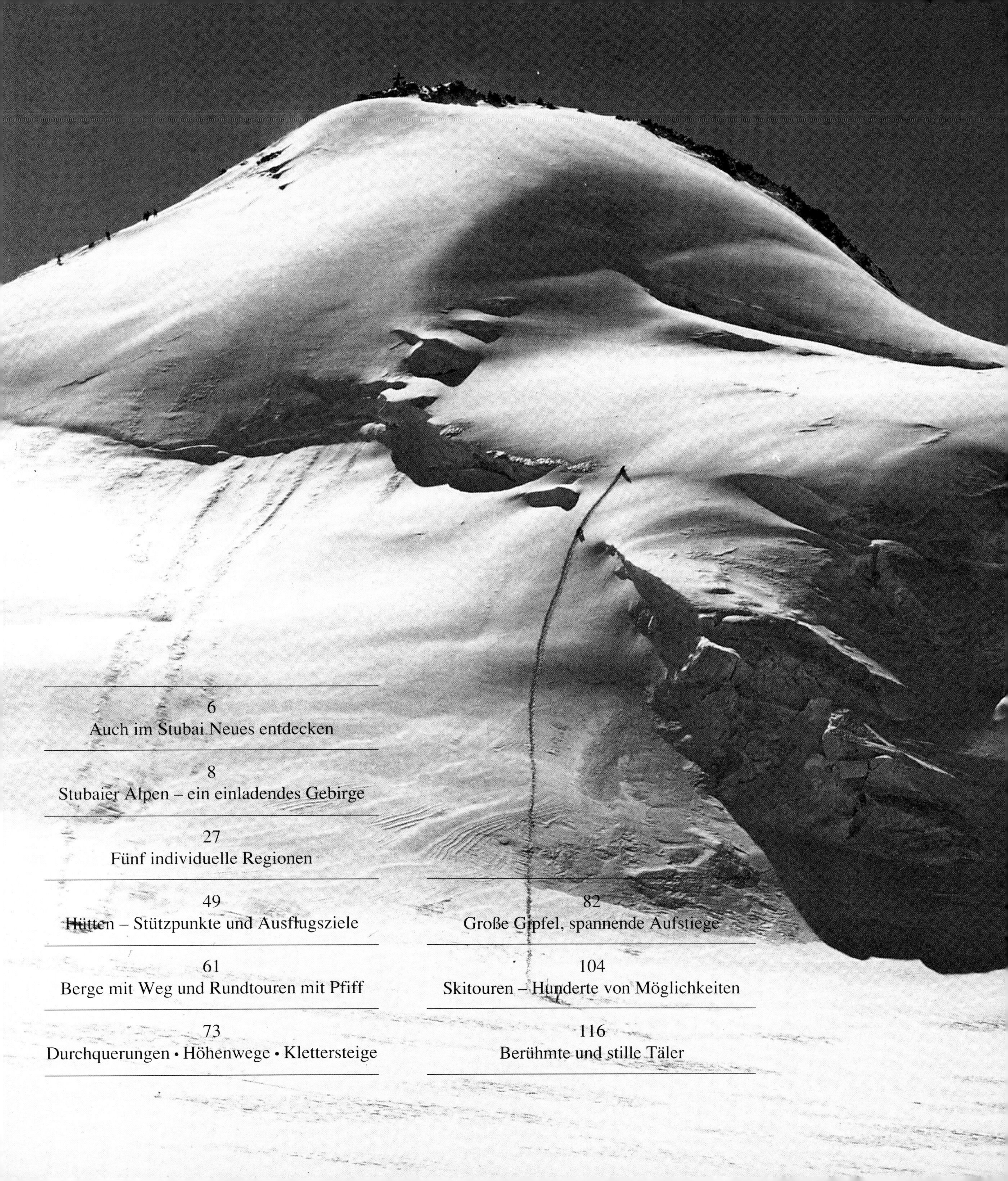

Auch im Stubai Neues entdecken

Stubaier Alpen – das Gebirge scheint so übersichtlich und altbekannt. Was gibt es dort? Die großen Eisberge um Freiger, Zuckerhütl und Ruderhofspitze, die Skiberge des Sellrain vielleicht und natürlich die bizarre Zackenwelt der Kalkkögel, dazu eine Portion lebhafter Fremdenverkehr bis hin zum großen Gletscherskigebiet. Doch, ist das wirklich alles?
Beschäftigt man sich mit einem Gebirge wie den Stubaier Alpen wirklich intensiv, dann kommt man keineswegs – wie man glauben sollte – rasch zu einem Ende. Im Gegenteil! Je tiefer man in diese Aufgabe eindringt, im geographischen und im übertragenen Sinne, desto mehr wird die Neugier geweckt, desto höher steigt die Zahl der Wünsche und Ziele. Die mit Wegen erschlossenen Gipfel des Gebirges geben ein handfestes Beispiel dazu: Jeder kennt und besucht die immer gleichen Berge von der Serles über den Habicht bis hin zur Rinnenspitze. Der Aufmerksame entdeckt eine zweite Kategorie, Gipfel, die seit eh und je erreichbar sind, aber stets nur begrenzte Beachtung fanden, etwa das Schwarzhorn, der Gänsekragen oder die Wetterspitze. Ich habe zudem eine ganze Reihe von Zielen gefunden, die bis heute völlig vergessen sind wie der Apere Turm, und andere, so neu, daß sie noch keinen Eingang in die Karten und das Bergsteiger-Bewußtsein fanden, etwa die Hemerkogel-Überschreitung. Das Erstaunliche dabei: Die unbekannten Ziele sind ebenso reizvoll, die Touren dort genauso spannend wie bei den Modebergen.
Gehen Sie mit unserem Buch auf Stubai-Entdeckungsreise, und zwar nicht nur auf Gipfeljagd! Erst bei einiger Ruhe und Muße spürt man all jene Schönheiten auf, die die Landschaft auch auf halber Höhe oder sogar unten in den Tälern zeigt. Manches Attraktive wie Bergseen, Wasserfälle oder die riesigen Alpenrosenfelder, etwa im Gleirschtal, drängt sich geradezu auf, andere Schönheiten sind viel feiner, sublimer. Immer fasziniert zum Beispiel das Quartett: schäumender Wildbach, Felsblöcke, Gras und Blumen.
Dieses »für jeden etwas« wäre ein Makel bei einer vom Menschen geschaffenen Einrichtung, einem Gebirge wie den Stubaier Alpen verleiht es durch die Kontraste und die Vielfalt jedoch seinen besonderen Reiz. Es gibt wirklich alles: Modeberge und absolute Einsamkeit, weite Gletscher und wilde Felszinnen, Kalktürme und mächtige Gneisberge, Pisten und große Tiefschneeabfahrten, Wanderwege und Klettersteige, sanfte Almmatten und tiefe Felsschluchten mit reißenden Wildbächen …

Blick von Norden auf den Wilden und den Aperen Freiger.

Stubaier Alpen – ein einladendes Gebirge

Die Vielfalt ist die erste hervorstechende Eigenart der Stubaier Alpen. Da gibt es die wilden, zu Zacken und Türmen zerklüfteten Kalkzinnen, mächtige, etwas behäbige Gletscherberge im höchsten Teil des Gebirges und recht schroffe Felsgipfel mit großen Wänden aus dunklem »Urgestein« im Nordweststubai. Als zweites fällt das Offene ins Auge. Die weiten, freundlich-sonnigen Einschnitte wie das Stubaital mit seinem dekorativen Eisberg-Hintergrund und die Böden etwa im Sellrain- oder im Gschnitztal könnten nicht einladender sein!

Wir treffen in den Berggruppen der Alpen stets auf das gleiche Phänomen: Einiges in den Gebirgen ist bekannt oder gar berühmt, darüber wird in Büchern, Artikeln, Führern usw. berichtet – wieder und wieder. Auf die restlichen Gebiete hingegen kommt kaum je die Sprache. In den Stubaier Alpen denkt jeder automatisch an vier Bereiche: Eisfahrten im Hochstubai, Klettern an den Kalkbergen, Skihochtouren und schließlich Menschenmengen im Stubaital und im Gletscher-Pistengebiet. Von den Klettereien abgesehen ist diese Vorstellung zwar richtig, hinterläßt aber letztendlich doch einen falschen Eindruck: Die Charakterisierung ist nämlich allzu unvollständig! Die Hauptaufgabe unseres Buches besteht nun darin, ein Bild mit *allen* Elementen zu zeichnen. Der Leser wird erstaunt sein, wieviel Unbekanntes sich auch in den Stubaier Alpen noch entdecken läßt.

Die Vorstellung soll in diesem Kapitel mit ein paar allgemeinen Themen beginnen.

Führer und Karten

Alpenvereinsführer, Bergverlag Rother, München.

Alpenvereinskarten 1:25000, (2 Blätter, die jedoch den Osten und den südlichsten Teil nicht zeigen).

Österreichische Karte 1:50000, Blatt 146, 147, 148, 174, 175.

Gebirge und Landschaft

Die Stubaier Alpen sind ungewöhnlich klar von den Nachbargebirgen abgegrenzt. Die Trennlinie läuft von Innsbruck durch das Wipptal über den Brenner bis Sterzing, dann über den Jaufenpaß ins Passeiertal, von dort über das Timmelsjoch ins Ötztal und über das Inntal wieder nach Innsbruck. Wer Lust hat, kann also mit dem Auto rund um das Gebirge fahren, immerhin eine Strecke von reichlich 200 Kilometern. Dabei wirken sich natürlich die Kurven und Serpentinen, vor allem am Jaufenpaß, aus. Das Gebirge selbst, das die Form eines leicht schrägliegenden Rechtecks hat, ist etwa 50 Kilometer lang und 35 Kilometer breit.

Stubaier Alpen und Innsbruck – das gehört zusammen. Die Sill, der Fluß des zum Brenner führenden Wipptals, mündet im Stadtgebiet in den Inn. Hier haben wir mit 570 Meter also die tiefste Stelle unseres Gebirges; sie liegt demnach 2937 Meter unter dem Stubaier Hauptgipfel, dem Zuckerhütl (3507 m). Ja, die Sill hat noch eine besondere Bedeutung: Die Tiroler Landeshauptstadt liegt zum größten Teil auf jenen Schutt- und Schlammassen, die der Fluß herangeschleppt und hier abgelagert hat. Die Sill drängte damit auch den Inn ganz auf die andere Talseite bis unmittelbar an den Fuß der hier steil ansteigenden Karwendelhänge.

Der Name »Stubai« hat uralte Wurzeln. Die Fachleute konnten, trotz aller Bemühungen, keine schlüssige Deutung finden. Das Wort bezieht sich selbstverständlich nur auf das Stubaital. Erst die Alpinisten haben diese Bezeichnung dann aufgegriffen, um danach das gesamte Gebirge als Stubaier Alpen zu bezeichnen, eine sinnvolle Lösung, bildet doch dieses Tal den wichtigsten Einschnitt in der ganzen Berggruppe. Das ist keineswegs überall so; in den Ötztaler und Lechtaler Alpen etwa bilden die namengebenden Täler lediglich die Grenzen. Die Bergsteiger von heute gehen mit dem Wort allerdings recht freizügig um. »Ich fahre ins Stubai.« Dabei kann das Tal, aber auch das Gebirge gemeint sein.

Obwohl die Stubaier deutlich niedriger als die benachbarten Ötztaler Alpen sind, ragen hier doch etwa neunzig selbständige Dreitausender auf! Ganz ungewöhnlich ist zudem die Gliederung dieses Gebirges. Im Ge-

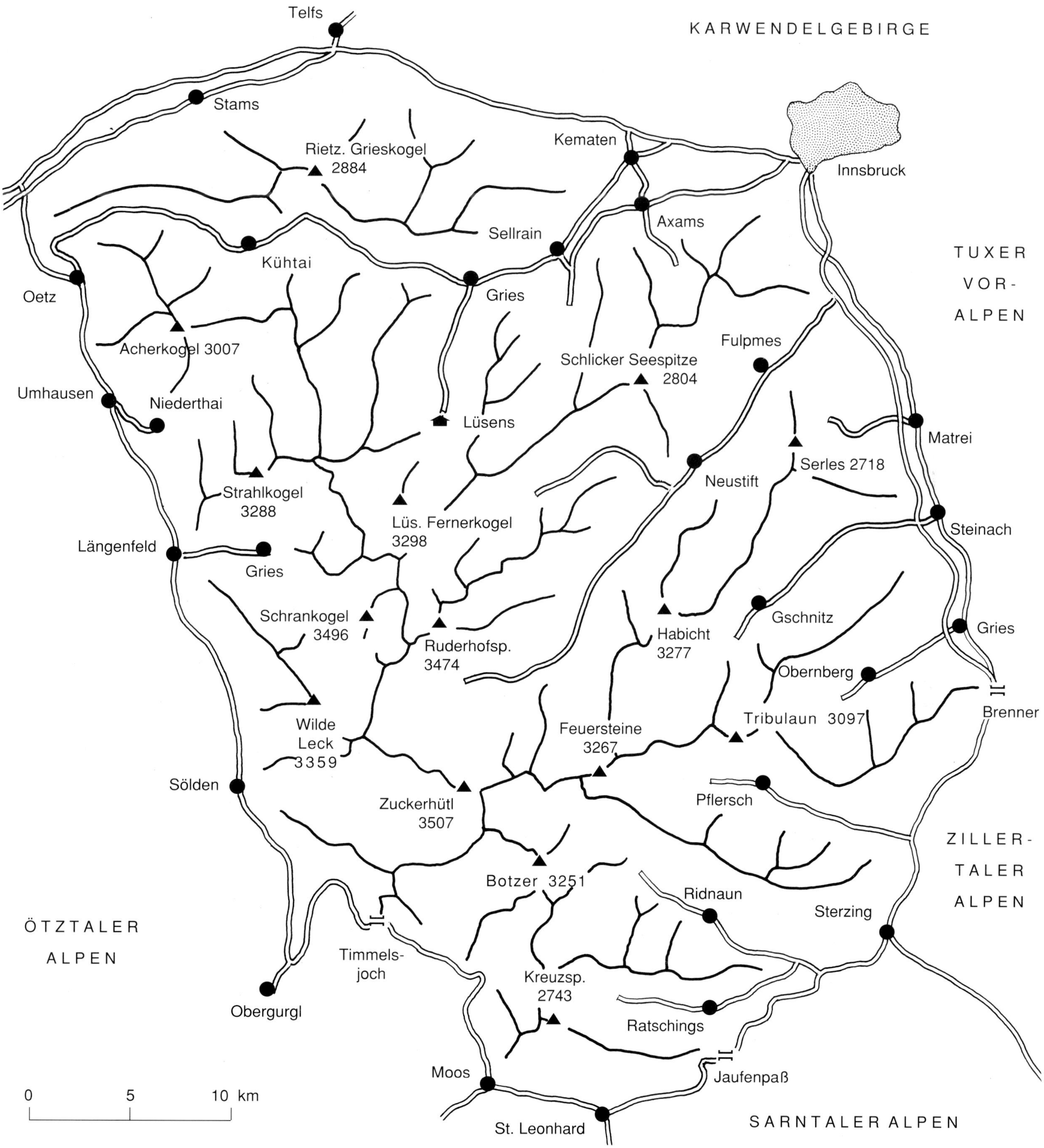
Telfs
KARWENDELGEBIRGE
Stams
Rietz. Grieskogel
2884
Kematen
Innsbruck
Axams
Sellrain
Kühtai
Oetz
Gries
TUXER
VOR-
ALPEN
Fulpmes
Acherkogel 3007
Schlicker Seespitze
2804
Umhausen
Niederthai
Lüsens
Matrei
Neustift
Serles 2718
Strahlkogel
3288
Lüs. Fernerkogel
3298
Steinach
Längenfeld
Gries
Schrankogel
3496
Ruderhofsp.
3474
Habicht
3277
Gschnitz
Gries
Obernberg
Wilde
Leck
3359
Feuersteine
3267
Tribulaun 3097
Brenner
Sölden
Zuckerhütl
3507
Pflersch
ZILLER-
TALER
ALPEN
Botzer 3251
Ridnaun
Sterzing
ÖTZTALER
ALPEN
Timmels-
joch
Kreuzsp.
2743
Obergurgl
Ratschings
Moos
Jaufenpaß
0
5
10 km
St. Leonhard
SARNTALER ALPEN

Ein Berg im Grenzkamm, der schon viel Aufsehen erregte und den dennoch nur wenige »persönlich« kennen: das Goldkappl in der Tribulaungruppe.

gensatz etwa zu den Zillertaler Alpen mit dem geraden Hauptkamm und den akkurat nordsüdlich ausgerichteten Tälern sind die Stubaier eher ein »unordentliches« Gebiet. Von einem Zentrum bei der Schaufelspitze laufen die Taleinschnitte und damit auch die Bergkämme fast strahlenförmig in alle Richtungen und bilden einen – allerdings recht schiefen – Stern.

Seejöchl, 2518 m
2 1/2 Std. von der Kematerالm, bis zur Adolf-Pichler-Hütte erst breiter, später kleinerer Weg über Gras und Geröll.

Gneis, Schiefer, Kalk – die Baumeister

Nichts bestimmt den Charakter eines Berges so stark wie die dort herrschende Gesteinsformation. So zeigen zum Beispiel in den Allgäuer Alpen drei bekannte Gipfel ein ganz unterschiedliches Aussehen: die Höfats, ein ungewöhnlich steiler Grasberg, die Mädelegabel mit den zerborsten-splittrigen und gerölldurchsetzten Felswänden und der Hohe Ifen, an dessen Fuß sich ein Karstplateau über Kilometer hinzieht. Jeder Kenner weiß nach diesen wenigen Worten, selbst wenn er die Allgäuer noch nie gesehen hat, welches der folgenden Gesteine zum jeweiligen Gipfel gehört: Aptychenkalk, Hauptdolomit und Schrattenkalk.
In den Stubaier Alpen sind die Gesteinsunterschiede krasser und auffallender als in allen anderen Gebirgen Tirols. Üblicherweise sind die Ostalpen sauber in Nördliche Kalkalpen und Zentralalpen mit kristallinen Gesteinen aufgeteilt. So besteht etwa das Karwendel ganz aus Kalken, während in den Zillertaler Alpen hauptsächlich Gneise und Schiefer zu finden sind. Lediglich die Stubaier fallen aus der Rolle: Etwa 80 % gehören in den Bereich des »Urgesteins«, während es sich bei dem Rest ganz unverkennbar um Kalkberge handelt.

Die höchsten Stubaier Gipfel

1.	Zuckerhütl	3507 m
2.	Schrankogel	3497 m
3.	Ruderhofspitze	3474 m
4.	Sonklarspitze	3467 m
5.	Wilder Pfaff	3456 m
6.	Wilder Freiger	3418 m
7.	Östliche Seespitze	3416 m
8.	Schrandele	3392 m
9.	Schwarzenberg	3379 m
10.	Wilde Leck	3359 m
11.	Aperer Pfaff	3353 m
12.	Windacher Daunkogel	3348 m
13.	Warenkarseitenspitze	3347 m
14.	Stubaier Wildspitze	3341 m
15.	Schaufelspitze	3332 m
16.	Östlicher Daunkogel	3330 m
17.	Hinterer Brunnenkogel	3325 m
18.	Vorderer Brunnenkogel	3304 m
19.	Mittlere Kräulspitze	3303 m
20.	Mutternberger Seespitze	3302 m
21.	Lisenser Fernerkogel	3298 m
22.	Hinterer Wilder Turm	3294 m
23.	Strahlkogel	3288 m
24.	Breiter Grieskogel	3287 m
25.	Hölltalspitze	3279 m
26.	Habicht	3277 m
27.	Südliche Wildgratspitze	3274 m
28.	Feuersteine	3267 m
29.	Aperer Freiger	3261 m
30.	Botzer	3251 m

Die Unterschiede zwischen Kalk und kristallinem Gestein sind hier so auffallend, daß sie jedes Kind bemerken muß. Die Kalkformationen, es handelt sich im Gipfelbereich nahezu ausschließlich um Hauptdolomit, erkennt man an dem hellen Fels, den bizarren Formen, den mächtigen Schutthalden aus feinem Geröll und der Vegetationsarmut. Das Gegenstück dazu bilden die Gneise und Glimmerschiefer: behäbigere Formen, der Schutt häufig als grobes Blockwerk ausgebildet, der Fels auffallend dunkel und oft bis in Höhen von über 3000 Meter üppig bewachsen. Ein einzigartiges Schauspiel geben drei Gipfel, alle mit der Bezeichnung »Weißen«, auf der Südtiroler Seite der Stubaier Alpen. Wer plötzlich und unvorbereitet einen der drei Berge erblickt, traut im ersten Moment seinen Augen nicht so recht (das ist ganz wörtlich gemeint), beim zweiten Hinschauen wundert er sich über das verschneite Gelände, und erst allmählich begreift er die Wirklichkeit: Hier leuchtet der Kalkfels so hell inmitten einer dunklen Umgebung.
»Grau ist alle Theorie…« heißt es schon in Goethes Faust. Deshalb folgen hier drei Anregungen für Wanderungen, bei denen man sich die Gegensätze selbst betrachten kann. Außerdem: die Ausflüge, die zu derartigen Spezialthemen vorgeschlagen werden, machen stets auch für sich alleine (in diesem Fall also ohne geologischen Hintergrund) viel Spaß. Dieser Pfeil ⇛ weist auf die Touren hin.

⇛ Seejöchl (2518 m) heißt der breite Sattel am Westfuß der Schlicker Seespitze. Er bildet eine auffallende Trennlinie zwischen Kalk und kristallinem Gestein: auf der einen Seite riesige, hellgraue Schutthalden, die nach oben in stark zerborstene Felsflanken, an der Riepenwand auch in senkrechte Wände übergehen; gegenüber der ganz von Gras überwucherte Gamskogel, an dem nur manchmal der dunkle Fels hervorschaut. Man kann gemütlich zum Jöchl wandern und dann mühelos den Gneisberg oder – wegen des Gerölls und der Schrofen – mit einiger Mühe die Kalkzinne besteigen.
Der Weg: Von Grinzens bei Axams auf der Mautstraße zur Kemateralm (1673 m). Nun stets mit herrlichem Blick auf die Kalkkögel zur Adolf-Pichler-Hütte und weiter empor über Grasböden auf einen Grat. Von dort über die große Schutthalde ins Seejöchl. Nach rechts auf Steigspuren über den Rücken auf den Gamskogel (2659 m, gut 3 Std. ab Kemateralm) oder nach links auf die Schlicker Seespitze (2804 m, knapp 4 Std., Näheres siehe Seite 65).

⇛ Als Weißwandwinkel (2530 m) könnte man das enge Hochkar am Fuß von Weißwand und Schafkampspitze bezeichnen. Man wandert dort oben, von Südwesten kommend und den weiten Ausblick bis in die Dolomiten bewundernd, durch eine Gneis-Bilderbuchlandschaft mit rundgeschliffenen Felsen, grobem Blockwerk und gemütlichen Mattenflekken. Doch dann biegt man in den Weißwandwinkel ein und steht plötzlich in einer düsteren Chaoslandschaft. Ein dunkler Türmegrat schließt das Hochkar gegen Norden ab, der sich dann von einem Meter zum anderen in eine gelbe und bizarre Zackenschneide verwandelt. Die Steilhänge, die zur Weißwand hinaufziehen, sind in verschiedenen Farben wie eine Torte geschichtet, und hier unten im Karboden lagern die Felstrümmer, gefärbt von fast weiß über rötlich bis schwarz, wahrlich bunt gemischt.
Der Weg: Aus dem Innerpflersch wie auf Seite 58 beschrieben zum Stubensee kurz vor der Magdeburger Hütte. Hier rechts ab, quer durch die Hänge an eine Geländeecke und dann hinein in das Hochkar am Fuß der Weißwand. Selbstverständlich kann man von hier dem anspruchsvollen Höhenweg weiter bis zur Tribulaunhütte folgen.

Weißwandwinkel, 2530 m
4 Std. ab Parkplatz Pflerschtal, Steige in teilweise steilem Gelände, doch keine Schwierigkeiten.

Schneeberger Schwarzsee, 2609 m
Knapp 3 Std. von der Timmelsjochstraße, bis zum Schneeberg guter Weg, dann ganz kleiner, wenig begangener Pfad.

Lüsenser Villerspitze, 3027 m
Gut 4 Std. von Lüsens, Bergweg bis vor das Joch, dann pfadlos, schließlich leichte Kletterei bis II-.

⇛ Schneeberger Schwarzsee (2609 m) – das ist ein ebenso ausgefallenes wie eindrucksvolles Ziel. Nur wenige Touren bieten so viele Überraschungen! Schwarzseespitze (2988 m) und Sprinzenwand bilden den Hintergrund des Schneeberger Hochtales, dunkle Schieferberge, zwischen die sich die Moarer Weißen schiebt, ein Gipfel in einem Hellgrau, das fast gespenstisch wirkt. Auf dem Weg dorthin wandert man über sehr schöne Wiesen, sieht Schluchten und Wasserfälle und kommt durch die Mond- und Maulwurfslandschaft des ehemaligen Bergwerks von St. Martin.
Der Weg: In Südtirol auf der Timmelsjochstraße bis kurz vor Saltnuß (1670 m). Auf dem bequemen Weg über schöne Lichtungen, eine Schlucht und schließlich durch ein Hochtal ins Bergwerksgebiet und zur Schneeberghütte (2354 m). Nach Nordosten zum Bach, gegenüber dann auf einem ganz kleinen Steig erst über Böden, dann über eine höhere Stufe mit Wasserfällen zu einem versteckten Hochkar mit dem Schwarzsee unmittelbar unter den Felsen der erwähnten Gipfel. Freier Blick nach Süden.

Während die Stubaier Kalkberge recht einheitlich aus Hauptdolomit bestehen, wartet das kristalline Gestein mit vielen Variationen auf. Es ist kein Zufall, daß man hier alles von sanften Kuppen wie dem Pirchkogel bis hin zu wirklich wilden Felsbergen, etwa der Hohen Villerspitze, findet. Alle Gneise und kristallinen Schiefer bestehen aus drei Grundbausteinen: den Mineralen Quarz, Feldspat und Glimmer. Dazu gibt es eine ganz einfache Formel: Je geringer der Anteil an Glimmer ist, desto fester, je größer, desto »mürber« wird das Gestein. Entsprechend redet man von Gneisen, Schiefergneisen, Gneisglimmerschiefern und Glimmerschiefern, eine Reihenfolge vom festen, zu kantigen Blöcken verwitterndem Gestein bis hin zu jenen morschen, wie Blätterteig zerfallenden Schiefern.
Dem Glimmer kommt also die Rolle des Bösen zu, zumindest in den Augen der kletternden Bergsteiger. Trotzdem ist das ein interessantes Mineral. Sicher haben auch Sie sich schon über das Glitzern auf den Bergstiefeln gewundert, wenn Sie zum Beispiel am Roten Kogel in der Fotsch unterwegs waren. Glimmer

zerfällt zu dünnsten Plättchen, die zudem biegsam und nicht starr sind, wie man es bei einem Gestein annehmen würde. Diese Plättchen haben alle Schattierungen von fast schwarz bis farblos durchsichtig, manche sind auch rostrot; hier ist Eisen beigemengt, und die Farbe stammt wirklich vom Rost. Der helle Glimmer wird als Muskovit bezeichnet, ein Wort, das sich von Moskau herleitet. Manchmal findet man in den Stubaier Bergen ganze Pakete dieser feinen Plättchen, die sich oft schon mit dem Fingernagel voneinander trennen lassen. In anderen Gebirgen, etwa im Ural, kommen so dicke Lagen von Muskovit vor, daß sich ein Abbau lohnt. Das Produkt wird dann als hochwertiges Isoliermaterial vor allem in der Elektroindustrie verwendet.

Manchmal überziehen kleine, rotbraune Beulen den Glimmerschiefer. Jede Beule ist ein Granat, jenes dunkelrote Mineral, das auch zu Schmuck verarbeitet wird. An der Oberfläche sind die Kristalle stark verwittert, zerschlägt man jedoch den Stein, dann kommt die typische Färbung zum Vorschein. Die Bezeichnung hat außerdem nichts mit einer Granate zu tun; Pate für den Namen stand vielmehr der Granatapfel und dessen Farbe. Natürlich gibt es die Granate nicht nur als erbsengroße »Pickel«; schon drüben am Granatenkogel in den Ötztaler Alpen hat man recht stattliche Exemplare gefunden, und der größte bekannte Kristall wiegt sogar 700 Kilogramm!

⇛ Granate an der Villerspitze. Wer einmal über Granate wandern will, steigt durch eine typische Glimmerschieferlandschaft zur Lüsenser Villerspitze (3027 m) hinauf, einem stattlichen Berg mit schön zugespitztem Felsgipfel. Das ist allerdings keine harmlose Wanderung für jedermann. Der plattige, teilweise brüchige Granatglimmerschiefer am Gipfelaufbau erfordert nicht nur Trittsicherheit, man muß dort sogar ein wenig klettern (II-). Beim Aufstieg kommt man zum Hochgraffljoch, ein Wort, das so richtig zu unserem Gestein, dem Glimmerschiefer, paßt. Die Tiroler Bezeichnung Geraffel, was etwa dem hochdeutschen Gerümpel entspricht, charakterisiert den zu Trümmerhaufen zerborstenen Fels.

Die Route: Von Lüsens 5 Min. auf dem Sträßchen talein, dann auf einem Fußweg durch einen lichten Zirbenwald steil empor zu einer Verzweigung etwas oberhalb. Stets herrlicher Blick ins Tal, auf den Lüsenser Fernerkogel, den Hohen Seeblaskogel usw. Erst weiterhin steil aufwärts, dann nach links und um zwei Ecken herum ins Schönlisenstal. Durch das Kar bis unter das Hochgraffljoch. Hierher auch von der Potsdamer Hütte in knapp 2 Std. Nun ohne Weg nach Süden durch ein schmales Trümmerkar zum Kamm, dann rechts auf der Abdachung an den letzten, felsigen Gipfelaufbau. Auf und rechts neben dem Grat über die erwähnten Granatplatten zum Kreuz empor.

Der Bergsteiger hat natürlich mehr Spaß am anderen Extrem, an den glimmerarmen Gesteinen, den Granit- und Tonalitgneisen, Amphiboliten usw. Gerade in den Stubaier Alpen findet man so manche wilde Felsgestalt aus kristallinem Material, populäre Gipfel, etwa die Wilde Leck oder den Acherkogel, andere, die nur wenig beachtet werden, wie Hohe Villerspitze, Strahlkogel, Vorderer Brunnenkogel, und schließlich völlig unbekannte, etwa die Hölltalspitze, den Grastaler Grieskogel und den Schwarzwanter. Dieser Fels ist zum Klettern keineswegs so schlecht wie sein Ruf (siehe auch Seite 100), zumal bei einem Vergleich mit den Stubaier Gipfeln aus Kalk. Unter den Ostalpenbergsteigern gibt es – im Gegensatz zu ihren Kollegen in den Westalpen – eine Art Kalk-Bonus: Bei gleicher Brüchigkeit gilt das »Urgestein« als der schlechtere Kletterfels. Ich persönlich würde dies genau umdrehen: Die groben Trümmer im Kristallinen sind mir wesentlich weniger unangenehm als ein splittrig-bröseliger Kalk mit seinen stets sehr abschüssigen und ausgesetzten Schrofen.

Die beiden Aufnahmen zeigen die typischen Unterschiede: Was wie eine Burgmauer aussieht, ist ein Wändchen aus Gneis, das zu diesen kantigen Stücken verwittert ist. Unten sieht man den zu feinem, splittrigem Material zerfallenden Hauptdolomit.

Nochmals ein Vergleich zwischen Kalk und Kristallin:
Links – Schlicker Seespitze und Seejochturm in den Kalkkögeln.
Rechts – Schwarzwanter und Hoher Kogel bei Gries im Ötztal.

Unten – Karwendlerturm am Fuß des Nordecks bei der Ochsenwand in den Kalkkögel.

Bergseen und Wildbäche

Ohne die Seen würde der schönste Schmuck fehlen. In den Stubaier Alpen beleben nicht weniger als 150 Wasserflächen die Hochregion! Die meisten Seen schufen die Gletscher. Sie schürften entweder im felsigen Untergrund jene Wannen aus, die sich dann beim Abschmelzen mit Wasser füllten. Häufiger noch stauen sich die Bäche hinter alten Moränenwällen, die vor allem der große Gletschervorstoß um 1850 zurückgelassen hat. Die Blaue Lacke und der Grünausee oberhalb der Sulzenauhütte sind auffallende Beispiele dafür. Mit dem Zurückschmelzen der Zungen entstehen auch immer wieder neue Seen wie jene große Wasserfläche am Fuß des Grabawandferners östlich der Ruderhofspitze.
Nach den Gipfeln bieten die Hochgebirgsseen dem Bergwanderer die reizvollsten Ausflüge. Trotzdem bilden sie erstaunlich selten das Ziel einer Tour. Einzig der Rinnensee im Gebiet der Franz-Senn-Hütte hat einen bekannten Namen; eindrucksvolle Fotos mit den eisgepanzerten Seespitzen im Hintergrund haben ihm wohl zu seiner Popularität verholfen. Andere Seen lernen die Wanderer nur deshalb kennen, weil ihr Weg zufällig daran vorbeiführt. Auch hier ist der Grünausee zwischen der Sulzenau- und der Nürnberger Hütte das passende Beispiel. Die meisten Seen werden jedoch fast nie aus ihrem Dornröschenschlaf gestört.
Auch hier folgen zwei Vorschläge als eine Art Appetithappen. Wer auf den Geschmack gekommen ist, kann sich aus der Aufstellung auf der Seite 16 weitere Anregungen holen.

⇛ Grastalsee (2533 m) – ein recht großer See in einem strengen, hochalpinen Tal weitab aller üblichen Wege. Viel Moränenschutt und Blockwerk umrahmt die immerhin 500 Meter lange Wasserfläche, Gletscherschliffe, über die Felsen gischtende Wildbäche und mächtige, zerklüftete Wände vervollständigen das Bild einer urwüchsigen Landschaft. Durch den emsigen Verkehrsverein von Niederthai wurden hier alte Wege markiert und neue kreiert; so kann der Trittsichere einen Besuch des Sees mit einer Überschreitung des Hemerkogels kombinieren.
Direkter Weg zum See: Vom Niederthaier Ortsteil Ennebach auf der Forststraße nach Nordosten, dann rechts abbiegend auf dem Fußweg in das schöne, von Wänden eingerahmte Grastal. Stets links des Baches auf dem kleinen Steig weit talein, dann über eine hohe Schutt- und Blockstufe zum See.
Über den Hemerkogel: Von Niederthai nach Süden in den Mauslasattel und schräg durch die Hänge empor

Grastalsee, 2533 m
Gut 3 Std. ab Niederthai, Fahr- und Fußwege, später nur kleiner Pfad in teils steinigem Gelände.

Name	Höhe in m	Länge in m	Gebiet	Zugang von
Daunjochsee	3050	50	Unterbergtal	Dresdner Hütte, 2 1/4 Std., Bt
Rötenkarsee	2930	100	Timmelstal	Timmelsjoch, 1 1/2 Std., wl
Graba-Eissee	2920	100	Unterbergtal	Regensburger Hütte, 2 1/4 Std., Bt
Oberer Seekarsee	2827	100	Windachtal	Ghs. Fiegl, 2 3/4 Std., Bt
Oberster Schrankarsee	2755	80	Sulztal	Amberger Hütte, 3 1/4 Std., wl
Königshofsee	2718	180	Timmelstal	Timmelsjochstraße, 2 1/2 Std., Bw
Triebenkarsee	2691	250	Windachtal	Siegerlandhütte, 40 Min., Bw
Laubkarsee	2681	230	Windachtal	Sölden, 4 Std., Bw
Seekarsee	2658	240	Windachtal	Ghs. Fiegl, 2 1/4 Std., Bw
Hinterer Egetensee	2647	250	Egettal (Ridnaun)	Ridnauntal, 4 Std., Bt
Rinnensee	2646	250	Oberbergtal	Franz-Senn-Hütte, 1 1/2 Std., Bw
Falbesonersee	2575	200	Unterbergtal	Regensburger Hütte, 1 Std., Bw
Übeltalsee	2570	320	Egettal (Ridnaun)	Ridnauntal, 3 3/4 Std., Bw
Grastalsee	2533	500	Horlachtal	Niederthai, 3 1/4 Std., Bw
Schwarzsee	2514	300	Timmelstal	Timmelsjochstraße, 2 1/2 Std., Bw
Mutterbergersee	2483	260	Unterbergtal	Dresdner Hütte, 1 3/4 Std. Bw
Moarer Egetensee	2468	200	Lazachertal (Ridnaun)	Timmelsjochstraße, 2 1/2 Std., Bw
Pfurnsee	2467	400	Egettal (Ridnaun)	Ridnauntal, 3 1/4 Std., Bw
Lautersee	2425	190	Gschnitztal	Bremer Hütte, 30 Min., Bt
Sandessee	2360	100	Pflerschtal	direkt bei der Tribulaunhütte
Schönrinnensee	2353	240	Sulztal	Gries, 2 1/2 Std., Bw
Oberer Plendelesee	2344	250	Kühtai	Lift von Kühtai
Trüber See	2332	600	Egettal (Ridnaun)	Ridnauntal, 3 1/2 Std., Bt
Grünausee	2328	320	Unterbergtal	Sulzenauhütte, 45 Min., Bw
Finstertalsee (Stausee)	2300	1500	Gebiet Kühtai	Kühtai, 1 Std., Bw
Blaue Lacke	2289	260	Unterbergtal	Sulzenauhütte, 20 Min., Bw
Hundstalsee	2289	210	Hundstal	Roßkogelhütte, 2 1/4 Std., Bw
Obernbergersee	1594	800	Obernbergtal	inneres Obernbergtal, 1 Std., Bw

Bw = Bergweg, Bt = Bergtour (anspruchsvoller), wl = weglos

Timmler Schwarzsee, 2514 m
2 1/2 Std. von der Timmelsbachbrücke, erst Fahrweg, dann kleiner Steig ohne Probleme.

Der Sulzenau-Wasserfall zählt zu den schönsten und wasserreichsten Kaskaden in Tirol.

zur Oberen Hemerachalm. Von dort über die teilweise steile, meist begrünte Flanke etwas mühsam auf den Hemerkogel (2759 m). Auf und neben dem Grat ein gutes Stück nach Süden, dann links durch die steile »Dreckflanke« zum See. Etwa 1 1/2 Std. weiter als der direkte Weg; Trittsicherheit unbedingt notwendig.

⇛ Timmler Schwarzsee (2514 m) – mit diesem Kleinod eines Bergsees beschäftigt sich die Erzählung ab Seite 44. Bitte, lesen Sie dort nach. Nur an den so schönen Blick auf die vergletscherten Gipfel im Süden, wie den Hohen First, sei auch hier erinnert.
Der Weg: Auf der Südrampe der Timmelsjochstraße zur Brücke über den Timmelsbach (1760 m, Parkplatz). Rechts des schluchtartig eingeschnittenen Bachs auf einem Fahrweg zur Timmelsalm. Über die Brücke, dann knapp oberhalb des interessanten Wildbachs über mehrere kurze Stufen zum ebenen Boden am Krumpwasser. Am linken Rand entlang, dann links durch einen Einschnitt zwischen den Felsen, schließlich über eine hohe Geländestufe empor zum See.

Bäche im Flachland, soweit man sie nicht sowieso in seelenlose Kunstbetten gezwungen hat, geben ein idyllisches Bild der Ruhe. Ihre Verwandten im Gebirge hingegen tragen recht passend die Bezeichnung *Wildbach*. Das sind quicklebendige Gesellen, und selbst auf flachen Schwemmböden, die oft von verästelten

Mäandern überzogen sind, zeigt das Wasser noch eine kräftige Strömung.
Man findet keinen langweiligen Wildbach im Hochgebirge, doch viele, die ausgesprochen malerisch sind. Oberhalb der Baumgrenze schaffen jene Böden und Hänge die besten Bedingungen, die nicht – wie so häufig – dick unter einer Schuttschicht begraben sind, sondern wo der Bach sich zwischen den Blöcken schlängelt, wo sich das Wasser in ein Felsbett eingeschnitten hat und jene kleinen Kapriolen vorführt, die das Wort Wildbach rechtfertigen: Miniwasserfälle über kurze Felsstufen, Wasserbobbahnen, sauber ausgewaschene Gufeln, heftiges Gischten an den Blöcken ... Da kann man durchaus einmal allen Gipfel-Ehrgeiz vergessen, um zu bummeln und zu schauen.
Auch über den Tälern gebärden sich die Bäche noch einmal recht ungestüm, bieten pittoreske Bilder und locken die neugierigen, verspielten, abenteuerlustigen Menschen inklusive der Kinder an. Auch hier schufen die Eiszeitgletscher die heutige Landschaft. Typisch sind die Trogtäler, in die die Seitenäste mit hohen Steilstufen münden. So liegt zum Beispiel die Ausmündung des Falbesontales 600 Meter über dem Unterbergtal. Nach dem Abschmelzen der Eismassen haben sich dann die Bäche mehr oder weniger tief in diese Stufen eingeschnitten, und damit wurden recht eindrucksvolle Bachbetten mit steilen Abbrüchen, Schluchten, Klammen und Wasserfällen geschaffen. Einige malerische Stellen wie der Mischbach-Wasserfall (siehe Seite 120) sind mit Steigen erschlossen, bei anderen müßte man auf eigene Faust den Forscher spielen.

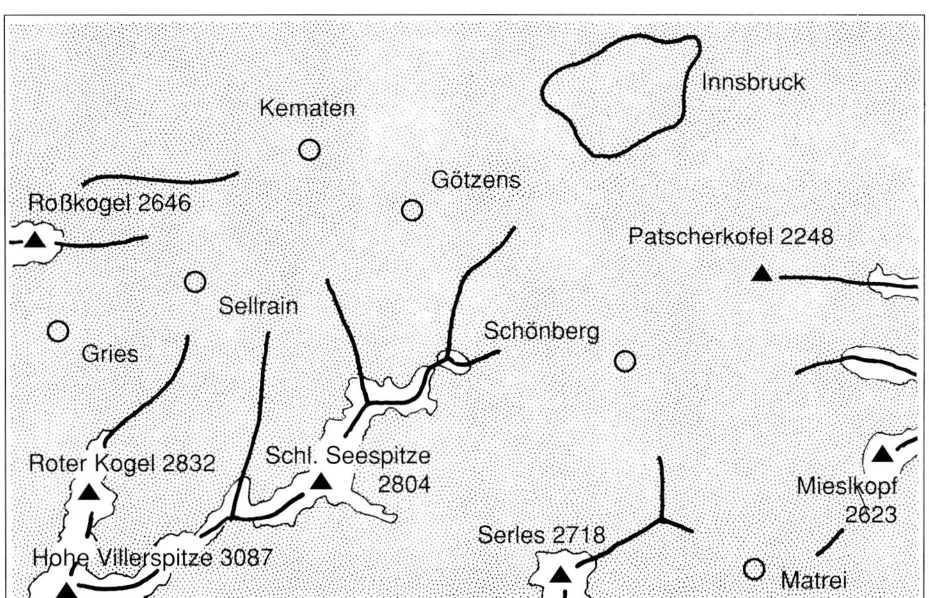

Höchster Stand der Talgletscher während der Eiszeiten. Die weißen Flächen zeigen das freie Gelände.

Drei Anregungen zu kurzen Wildbachausflügen: Von Haggen in 1 Std. durch das Kraspestal zur Hinterzwing; von Gries im Ötztal auf der Höhe von Winnebach zum gleichnamigen Flüßchen; von Südtiroler Ridnaun ins Agglstal mit Klammen, Gletscherschliffen, Böden, Felsplatten usw.

Gletscher – einst und heute

Während die Gesteine sozusagen passiv an der Gestaltung der Berge mitwirken – den Eigenschaften entsprechend ergeben sich bestimmte Formen –, arbeiten die Gletscher durchaus aktiv. Treffender müßte es heißen: sie arbeiteten. Das Aussehen der Stubaier Bergwelt wurde in den groben Formen während der Eiszeiten festgelegt. Damals entstanden die Trogtäler wie das Stubaital, und es wurden die weiten Becken der Hochregion ausgeschürft. Zu dieser Zeit hatte die Landschaft Ähnlichkeit mit dem heutigen Spitzbergen. Im Innsbrucker Becken reichte das Eis des Inngletschers bis in Höhe der Seegrube, der Strom floß zudem über den Patscherkofel und hobelte ihn zu einer flachen Kuppe ab.
An den runden Formen kann man noch heute ablesen, wie dick das Eis einst war. Mancher Gipfel über dem Wipptal, etwa Blaser, Eggerjoch und Sattelberg, wurde völlig überdeckt. Der Gratrücken hoch über dem Stubaital, auf dem die Starkenburger Hütte liegt, ist deutlich abgehobelt, während am Hohen Burgstall das Unregelmäßige auffällt.
Die Gletscher wirkten wie ein Meer, aus dem viele Berge als Inseln herausragten. Der Inngletscher hing über den Brenner mit dem Eisackgletscher und dieser wiederum über den Jaufenpaß (!) mit dem Etschgletscher zusammen. Die Serles bildete damals einen einsamen Vorposten am Rand einer unendlichen Eisfläche. Im Osten tauchten erst nach 11 Kilometern die Tuxer Voralpen aus dem Firn, nach Norden wurde die Fläche sogar auf 20 Kilometer Entfernung durch nichts unterbrochen, und zur Schlicker Seespitze hätte man mit nur 200 Metern Höhenverlust hinüberwandern können.
Noch heute füllen ansehnliche Eisströme die weiten, offenen Becken des Hochstubais, und sie umgeben die Berge im Norden bis hin zum Lüsenser Fernerkogel. Der bei weitem größte Gletscher, der vielen ganz unbekannt sein dürfte, liegt erstaunlicherweise auf Südtiroler Boden: der Übeltalferner, der sich im innersten Ridnauntal versteckt. In den Stubaier Alpen ist er eine Art Außenseiter, ein ungewöhnlich flaches und breites Gebilde. Felssporne trennen fünf kleine Becken

ab, kurze Abbrüche zerteilen den gewaltigen Eisstrom in verschiedene Stockwerke, Gletscherbrüche und mächtige Spalten sorgen für eine zusätzliche Gliederung. Im Nebel ist hier ein Zurechtfinden nahezu unmöglich.
Im Verhältnis zu diesem Übeltal-Sonderling zeigen die anderen Stubaier Gletscher meist ein Aussehen, wie es sich »gehört«: Sie entspringen in großen, übersichtlichen Becken, bilden auf ihrem Weg ins Tal wenigstens einen malerischen Eisbruch und enden dann schön ordentlich mit einer Zunge. Sulztal- und Alpeinerferner sind geradezu Schulbeispiele dieses Gletschertyps. Es gibt auch recht zahme Gesellen wie den Westarm des Schaufelferners – der ideale Platz für das wohl erfolgreichste Sommerskigebiet der Ostalpen. Doch auf dieses »harmlos« sollte sich kein Bergsteiger verlassen! Die Spaltengefahr lauert auf fast allen Eisströmen; ohne Seil, Pickel usw. wäre hier nur ein Leichtsinniger unterwegs!
Der geringe Niederschlag und die hohen Temperaturen in den vergangenen Jahren »nagen« auch am Stubaier Eisschmuck. Vor allem der Firn in den Wänden, Flanken und Rinnen schmilzt sichtbar ab. Eiswände werden schmäler und bekommen graue Flecken; und es ist ein häßlicher, dick mit Schutt bepackter Fels, der hier zutage tritt, und der die Bergsteiger mit zusätzlichem Steinschlag gefährdet. Dabei gibt gerade der Firn vielen der hohen Stubaiberge ihren besonderen Reiz. Es wäre schon ein Verlust, wenn die Entwicklung in dieser Weise und noch dazu in diesem Tempo weiterginge. Da kann man nur einen Tip geben: Die Stubaier Gletschertouren bereits im Frühsommer, etwa in der zweiten Julihälfte, auf das Programm setzen.
Gletscher zählen auch für den Bergwanderer zu den eindrucksvollsten Erlebnissen. Natürlich ist damit nur das Anschauen gemeint! Doch – auch Anschauen ist nicht gleich Anschauen. Sieht man irgendwo im Hintergrund eine weiße Fläche zwischen den dunklen Gipfeln, dann mag das ganz dekorativ in der Landschaft und auf den Fotos wirken. Wirklich faszinierend sind aber nur die Spalten und Gletscherbrüche auf den Eisströmen oder die großen Steilstufen, über die der Ferner herabfließt, wenn man sie aus der Nähe betrachtet. Man kann zum Beispiel von der Amberger

Gefährliche Kreuzspalten am Fuß der Schaufelspitze.

Der Sulzenauferner mit seinem gewaltigen Eisbruch (links die Wände des Wilden Pfaffs) war schon immer beliebt als Übungsfeld. Hier die Rückkehr eines Eiskurses im Sommer 1973.

Die Pflanzenwelt der Zentralalpen, die stark vom Wasserreichtum geprägt wird, besteht nicht nur aus Bergblumen wie dieser Gemswurz in 2500 m Höhe. An der Baumgrenze bestimmen oft die Zirben das Bild, während in der Felsregion Flechten für lebhafte Farben sorgen.

Hütte auf Bergwegen bis zum Gletscherrand in 2650 m Höhe wandern und hat dann den gewaltigen Eisbruch des Sulztalferners mit seinen in der Sonne schillernden Türmen unmittelbar vor sich. Auch das Schwarzenbergtal über dem gleichen Stützpunkt verwöhnt mit ungewöhnlichen Bildern: Im Süden blickt man auf die Abbrüche des Bockkogelferners, von der Seite und sogar von oben kann man in die Spalten des Schwarzenbergferners schauen. Berglasferner und Aperer Turm wären eine weitere Möglichkeit. Und dann gibt es noch *die* Ausnahmetour im Gletscherbereich:

⇛ Sulzenauferner – mit 500 Meter Höhe und 800 Meter Breite gehört der Gletscherbruch des Sulzenauferners zu den gewaltigsten überhaupt. Eine phantastische Eiskaskade in Weiß und Blau! Darüber leuchtet die Firnkalotte des Zuckerhütls, und unterhalb bricht die Zunge als Hängegletscher zu den Moränenböden ab. Bei seinem Weg über das Peiljoch und die Seitenmoräne des Gletschers fühlt sich der Wanderer wie ein Besucher auf bestem Logenplatz. Zusammen mit dem Blockwerk, den Gletscherschliffen und Moränenseen bei der Sulzenauhütte ergibt das geradezu das Muster einer Urgesteinslandschaft. Beim Abstieg kann man noch mehrere Wasserfälle bewundern.
Die Route: Von der Mutterbergalm mit der Seilbahn in die Fernau (2280 m). Gleich von der Station nach Osten kurz über Böden, dann über Schutthänge aufwärts. Bei der Wegverzweigung nach rechts um einen Vorsprung in ein Trümmerkar und empor ins Peiljoch (2672 m). Drüben durch die Geröllmulde (evtl. Schnee) auf die Moräne hinab und auf ihr talaus. Über eine plattige Stelle (Sicherungen), dann hinab auf die Böden und zur schmucken Sulzenauhütte. Abstieg auf dem breiten Hüttenweg durch die Sulzenau zur Grabaalm; Bushaltestelle.

Sulzenauferner
Gesamtgehzeit 3 1/2 Std., hochalpine Bergwege übers Peiljoch, 2672 m, eine gesicherte Felsstelle. Abstieg über die Sulzenauhütte zur Grabaalm.

Die Zirbe und ihr Vogel

Wenn überhaupt, dann werden stets die gleichen Gebirgspflanzen beschrieben und fotografiert: jene Blumenpioniere, die auch unter härtesten Bedingungen eine erstaunliche Blütenpracht entfalten, der Alpenmannsschild etwa und natürlich der Gletscherhahnenfuß, die beide bis weit über 3000 Meter Höhe vordringen. Kaum einer beschäftigt sich jedoch mit den tieferen Vegetationsstufen, obwohl diese das Landschaftsbild viel stärker prägen. Besonders interessant und vielgestaltig ist der Bereich um die Waldgrenze, den wir hier einmal vorstellen wollen.

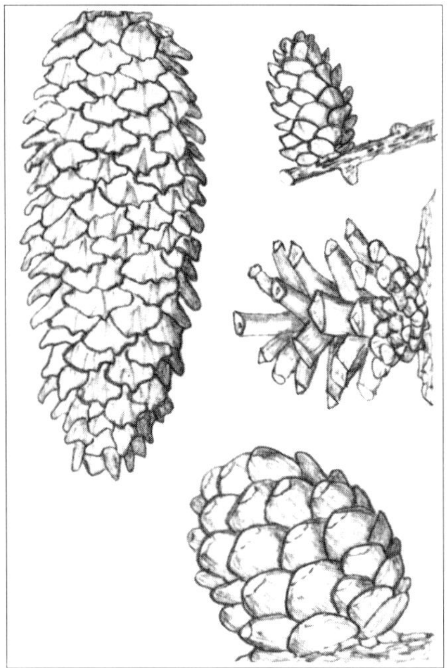

Oben: Zum Vergleich je ein Zapfen einer Fichte, einer Lärche, einer Zirbe und einer Bergkiefer.

Rechts: Ein Tannenhäher, der auch Nuß- oder Arvenhäher genannt wird.

In so manchen Teilen der Stubaier Bergwälder sorgt die Fichte für ein etwas einförmiges Bild. Um so mehr freut man sich deshalb über die Lärchenbestände, die – gerade im Vergleich mit den Fichten – eine so freundliche Landschaft in Pastelltönen schaffen. Im Frühsommer, wenn nicht nur die jungen, intensiv grünen Nadeln der Bäume leuchten, sondern auch die Flächen dazwischen mit Blüten übersät sind, bieten sie ein ebenso schönes Schauspiel wie im Herbst mit den flammenden Farben. An so mancher Stelle bestimmen noch heute die Lärchen das Bild, etwa bei den Telfeser Wiesen über dem Stubaital, den versteckten Gleinser Mähder hoch oben zwischen Matrei und Mieders, im Obernbergtal usw.

Doch zum »Baum der Stubaier« müßte man die Zirbe erklären. Diese bis zu 20 Meter hohen, knorrigen Bäume geben so recht ein Bild hochalpiner Urwüchsigkeit, Gestalten, die Wind und Wetter trotzen. Die Zirben bilden oft die Waldgrenze und wachsen in einzelnen Exemplaren auf Vorsprüngen und Geländerippen noch weiter empor bis etwa 2300 Meter Höhe. Der für die Zentralalpen so typische Baum wird immer seltener. Man schätzte stets das Holz zum Bau von Möbeln, für Vertäfelungen (Zirbenstuben) usw., da es sich bestens zum Schnitzen eignet. Mancher alte Baum fiel der Säge zum Opfer, während neue Pflanzen auf den beweideten Flächen nur selten hochkamen. Ein sehr langsamer Wuchs – dafür werden die Zirben bis zu tausend Jahre alt – war zusätzlich schuld daran, daß die Bestände immer weniger und kleiner wurden.

Wer schon einmal im Herbst etwa von Lüsens zum Westfalenhaus hinaufgestiegen ist, der kennt sicher die schweren, lila gefärbten Zapfen, die sich stets mit Harztropfen gegen unser Anfassen wehren. Beim Zerschlagen kommen helle Nüßchen in einer dünnen, harten Schale zum Vorschein. Sie haben einen feinen, leicht harzigen Geschmack und sie wurden früher, etwa im Engadin, gerne zum Backen etc. verwendet.

Schwere Zapfen und schwere Nüßchen – beides kann von den Ästen nur zu Boden fallen und dann hangabwärts rollen oder vom Wasser tiefer geschwemmt werden. Wie kommen da die jungen Zirben ausgerechnet auf jene vorspringenden Stellen, die ihre bevorzugten Standplätze sind? Es gibt ein ganzes Heer von Forstarbeitern, das auf die Verbreitung dieser Kiefernart spezialisiert ist. Jedem hat in den Zentralalpenwäldern wohl schon ein durchdringendes »Rätschrätsch« in den Ohren geklungen, ohne die dazugehörigen »Sänger« zu bemerken. Dabei bekommt man den schokoladenbraunen Tannenhäher, auch Nuß- und Arvenhäher genannt, bei einiger Achtsamkeit durchaus zu sehen, vor allem beim Überfliegen von Waldlichtungen. Große weiße Tropfen auf dem gesamten Federkleid und ein weißer Streifen am Schwanz sind die Merkmale dieses stattlichen Vogels.

Dieser Häher schätzt die Zirbelnüsse ganz besonders. Er pflückt die Zapfen, klemmt sie in seiner Zapfenschmiede, einem Riß in einem Stein oder zwischen Wurzeln, fest und hackt dann mit seinem gedrungenen Schnabel die Nüßchen heraus. Bis zu fünfzig können in seinem Kehlsack verschwinden. So bepackt startet er dann als eine Art fliegender Hamster, um sich kleine Depots mit etwa zehn Nüssen anzulegen. Man mag es kaum glauben: ein einziger Tannenhäher speichert bis zu 200000 Früchte, und er muß sich damit 20000 Stellen auf den Zentimeter genau merken! Das ist sein Vorrat für den Winter, der in diesen Höhen bis zu sechs Monaten dauern kann.

Damit kommen wir auch dem Geheimnis der scheinbar unsinnigen Plätze, auf denen die Zirben oft wachsen, auf die Spur. Die Häher sind zu schlau, um ihre Nüsse in Vertiefungen und Mulden zu verstecken, die im Winter besonders tief unter der weißen Decke begraben liegen. Obwohl der Vogel durchaus Röhren bis zur Länge eines Meters in den Schnee graben kann, sucht er sich natürlich vor allem jene Stellen aus, die auch im Winter gut zugänglich sind. Hin und wieder verliert er ein Nüßchen, einzelne Depots werden auch vergessen, und so ist für den Zirben-Nachwuchs gesorgt.

Es gibt noch ein weiteres Tannenhäher-Phänomen: Ausgerechnet dieser Vogel, der in Höhen bis zu 2000

Meter lebt, brütet bereits im März. Warum? Man weiß es nicht. Doch damit wird klar, warum er gar so umfangreiche Vorräte anlegt: Nicht nur das Elternpaar, auch die Jungvögel müssen davon leben!
Gerade in den lichten Zirbenbestände wuchert häufig die wohl auffallendste Blütenpflanze unserer Berge, die Alpenrose. Weniger die einzelne Blüte in ihrem intensiven, dunklen Rot beeindruckt als vielmehr die

Masse. Ohne Übertreibung: ganze Hänge sind so dicht mit Alpenrosen überzogen, daß man wirklich vor einem roten Meer steht. Die Pflanzen beginnen schon im August des Vorjahres mit der Anlage der Blüten, deshalb können sie so rasch nach der Schneeschmelze zum Aufblühen kommen.
Im kristallinen Teil der Stubaier Alpen handelt es sich um die Rostrote Alpenrose, leicht zu erkennen an den Unterseiten der lederartigen Blätter, die deutlich gefärbt sind. Diese Ministräucher haben zudem nichts mit den Rosen zu tun; sie gehören zu den Heidekrautgewächsen, genauer, zu den Rhododendren. Und die sogenannten Alpenrosenäpfel, auffallend grün bis rot gefärbte Auswüchse mit gewachster Oberfläche, zählen nicht zum Speiseobst. Pilze einer niederen Gattung, doch mit dem so kunstvollen Namen Basidiomyzeten, sind die Verursacher; sie werden auf diese Weise von der Alpenrose isoliert.
Auch die schmackhafteste aller Krummholzarten, die zudem reich an Vitamin C ist, kommt in den Stubaier Alpen in großflächigen Beständen vor. Da kann man sich so recht mit Wonne blaue Finger und ein blaues Maul holen. Gemeint sind natürlich die Heidelbeeren. Sie schätzen warme und lichte Wälder bis in gut 2000 Meter Höhe. Eine Anregung für Naschkatzen: Vom Parkplatz der Stubaier Gletscherbahn zurück über die Brücke, etwa 3 Min. über den Hang aufwärts, dann auf einem kleinen Steig (Anfang leicht zu übersehen) schräg durch die steilen Hänge mit großen Heidelbeerbeständen Richtung Grabanockalm.

⇛ Gleinser Mähder – die reizvollste Lärchen-Landschaft. Dank der Landwirtschaft entstand hier in einem etwas sumpfigen Tälchen zwischen Rinderberg und Waldrastjöchl eine richtige Idylle. Es wäre sehr schade, wenn derartige Flächen in Zukunft zuwuchern würden!
Eine Rundwanderung: Von Mieders im Stubaital mit dem Sessellift zur Bergstation (1625 m). Hinüber nach Maria Waldrast, dann im Süden um das Waldrastjöchl zum Gleinser Rücken und über ihn hinab in das erwähnte Tälchen, das man an seinem unteren Rand berührt. Längs des Zirkenbachs zum Zirkenhof und zurück nach Mieders.

⇛ Obere Achsel (1968 m) – der »Holzausflug« bei Lüsens. Auf dem ersten Wegabschnitt Richtung Westfalenhaus bekommt man all das Typische dieser Höhenstufe zu sehen: erst einen kleinen Wald mit Zirben, dann die Krummholzzone, die sich aus Erlen, Birken, Alpenrosen, Wacholder, Heidelbeeren und anderem zusammensetzt. Der Geländevorsprung »Obere Achsel« gleich vis-à-vis des gewaltigen Lüsenser Fernerkogels bietet schließlich einen besonders schönen Ausblick. In einer Stunde kann man von dort auch das Westfalenhaus erreichen.
Die Route: In Lüsens zwischen den Gebäuden hindurch zum Bergfuß und schräg bergauf in den Zirbenwald. Nun immer stark nach links durch die steilen, üppig bewachsenen und mit mächtigen, kantigen Felsblöcken geschmückten Hänge zur Oberen Achsel.

Die Latsche ist eine Art Indikator für kalkhaltige Böden, denn sie gedeiht nur unter entsprechenden Bedingungen.

Gleinser Mähder
Gemütliche 2 1/2 Std. Gesamtgehzeit, Fahr- und Fußwege in gefahrloser Umgebung.

Obere Achsel, 1968 m
Gut 1 Std. von Lüsens auf breiten, aber steinigen Bergwegen.

Wer ein Gebirge wirklich kennenlernen möchte, sollte es auch zu ungewöhnlichen Zeiten, etwa im Spätherbst, besuchen.

Aus der Ersteigungsgeschichte...

...gibt es nichts Spektakuläres zu berichten. Die zahlreichen, schöngeformten Eisberge bis zu 3500 Meter Höhe lockten, wie alle Gebiete dieser Art, im 19. Jahrhundert zwar durchaus die Bergsteiger der frühen Generationen an. Doch die Geschichte lief eher ruhig und unauffällig ab, obwohl mancher Alpinist mit bekanntem Namen in den Stubaitälern und auf den damals noch weiträumigen Gletschern unterwegs war. Anfangs führte man die Touren ohne viel System durch, stieß man doch in ganz neue, meist völlig unbekannte Regionen vor. Oft mußten die Pioniere heftiger mit Widrigkeiten der unterschiedlichsten Art kämpfen als mit den Schwierigkeiten am Berg selbst.
Ursprünglich fehlte es an allem! So war man zum Beispiel ganz auf die Angaben einheimischer Sennen, Jäger etc. angewiesen. Diese Aussagen konnten zur wertvollen Hilfe werden, gar nicht so selten führten sie den Fremden aber auch völlig in die Irre. Schon viele Zugänge entwickelten sich zum Abenteuer, ist das Gelände doch stark von Felsabstürzen durchsetzt und von Schluchten zergliedert. Da waren Überraschungen jeder Art vorprogrammiert! Es konnte durchaus passieren, daß man nach stundenlangem Kampf mit dem Gelände schließlich in einem völlig falschen Kar landete. Man suchte sich dann, zwangsläufig, ein neues Ziel aus. So wurde manche Erstbesteigung zu einem Zufallsprodukt.

Karl Thurwieser und Ludwig Purtscheller (unten).

Am Anfang lockten jene Gipfel am meisten, die schon vom Tal aus ins Auge stechen. So galt einst der Habicht (3277 m), nur weil er so protzig mitten im Wege steht, sogar als der höchste Berg weitum. Erst nach und nach tasteten die Alpinisten sich weiter vor. Über jedes Stückchen erobertes Neuland erschienen ausführliche Berichte. Damit gewann man allmählich einen Überblick, verstand die Zusammenhänge und konnte schließlich die Höhe und Bedeutung der einzelnen Gipfel richtig einschätzen. Trotzdem dauerte es bis zur Jahrhundertwende, bevor die wichtigsten Berge bestiegen waren.
Erstaunlich ist, wie rasch sich auch bei unseren alpinen Urgroßvätern eine Art Mode herauskristallisierte: Manche Gipfel waren heiß begehrt, wurden belagert und bestürmt, während man andere geradezu mit Mißachtung strafte. So erhielt der Vordere Brunnenkogel erstmals 1895 Besuch, obwohl er zu den elegantesten Stubaibergen zählt. Der alpine Geschmack geht dabei seine ganz eigenen Wege, die sich mit dem Verstand nicht nachvollziehen lassen. Warum zählte der eher formlose und unauffällige Wilde Freiger stets zu den begehrten Zielen, während ein Schrandele wenig, ein Strahlkogel – zwei sehr schöne Eis- und Felsgipfel – fast gar nicht beachtet wurden? Verblüffend auch, daß sich diese Aufteilung von der Erschließerzeit bis heute fast unverändert gehalten hat!
Mit ihrer Höhe von 2718 m steht die Serles an 156. Stelle in der Stubaier Gipfelstatistik. Dennoch war sie einst *der* Berg schlechthin - in der »voralpinistischen« Zeit. Als Felsdom von auffallender Form thront sie über der Strecke von Innsbruck zum Brenner, ein steinerner Wächter, für keinen zu übersehen! Dazu paßt so recht die Tatsache, daß schon um 1550 ein Johann Jakob Ern(e)stinger oder so ähnlich, der ein Gamsjäger oder etwas anderes war, diesen Berg bestieg. Ein Leckerbissen für alle Alpinhistoriker – bei genauerem Hinsehen (und mehr Ehrlichkeit) jedoch eher ein Zufallsprodukt: Es handelt sich hier nicht um eine der ersten Bergtouren, sondern vielmehr um eine der ältesten Überlieferungen. Selbstverständlich gab es zu allen Zeiten neugierige Hirten, Jäger usw., die gelegentlich die einfachen Gipfel in ihrem Revier wie den Pirchkogel oder den Roten Kogel besuchten. Wir wissen nur nichts davon.
Mit Sicherheit bestieg jedoch kein Einheimischer jener Zeit etwa das Zuckerhütl oder die Wilde Leck. Die

ca. 1550	Serles	Ernstinger
1833	Strahlkogel	Thurwieser
1836	Habicht	Thurwieser, Krösbacher
1836	Lüsenser Fernerkogel	Thurwieser, Schöpf, Kofler
1840	Schrankogel	Pfarrer Schöpf
1862	Schaufelspitze	Specht, Taufer
1863	Östliche Seespitze	Barth, Pfaundler
1863	Zuckerhütl	Specht, Tanzer
1864	Ruderhofspitze	Bädeker, von Ruthner, Gleinser, Tanzer
1865	Wilder Freiger	Leis, zwei Senner
1869	Sonklarspitze	Gutberlet, Tanzer, Holzmann
1870	Wilder Pfaff	Pfurtscheller, Gutberlet, Tanzer
1874	Botzer	Petersen, Ennemoser
1874	Pflerscher Tribulaun	Hofmann, Winhart, Kederbacher, Pittracher
1876	Windacher Daunkogel	Buchner, Jenewein
1878	Hohe Villerspitze	Gsaller
1879	Marchreisenspitze	Gsaller
1879	Schlicker Seespitze	Gsaller
1881	Acherkogel	Purtscheller, Schnaiter
1881	Breiter Grieskogel	Purtscheller, Schnaiter
1881	Hoher Seeblaskogel	Purtscheller, Schnaiter
1882	Stubaier Wildspitze	Pfurtscheller, Egger, von Fuchs
1883	Gleirscher Fernerkogel	Purtscheller, Schöller
1883	Riepenwand	Gsaller
1885	Wilde Leck	Grüner
1886	Schrandele	Purtscheller, Tanzer, Reichl
1888	Schwarzenberg	Pallocsay, Kindl
1889	Goldkappl	Unterwurzacher, Meynow, Treptow, Windisch
1894	Vordere Sonnenwand	Delago
1894	Hintere Grubenwand	Delago
1894	Schlicker Nordturm	Hintner, Renner
1895	Vorderer Brunnenkogel	Moser, Schuster
1901	Glättespitze	Ampferer, Hammer
1909	Schwarzwanter	Hofer, Rufinatscher

Eine kleine Auswahl der bemerkenswertesten Stubaier Erstbesteigungen.

richtige Bergsteigerei blieb den Fremden vorbehalten, die im 19. Jahrhundert immer häufiger in den Hochtälern auftauchten und damit für eine ganz neue Erfahrung bei der von der Außenwelt oft völlig abgekapselten Bevölkerung sorgten. Ein Dr. Peter Thurwieser wurde zum ersten »Künder« der Stubaier Gipfelwelt. Dieser Müllersohn aus Kramsach im Inntal brachte es zum Priester und Gymnasialprofessor in Salzburg, mit etwa tausend Gipfelbesteigungen war er aber auch einer der bedeutendsten Alpinisten dieser frühen Epoche. Er steckte voller Begeisterung und Tatendurst und unternahm seine Touren rein aus der Freude am Bergsteigen.

Ausgerechnet der bereits erwähnte, sehr schroffe Strahlkogel, der auch heute nur selten Besuch erhält, war 1833 Thurwiesers erster großer Erfolg in den Stubaier Alpen. Die Nachwelt setzte ihm, allerdings in einem anderen Gebirge, ein ungewöhnliches Denkmal, über das er sich selbst bestimmt sehr gefreut hätte: Die 3652 m hohe Thurwieserspitze, der wildeste, unnahbarste Gipfel der Ortlergruppe, erhielt ihren Namen zu Ehren des Tiroler Salzburgers.

Wie gesagt, viele bekannte Bergsteiger wie die Wiener Josef Anton Specht und Anton von Ruthner oder später der Innsbrucker Karl Gsaller eroberten so nach und nach die Stubaier Gipfel. Zu diesem illustren Kreis gehörte auch Ludwig Purtscheller, ein Innsbrucker, den es als Turnlehrer ebenfalls nach Salzburg verschlagen hatte. Er zählt zu den wenigen Bergsteigern seiner Epoche, denen sogar der Große Brockhaus ein paar Zeilen widmet. Aber es führten wohl kaum die Erstbesteigungen des Acherkogels oder der Stubaier Wildspitze zu diesem Ruhm. Da gab es ganz andere »Taten«, etwa eine Begehung der Monte-Rosa-Ostwand oder die Überschreitungen von Matterhorn und Meije – außergewöhnliche Touren vor reichlich hundert Jahren! Etwa 1700 Berge, darunter vierzig Viertausender, betrat dieser Alpinist, den seine Zeitgenossen zudem besonders schätzten und verehrten, da er ruhig, vernünftig, zuverlässig und ungewöhnlich erfahren war.

Die Kalkkögel, dieses Felsen- und Kletterdorado aus Kalk, hat wie kein anderes Gebiet seine ganz eigene Geschichte und Tradition. Auf der Seite 31 wird einiges darüber berichtet.

Fünf individuelle Regionen

Fast alle Gebirge der Alpen lassen sich gut in Gruppen aufteilen; das trägt viel zur Übersicht und zur Vereinfachung bei den Beschreibungen bei. Nur in den Stubaier Alpen mit ihren so winkeligen und stark verzweigten Bergkämmen fehlen logische Grenzen dieser Art. Hier verwendet man lediglich für ganz kleine Berggebiete einen fixen Namen, etwa Kalkkögel oder Serleskamm. Die großräumigen Bezeichnungen wie Hochstubai sind nur vage Begriffe; sie gehen eher auf den Charakter ein und bezeichnen weniger eine fest umrissene Berggruppe.

Kalkkögel von Westen gesehen: Steingrubenkogel, Südturm, Nordturm, Steingrubenwand (von rechts).

Die folgende Übersicht bringt deshalb eine bunte Mischung von geographischen, touristischen, vor allem aber bergsteigerischen Aspekten, also keine wissenschaftliche, wohl aber eine logische und praktische Aufteilung. Die landschaftlichen Unterschiede sind hier größer als in anderen Gebirgen, man denke an das Nebeneinander von Kalk und Kristallin, von vergletscherten und »nackten« Bergen, von sehr beliebten Regionen und einsamen, die allerdings in den Stubaier Alpen in der Minderzahl sind. Also eine Art Atmosphäre-Mosaik auf relativ engem Raum!

Eine Eigenart unseres Gebirges sind die häufig wiederkehrenden Namen, all diese Gries- und Fernerkögel, denen man zur Unterscheidung dann »Vornamen« verpaßt hat, etwa Lüsenser oder Zwieselbacher. Aber auch diese Beifügungen wiederholen sich, so taucht zum Beispiel der Zwieselbacher dreimal auf – ideale Gelegenheiten für den Fremden, die Namen durcheinander zu bringen. Also ein schönes Verwirrspiel für den Gast, aber auch der Kenner wird wohl kaum alle Berge unserer Liste richtig zuordnen können! In manchen Fällen tragen die Kartographen noch ein bißchen zum Durcheinander bei, indem sie einmal Grieß, ein andermal Gries schreiben, und bei der einst so beliebten Ziege gleich fünf Formen verwenden: Geiß, Geis, Gaiß, Gais und Gas. Bergsteigende Kartenbenützer scheinen dümmer zu sein als Grundschüler. Diesen traut man zu, und dies selbst im letzten Bergdorf, hochdeutsche Bezeichnungen zu kapieren, für uns aber muß man die Geiß zur Gais, die Ecke zum Egg usw. umwandeln (das schafft in Wirklichkeit mehr Verwirrung als Klarheit). Ich verwende hier, um für etwas Gleichmaß zu sorgen, ausschließlich Gries und Geiß.

Die Kögel mit den (zum Verwechseln) ähnlichen Namen

Fernerkogel, Finstertaler	2912 m
Fernerkogel, Gleirscher	3189 m
Fernerkogel, Lüsenser	3298 m
Grieskogel (Fotschertal)	2158 m
Grieskogel (Lüsenstal)	2710 m
Grieskogel, Breiter	3287 m
Grieskogel, Grastaler	3168 m
Grieskogel, Hinterer	2684 m
Grieskogel, Rietzer	2884 m
Grieskogel, Vorderer	2671 m
Grieskogel, Zwieselbacher	3055 m
Roßkogel (bei Oberperfuß)	2646 m
Roßkogel, Flaurlinger	2808 m
Roßkogel, Gleirscher	2994 m
Roßkogel, Zwieselbacher	3081 m
Seespitze, Mutterberger	3302 m
Seespitze, Östliche	3416 m
Seespitze, Schlicker	2804 m
Seespitze, Westliche	3354 m
Sulzkogel (Kühtai)	3016 m
Sulzkogel, Hoher	2907 m
Sulzkogel, Niederer	2796 m
Weißkogel, Längentaler	3217 m
Weißkogel, Winnebacher	3182 m
Weißkogel, Zwieselbacher	2960 m

Kalkkögel bis Tribulaune

Die Stubaier Kalkberge werden, ihren kristallinen Genossen gegenüber, fast ständig überbewertet. So befaßt sich im Kapitel »Gipfel und Gipfelwege« des Alpenvereinsführers 49 % des Textes mit diesem Bereich, der – ohne die Kuppenberge wie das Eggerjoch oder der Grubenkopf – jedoch keine 15 % der Fläche bedeckt. Diese Gipfel schieben sich besonders dominierend in den Vordergrund, bilden richtige Wächter über dem Haupteingangstor zum Hochstubai. Dadurch wird die Überschätzung zwar nicht richtiger, aber doch irgendwo verständlich.

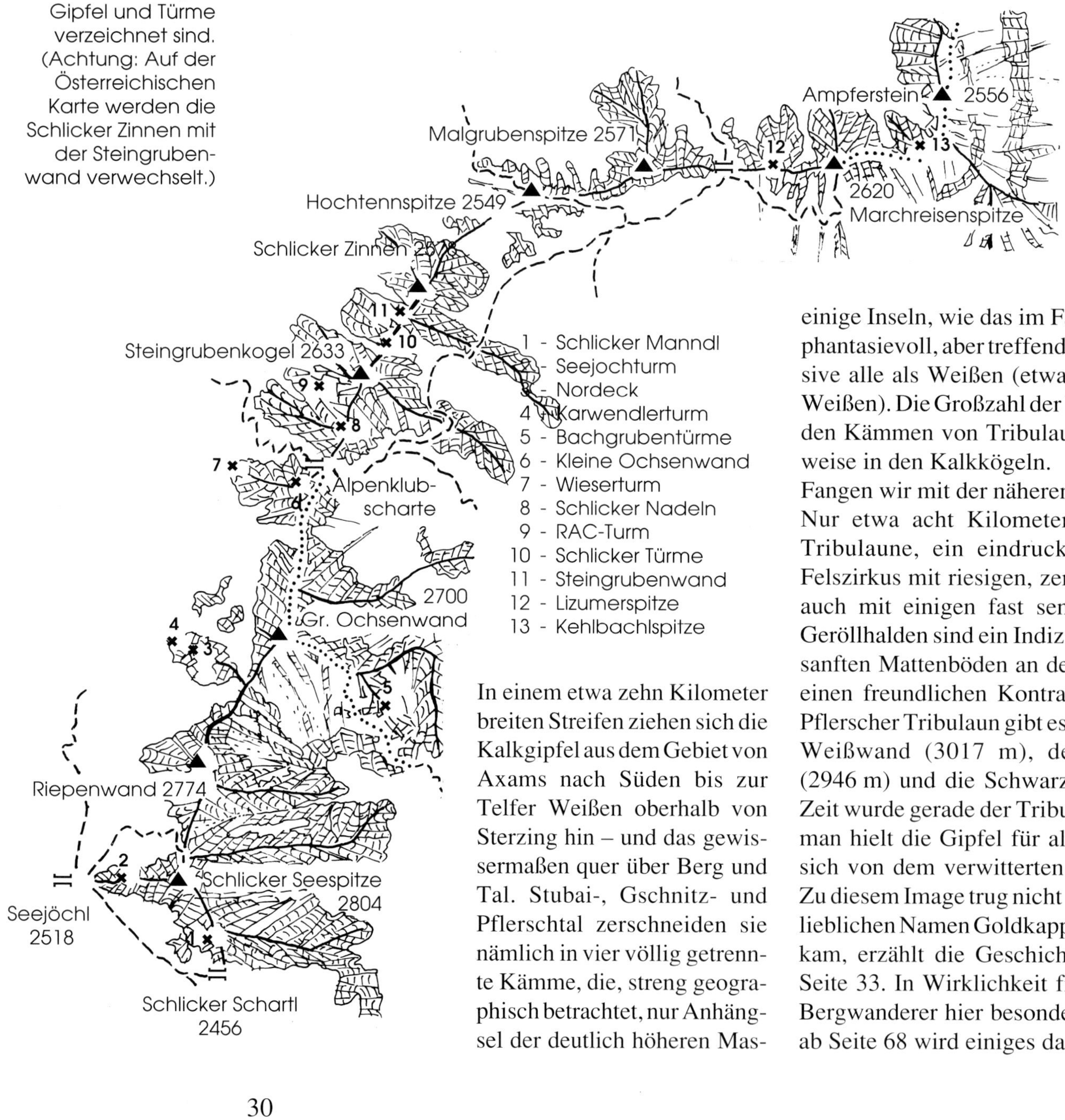

Hier eine detaillierte Skizze der Kalkkögel, in der alle wichtigen Gipfel und Türme verzeichnet sind. (Achtung: Auf der Österreichischen Karte werden die Schlicker Zinnen mit der Steingrubenwand verwechselt.)

In einem etwa zehn Kilometer breiten Streifen ziehen sich die Kalkgipfel aus dem Gebiet von Axams nach Süden bis zur Telfer Weißen oberhalb von Sterzing hin – und das gewissermaßen quer über Berg und Tal. Stubai-, Gschnitz- und Pflerschtal zerschneiden sie nämlich in vier völlig getrennte Kämme, die, streng geographisch betrachtet, nur Anhängsel der deutlich höheren Massive aus kristallinem Gestein sind. Wie im Kalk so üblich, schiebt sich mancher Gipfel ganz auffallend gegen die Täler vor! Die Serles etwa, die nur ganze 2718 m hoch aufragt, und die dennoch das Wahrzeichen von Innsbruck bildet; zudem zählt sie zu den bekanntesten Stubaibergen überhaupt. Oder die Torsäule, die himmelhoch und scheinbar senkrecht über Gschnitz steht; sie ist, genau genommen, gar kein richtiger Gipfel, sondern stellt nur einen Vorposten der Kirchdachspitze dar. Oder die Elferspitze, das besondere Unikum: eine Handvoll Steinbauklötze auf hohem, grünem Rücken 1500 m über Neustift. Und natürlich der Pflerscher Tribulaun, der mit Abstand höchste, mächtigste und wildeste aller Kalkgipfel! Mit seiner Höhe von 3096 m und seinen knapp 1000 m hohen Südabstürzen bildet er den Blickfang über dem Pflerschtal.

Auf Südtiroler Boden beschränken sich die Kalkberge, außer den erwähnten Tribulaunen, auf einige Inseln, wie das im Fachjargon heißt. Nicht sehr phantasievoll, aber treffend bezeichnet man diese Massive alle als Weißen (etwa Telfer oder Schneeberger Weißen). Die Großzahl der bleichen Berge aber steht in den Kämmen von Tribulaun und Serles, beziehungsweise in den Kalkkögeln.

Fangen wir mit der näheren Vorstellung im Süden an. Nur etwa acht Kilometer breit ist das Reich der Tribulaune, ein eindrucksvoller, wild-unnahbarer Felszirkus mit riesigen, zerrissenen Felsflanken, aber auch mit einigen fast senkrechten Wänden. Lange Geröllhalden sind ein Indiz für den splittrigen Fels, die sanften Mattenböden an deren Fuß sorgen jedoch für einen freundlichen Kontrast. Neben dem erwähnten Pflerscher Tribulaun gibt es noch drei große Gipfel, die Weißwand (3017 m), den Gschnitzer Tribulaun (2946 m) und die Schwarze Wand (2917 m). Lange Zeit wurde gerade der Tribulaunkamm kaum beachtet, man hielt die Gipfel für allzu unzugänglich und ließ sich von dem verwitterten Felsgelände abschrecken. Zu diesem Image trug nicht zuletzt der Berg mit dem so lieblichen Namen Goldkappl (2793 m) bei. Wie es dazu kam, erzählt die Geschichte von Hias Rebitsch auf Seite 33. In Wirklichkeit findet jedoch der erfahrene Bergwanderer hier besonders eindrucksvolle Touren; ab Seite 68 wird einiges davon beschrieben.

Nochmals der auffallendste Abschnitt der Kalkkögel mit dem Steingrubenkogel, mit Südturm, Nordturm und den Schlicker Zinnen.

Die zweite Gruppe bezeichnet man als Serleskamm. Vom namengebenden Eckpfeiler zieht der Grat über einige, eher unauffällige Gipfel, aus denen die Kesselspitze (2728 m) hervorragt, nach Süden zum gewaltigen Massiv der Kirchdachspitze (2840 m). Mit den Ilmspitzen folgt noch eine wilde Kalkmauer, bevor dann bei der Innsbrucker Hütte von einem Meter zum anderen das kristalline Gestein beginnt.
Jetzt bleiben noch die Kalkkögel. Das Reich der Türme, Zacken und Nadeln war für die Kletterer von Innsbruck und Umgebung zu gewissen Zeiten nicht nur die Bergheimat, sondern fast schon eine Philosophie. Damals rückten die politischen Probleme und der schwindsüchtige Geldbeutel die Kögel in den Mittelpunkt. Eine Schar von verwegenen Bergvagabunden maß sich wieder und wieder mit dem »Letzten im Fels«. War man mutig oder forsch, waghalsig und draufgängerisch? Von Zeit zu Zeit traf man sich am Grab eines abgestürzten Kameraden, beherrscht von einer Mischung aus Trauer, ängstlicher Ahnung und Heldenverehrung. Jeder der unzähligen Kalkkögel-Türme fand seine Bezwinger, und man wagte sich in die großen Wände. Von jener legendären Tour (heute mit V bewertet) über das Fliegerbandl – weil hier so viele »geflogen« sind – auf den Riepenwand-Vorgipfel aus dem Jahr 1914 bis hin zur Nordostkante der Ochsenwand, dieser Route von Rebitsch und Novosansky von 1943, reihte sich Erfolg an Erfolg. Außerdem machte 1985 auch die Nordostkante durch einen Sturz von sich reden; allerdings waren diesmal nicht die Kletterer davon betroffen, sondern eine größere Felspartie im Bereich der Schlüsselstelle brach aus. So gibt es zu dieser Tour eine wohl ziemlich einmalige Angabe: »Letzte Begehung ... am 28.7.1985.« Neun Tage später wurde die Kante unbegehbar.
Zwischen den Kriegen war die hohe Zeit der Frenademetz, Tiefenbrunner, Auckenthaler, Schmidhuber, Hörtnagl, Rainer, Rebitsch und wie sie alle hießen. Später flackerte die Kalkkögel-Begeisterung noch einmal kurz auf, es erschienen neue Namen wie Buhl, Spitzenstätter, Schoißwohl, Zak und – als Vertreter der letzten Generation – Orgler & Orgler. Doch trotz dieser Nachlese werden nur noch wenige der extremen Routen hin und wieder begangen, die meisten sehen nahezu keine Besucher mehr. Man braucht sich nur einmal den splittrigen Fels, die mit Geröll bepackten Bänder, Absätze und Platten, die im Schutt ertrinkenden Felsschluchten aus der Nähe zu betrachten. Da kann keine Begeisterung beim Kletterer aufkommen.
Anders ist's mit dem Schauen! Die waagerechte Lagerung der Schichten und der stark zerfallende Hauptdolomit schaffen das typische Kalkkögelbild: Die

Verwitterung frißt immer tiefere Schluchten in die Felskörper, zernagt und zerteilt sie zu einzelnen Gebilden. So findet man hier keine ausgeprägten Grate, kaum glatte Wände. Es entstand vielmehr ein verwirrendes Durcheinander von Köpfen, Türmen und Zakken, die nicht nur auf den Kämmen, sondern auch auf Rippen und Nebengraten, in Flanken und Wänden aufragen und sogar ganz isoliert aus den Schutthalden wachsen. Mehr als dreißig Zacken tragen einen eigenen Namen. Ziehen einzelne Nebel durchs Gelände, dann wird diese Formenvielfalt erst so richtig plastisch. Eine grotesk-bizarre Wunderwelt in Auflösung – grandios zum Anschauen. Zwei Klettersteige und die Wanderwege rundum sorgen dafür, daß ein neues Kalkkögel-Publikum geboren wurde.

*

Wahrscheinlich war ich zu wenig neugierig, damals, als Redakteur mit 27 Jahren. Doch für die Begegnungen mit Hias Rebitsch gab gerade das die ideale Voraussetzung. Der Tiroler Kletterer haßte das Aufdringliche, scheute alle Publicity. Dagegen mochte er durchaus einen Ratsch über die Berge, in aller Gemütlichkeit, wie es sich gerade so ergab bei einem Glas Rotwein. Er lächelte über die wilde Zeit, über die »reinen, harten Helden im Steilgefels« in ihren flickenbesetzten Schnürlsamthosen. Mit Kopfschütteln dachte er aber auch an jenen schmalen Grat zwischen brillantem Klettern und Glücksspiel. Ein ganz ungewöhnlicher »Titel« charakterisiert die Zeit zwischen den Weltkriegen: Hias Rebitsch war der erste, der lebend aus der Eiger-Nordwand zurückkehrte. Ein Satz, so leicht dahingesprochen, der aber bei ernsthafter Betrachtung doch recht makaber wirkt. Erinnerungen dieser Art regten den Tiroler wohl zum Schreiben an, und so bekam ich den folgenden Bericht.

Hias Rebitsch

Goldkappl-Südwand – Flug und Sieg

Sommer 1936 mit Hans Pacher. Vom Sandesjöchl, einem amtlich streng verbotenen Übergang, schleichen wir auf weichen Manchonsohlen die Schuttreisen am Wandfuß hinab, voller Angst, von einem Finanzer entdeckt zu werden. Etwas links der Gipfelfallinie steigen wir dann ein, kommen rasch ein gutes Stück in die Höhe. Doch dann spielt das Goldkappl andere Töne auf, wird steil und steiler und trügerisch brüchig. Ein sperrender Wulst in der Wandmitte ist das große Fragezeichen. Erst geht's gerade hinauf an einer manchmal etwas überhängenden Rippe. Zwei Zwischenhaken singen hinein, ein dritter dazu, eine Notwendigkeit, denn nun stehe ich vor der Schlüsselstelle, einer drei Meter hohen, saftigen Ausbuchtung.
Ich klebe schon am Überhang, an kleinen splittrigen Schuppen. Heute spür ich eine fast übersteigerte Lust am freien Klettern. Ein oberer Sechser! Ich freue mich über die Beherrschung der Muskeln und Nerven und am erregenden Spiel mit dem Gleichgewicht in prickelnder Ausgesetztheit. Ich schiebe mich höher, bin mit den Schultern bereits über der Vorwölbung des Wulstes. Oberhalb schließt gut gangbarer Fels an. Gleich gehört das Goldkappl uns, im ersten Anlauf überrannt! Die rechte Hand greift höher, nach einer scharfkantigen Leiste. Ich klopfe sie ab. Kein hohler Ton. Ich ziehe mich an ihr hoch, fasse mit der Linken nach. Selbstgefällig denke ich bei mir: »Was wird der Zweitbegeher zu dieser Stelle sagen?« Da fühle ich ein Nachgeben des Griffes, ein leises Knistern. Wie ein elektrischer Schlag durchzuckt es mich – Absturz, das Ende …
Eine grauenhafte, rasende Fahrt beginnt. Noch erfasse ich es voll, das Entsetzliche. Ein kurzer Bremsruck – der erste Haken ist ausgerissen. Der zweite. Ich schlage am Fels an, schleife ihm entlang hinab, will mich noch wehren, festkrallen. Aber weiter, unaufhaltsam. Verloren, aus …
Nun fühle ich keine Angst mehr, die Todesfurcht ist gewichen. Nur noch Leere und Nacht, ich stürze nicht mehr, sinke vielmehr sanft auf einer Wolke. Dann kommt plötzlich Licht in die Finsternis, ein Stummfilm läuft ab. Ich sehe – mich selbst, drei Jahre alt, wie ich zum Krämer tripple, einen Kreuzer in der Hand, um Zuckerl zu kaufen. Szenenwechsel: Als Kind gerate ich mit dem Bein unter einen umstürzenden Bretterstapel. Der greise Großvater, an einem Stock hinkend, will mich aus meiner Lage befreien. Weitere Bilder aus meinem Leben flimmern auf, kaleidoskopartig durcheinandergewürfelt.
Dann ist das Filmband gerissen, wirre Irrlichter flakkern auf. Anschließend wieder klare Bilder mit mir als Ritter in Rüstung, ein hoher Burgsaal, Humpen kreisen. Vorbei, wie abgeschnitten. Dann neue Szenen: Schlachtgetümmel, ich als Bauer hinter dem Pflug,

Kletterei in den dreißiger Jahren.

Die 400 m hohen Westabstürze der Riepenwand bilden die auffallendste Wand im Bereich der Stubaier Kalkberge. Die Routen im V. und VI. Grad weisen alle auch längere brüchige Zonen auf.

Rechts. Goldkappl-Südwand mit den Absturzstellen von Rebitsch und Auckenthaler (Kreuz).

Seite 35: Zuckerhütl (links hinten) und Pfaffenschneide über dem Pfaffenferner.

Goldkappl-Südwand
300 m hohe Wand aus Hauptdolomit, 3 Seillängen VI-, sonst V+ und V, teils brüchiger Fels, 7 Std. Kletterzeit.

Hias Rebitsch war einer der erfolgreichsten Kletterer Tirols.

alles lautlos und schemenhaft. – »Hias! Hias!« Plötzlich sehe ich den sonnigen Fels vor mir. Ich hänge wie ein Mehlsack an zwei Seilen über dem Abgrund, schaukle hin und her und ringe nach Atem.
Erst allmählich flammt das Bewußtsein auf: Ich habe einen tiefen Sturz überstanden!
Mit Seilhilfe arbeite ich mich die 20 Meter zu Hans hinauf. Der letzte Stift über dem Standhaken hatte gehalten, Hans auch, doch seine Hände sind versengt und aufgerissen. Zahlreiche Blessuren bei mir von einer Platzwunde an der Stirne bis zu aufgeschlagenen Fingerkuppen. Wir seilen uns ab. Auf einer schmalen Leiste stehend, warte ich ungesichert, daß Hans am Seil herunterkommt. Was ist los mit mir? Die senkrechten Wände beginnen sich zu neigen, sie schwanken, stehen schief wie der Turm zu Pisa. Die Konturen um mich verschwimmen, fließen ineinander. Ein lähmendes Zittern geht von der Magengrube aus, kriecht in die Beine, die Arme, ins Gehirn. Mir wird speiübel, und eine dunkle Wolke kommt auf mich zu, mir wird schwarz vor den Augen. Mein Lebenswille bäumt sich wild gegen die drohende Ohnmacht und den tödlichen Sturz auf, die Finger krampfen sich um die Griffe. Ich wehre mich mit aller Energie, und langsam wird es wieder licht vor den Augen.
Im Dunkeln erreichen wie das Kar und nächtigen in einem stinkenden Schafstall. Ein Passionsweg anderntags hinab ins Gschnitztal und mit dem Rad nach Innsbruck zum Arzt. Drei Rippen sind geknickt, und ich bekomme einen Leukoplastpanzer vom Nabel bis unter die Achsel. Der Doktor verordnet augenblickliche Bettruhe. Aber ich habe kein Geld für die Bahn. Also wieder auf das Rad, und ich strample noch die 45 Kilometer bis Brixlegg. Die Straße war damals noch nicht geteert und verflucht holperig …
Ein paar Wochen später, die Blessuren sind notdürftig verheilt, rechne ich mit dem Goldkappl ab. Diesmal ist Hans Frenademetz mit, einer der besten Innsbrucker Kletterer. Wir schleichen wieder heimlich über die Grenze und steigen dann die bekannten Seillängen empor. Doch trotz der vorhandenen Haken fallen mir diesmal dieselben Stellen ungleich schwerer. In der heutigen Verfassung würde ich den Sturzüberhang nicht schaffen. Wir weichen ihm deshalb nach rechts aus, folgen einer steilen Rampe, die schließlich arg überhängt. Ausgerechnet in der entscheidenden Seillänge trifft mich die Führung. An der äußersten Ausbuchtung eines Wulstes geht es – atemberaubend ausgesetzt – nach rechts. Es folgt ein senkrechtes, glattes Wandl mit spärlichen Griffen, eine ganze Seillänge »frei«, ohne Zwischenhaken. Ich erreiche eine sanfte Nische, und Hans kommt elegant nach. Dann kann uns gipfelwärts nichts mehr bremsen.

32 Jahre sind seit der Erstbegehung vergangen, und die Wand wurde nur dreimal wiederholt. Sie hat heute (1968; Anmerkung des Verfassers) *etwas von einem Mythos als risikobeladener Prüfstein für Freikletterer an sich. Nach meiner Meinung ein übertriebener Ruf, eine Folge von drei Stürzen. Schon Hias Auckenthaler, den großen Meister im Fels, hatte es bei einem Versuch erwischt. Es blieb die einzige Felsmauer, die er je aufgegeben hat. Auch die Zweitbegehung, zehn Jahre nach unserer Tour, wurde durch einen Sturz am Wulst, und zwar durch den Seilkameraden von Hermann Buhl, fast zur Tragödie.*

Rund um das Stubaital

Die Gletscher beherrschen die Landschaft im sogenannten Hochstubai. Ihr Leuchten ist so dominierend, daß kaum einer auf die restliche Bergwelt achtet, ja, daß man diese Eis- und Firnwelt oft mit dem Begriff Stubai gleichsetzt. An jedem schönen Sommertag wandern ganze Scharen von Bergsteigern zu den großen Gipfeln, vor allem natürlich zum Zuckerhütl (3507 m), dem Mittel- und Höhepunkt der Region. Aber auch einen Wilden Freiger besteigen ungleich mehr Menschen als alle 23 Gipfel rund um das Sellrainer Gleirschtal zusammen, um nur ein Beispiel herauszugreifen. Im Haupt- und Grenzkamm ist der Fels nicht allzu schroff; das reicht zwar noch zu ein paar schönen Formen wie etwa am Östlichen Daunkogel, aber fast überall erlauben etwas sanftere Flanken einen Aufstieg ohne nennenswerte Schwierigkeiten.

Das zentrale Stubai. 1884 zeichnete Ferdinand Gatt ein 360-Grad-Panorama vom Gipfel des Habicht.

Heute wird meist die gesamte Tallandschaft bis hinein zum Gletscherskigebiet als Stubaital bezeichnet. Doch eigentlich tragen die beiden Quelläste, die bei Milders (südlich von Neustift) zusammentreffen, eigene Namen. Der weite, offene Einschnitt, der nach Süden führt, heißt Unterbergtal. Hier zieht die große Straße hinein zur Mutterbergalm und zu all den berühmten Eisbergen um das Zuckerhütl, das zudem stets als Blickfang im Hintergrund leuchtet. Dann gibt es noch das Oberbergtal, das mit einem schmalen V-Tal ganz unauffällig beginnt, sich aber schließlich zu dem weiten Bergkessel von Alpein mit der Franz-Senn-Hütte öffnet. Hohe Gipfel bis hin zur Ruderhofspitze (3474 m), weite Gletscherbecken und ein paar steile zerschründete Eisströme sorgen für eine sehr hochalpine Bergwelt – schroffer und eindrucksvoller als drüben im Grenzkamm. Das ist echtes, unberührtes Bergsteigerland, dessen Erschließung sich auf ein paar Wege beschränkt. Ein paar Worte verdient auch das Falbeson- oder Hochmoostal mit der Regensburger Hütte, eine Art komprimierte Kleinausgabe der typischen Stubaier Bergwelt. Auf engem Raum findet man hier alles: hohe Gipfel um die Ruderhofspitze, lange Felsgrate und eine Eiswand, ein weites, sanftes Firnbecken, kleine, steile Gletscher, einen Bergsee und einen Dreitausender mit Weg. Auf den Bergsteiger warten hier also reizvolle Unternehmungen, und doch ist das Gebiet eher ruhig als überlaufen.

Mitten im berühmtesten Revier der Stubaier Alpen gibt es zudem einen 14 Kilometer langen Kamm mit einer ganz ungewöhnlichen Konstellation: Zwei Berge – Habicht und Elferspitze – zählen zu *den* Modegipfeln schlechthin, die zehn anderen zum allereinsamsten Bergland. Wer einen Gipfel garantiert für sich alleine haben will, der steigt vielleicht auf die Glättespitze (3133 m), eine mächtige Felspyramide, oder auf den Manteler (2811 m), eine dunkle Mauer mit grandiosem Nahblick auf den Habicht und den Mischbachferner.

Sellrainer Berge

Über dem Sellrain dominiert der Fels, die Gletscher füllen nur noch die geschützten, meist nach Norden geöffneten Becken, bilden einen schönen Schmuck und Kontrast zwischen den dunklen Gipfeln. Nur wenige, wie der Zischgeles, der Lüsenser Fernerkogel oder der Sulzkogel, sind etwas bekannter, bei den restlichen könnte man vom Heer der Namenlosen sprechen. Dabei gibt es hier nicht nur unauffällige Gratköpfe, sondern manche markante Gestalt von recht individuellem Aussehen und erstaunlich wildem Aufbau: die Hohe Villerspitze etwa, oder den Vorderen Brunnenkogel, die Grubenwände und die Vordere Sonnenwand. Sie alle lassen sich nur mit Kletterei erreichen, bei zweien ist auch der einfachste Aufstieg schon mit Dreierstellen gewürzt – etwas Ungewöhnliches im Revier der Gneisberge, und ein Indiz für den schroffen Aufbau vieler Gipfel in dieser Region. Ferner gibt es hier kilometerlange Zackengrate und Wände bis zu 1000 Meter Höhe.

Die vom Sellraintal nach Süden führenden Nebentäler erschließen dieses weite Berggebiet. Da gibt es die Fotsch mit der Potsdamer Hütte, ein Dorado der Tiefschneefreunde und der Bergwanderer, denn nur der Talhintergrund mit den Villerspitzen ist wild und unnahbar. Ganz anders im benachbarten Lüsenstal, an das das Längental mit dem Westfalenhaus anschließt: Das ist große Zentralalpenwelt pur mit gewaltigen Felsgipfeln wie dem alles beherrschenden Lüsenser Fer-

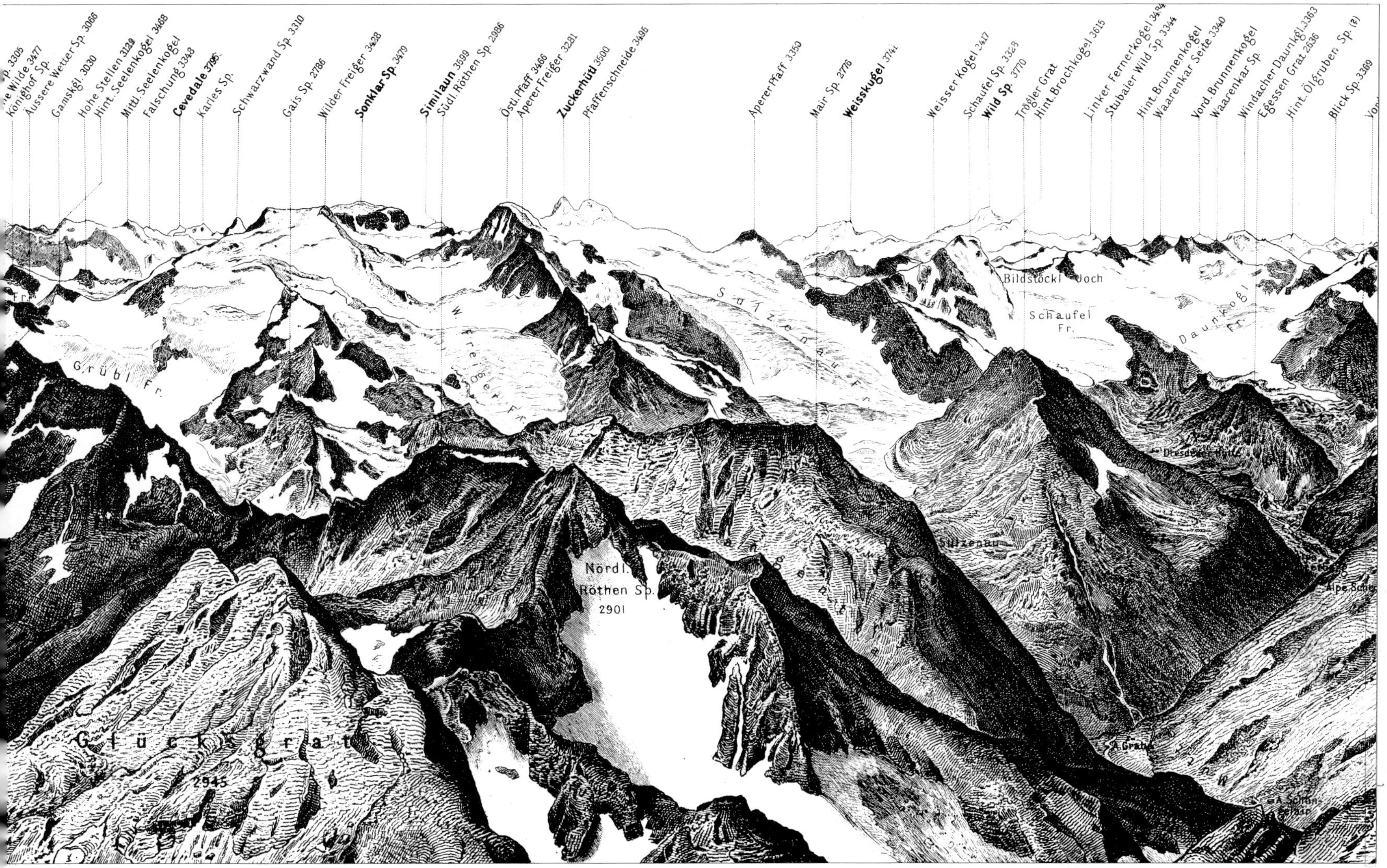

nerkogel (3298 m). Zehn Dreitausender umrahmen das innere Tal, und der Längentalferner mit seinen Spalten ergänzt das Bild. Nur zwei Gipfel zählen zum üblichen Repertoire der Bergsteiger, zwei werden manchmal besucht, die anderen nahezu nie.

Auch der nächste Nebenast des Sellrains, das Gleirschtal mit der Neuen Pforzheimer Hütte, begeistert nochmals mit einem vergletscherten Talschluß. In den nach Norden ziehenden Kämmen regiert jedoch bald der Fels alleine. Die fein zugespitzte, so elegant geformte Vordere Sonnenwand (3156 m), die noch dazu beherrschend über dem Tal steht, zählt zu den schönsten Stubaibergen. Ruhe ist auch hier das Merkmal in allen Hochkaren, auf den Graten und Gipfeln. Am zahlreichsten sind noch die durch das Tal heraufsteigenden Wanderer, zudem kommen die »Durchquerer« auf ihren Wegen von Hütte zu Hütte hierher.

Rücken wir weiter nach Westen vor, dann stoßen wir als nächstes auf das Kraspestal, das vor allem die Skifahrer schätzen, bevor wir zu den etwas klotzig-behäbigen Kühtaier Bergen kommen, zwischen denen ein paar Zacken, einige kantige Felsgipfel und viele Seen für Abwechslung sorgen. Vier mit Wegen erschlossene Gipfel werden bestiegen, sonst herrscht auch hier die Stille vor.

Rostrote Berge, Wild und eine Schafschlacht

So eindrucksvoll hatte ich die Wände nicht in Erinnerung! 550 Meter ist der Südostpfeiler hoch, eine recht kompakte Felsmasse, rostrot und plattig, gleichmäßig geneigt vom Geröll bis hinauf zum Gipfel der Hinteren Grubenwand (3173 m) und auf beiden Seiten von steilen Wänden flankiert. Vor 25 Jahren waren wir vom Westfalenhaus zum Wandfuß hinaufgestiegen; überall troff damals die Nässe vom Fels, der knapp über uns im Nebel verschwand. Nichts mit einer Erstbegehung! Natürlich wollten wir wiederkommen, bald. In der

Die Melach, der Fluß des Lüsenstales, und der Lüsenser Fernerkogel mit seinen bis zu 1400 m hohen Nordostabstürzen.

folgenden Zeit turnten wir über manchen unbekannten Grat, suchten uns Routen durch die großen Flanken wie die Zwölferkogel-Nordwestwand, Dreiertouren oft, manchmal eine Viererstelle, nie beängstigend oder von wirklich ernsten Hindernissen blockiert. Gerade das Stubai bot (und bietet noch heute) Möglichkeiten ohne Ende. Kamen wir deshalb kein zweites Mal zur Grubenwand? Vielleicht. Oder wir hatten den Fels zu sehr als dunkle, glitschige Masse in Erinnerung. Dieses schöne, kantige Gestein, das sich heute in einer milden Septembersonne zeigt, wäre bestimmt verlockender gewesen.

Mein heutiger Begleiter hat vier Beine (ein Boxer namens Punta) und läßt weder ein Interesse an Klettereien wie an den landschaftlichen Schönheiten erkennen. Welcher Unsinn, diese Berge mit einem Achselzucken zu übergehen, eine Schöntalspitze als uninteressanten Kleinkram abzuhaken. Ich meine natürlich nicht den Hund, sondern die Bergsteiger und ihre Lautsprecher von der schreibenden Zunft. Im Führer stehen als Charakterisierung nur die seelenlosen Worte: »Knapp nordöstlich der Zischgenscharte, hochalpine Skitour von Lisens«, aber nichts von dem eigenartigen Trümmerkessel im Süden, den auch hier kantigen und roten Felsen, den wilden Zacken am Zischgenturm, nichts von den Riesenwänden drüben am Lüsenser Fernerkogel und von dem im Gegenlicht gleißenden Längentalferner. Natürlich, ein Führer ist kein Roman. Auch richtig: niemand braucht die Schönheiten dieser Gneislandschaft mit ihrem Nebeneinander von Gras, Fels und Eis zu lieben, er kann gerne zum Beispiel den Hauptdolomit-Brösel-Schutt an der Schlicker Seespitze bevorzugen.

Hoch über uns bewegt sich ein brauner Punkt in den Schrofen. Ein heiseres Pfeifen von oben, ein neugieriges Schauen und eifriges Wittern an meiner Seite. Wir steigen über die Trümmerhalde und den Schuttpfad Richtung Östlicher Zischgenscharte empor, langsam und gleichmäßig, die Gams kommt herab, ebenfalls langsam, doch jeweils nur ein paar Schritte. Jetzt sind wir noch hundert Meter voneinander entfernt, jetzt fünfzig, dreißig. Ich bleibe stehen, (der Hund ebenfalls,) um den Fotoapparat aus dem Rucksack zu fischen. Nur die Gemse ist noch nicht zufrieden, sie glotzt, pinkelt, glotzt wieder, steigt dann

Die neugierige Gemse unter der Zischgenscharte.

Schöntalspitze, 3002 m
Gut 2 Std. vom Westfalenhaus, Steig über die Zischgenscharte (evtl. steiler Schnee), am Gipfelgrat kurze Kletterstelle II-.

Vordere Grubenwand, 3163 m
Reichlich 3 Std. vom Westfalenhaus über die Zischgenscharten, Gletscherbegehung (Schrund), Gipfelgrat bis II.

tiefer und tritt schließlich auf die äußerste Kante eines kleinen Vorsprungs hinaus – vielleicht 15 Meter entfernt.

Wie war das doch mit dem »panischen Schrecken« des Wildes beim Anblick eines Bergsteigers oder gar eines Hundes, diesem Schlagwort, mit dem man uns immer einschüchtern will? In einer Allgäuer Kurzeitung stand sogar ein Bericht, ein ganzes Hirschrudel sei an einem vereisten Wasserfall tödlich abgestürzt, weil lärmende Seilbahngäste, die vom rechten Weg abgekommen waren, sie erschreckt hatten. Eigenartige Hirsche! Meine Begegnungen schauen da ganz anders aus! Nach heftigen Schneefällen hatte ich einmal in einer Waldschneise eine teilweise schenkeltiefe Spur mit meinen Skiern gewühlt. Ein Hirsch war dankbar für diese Hilfe und bummelte, sorgfältig alle Schleifen ausgehend, in der Spur talwärts. Meine Schwünge beim Abfahren hatte er rechtzeitig gehört. So wich er nach der Seite aus, stellte sich dort – keine 20 Meter entfernt – unter eine Fichte, den Körper hinter einem Ast verborgen. Doch unten schauten die Beine hervor und über den Ast lugte ein neugieriges Gesicht. Ich war noch nicht nach unten verschwunden, da setzte der König der Wälder seinen Weg bereits fort. Ein Beispiel von vielen!

Erst ein energisches Wort reißt die Punta von dem fesselnden Anblick los. Bald danach stehen wir oben im Sattel zwischen Sommer und Winter: makelloser, schuhtiefer Neuschnee im Norden, warmer, trockener Fels auf der Sonnenseite. Die Östliche Zischgenscharte (2917 m) wird immer wieder mit ihrer westlichen Schwester verwechselt, und das ergibt einen Herd der Ungenauigkeit und wackliger Informationen in Büchern, Führern und auf Karten. Das ist auch ein Grund für die heutige Tour, zumal meine eigenen Erinnerungen nicht unbedingt noch gültig sind.

An einem trüben Julitag waren wir damals zu sechst von der Pforzheimer Hütte kommend über die sanften Flächen des kleinen Zischgenferners bergauf gestapft. Die Wolken waren unten wie abgeschnitten, eine waagerechte Decke wenige Meter über der Östlichen Zischgenscharte, unserem Zwischenziel. Von beiden Seiten reichte der Schnee noch bis in den Sattel. Eine Gasse zwischen Felsen führte von dort nach Süden hinab, steil und nach kurzer Zeit im Nichts verschwindend. Erst in undeutlicher Tiefe das Kar, also alles andere als ein beruhigender Anblick! Doch der Schnee war weich, es ließen sich zuverlässige Stapfen treten. Drei von uns stiefelten bereits längs der rechtsseitigen Felsen talwärts, im nächsten Moment hatte sie die Tiefe verschluckt. Fort, verschwunden – offensichtlich ein erschreckender Anblick für den Rudi. Wie ein störrisches Pferd weigerte er sich plötzlich, auch nur einen einzigen Schritt in diese Richtung zu tun. Alles beherrschende, lähmende Angst! Also Geduld, dort oben im Schnee unter tristem Himmel mit nassen Schuhen, mit klammen Fingern, Psychologie statt Zorn, das Seil als seelischer Nothelfer … So schnell kann in dieser Höhe ein Übergang von Hütte zu Hütte zum Problem werden! Und wie wäre es erst bei hartgefrorenem Schnee ausgegangen!

Als »unschwierig« wird der Grat zur Schöntalspitze (3002 m) eingestuft. In Wirklichkeit gibt es auf halbem Weg eine echte Zweierstelle, plattigen Fels, der heute unter dem Pulverschnee vergraben ist. Die Punta verzichtet freiwillig, und ich brauche zwei Anläufe, um – mit eiskalten Fingern – eine Möglichkeit zu finden. Vom Gipfel zeigt sich die benachbarte Grubenwand als imponierender Berg mit der dreikantigen, firndurchsetzten Nordflanke und den steilen Wänden nach Südosten. Der Neuschnee zaubert einen ganz eigenen Effekt auf die Felsen, begeisternd zum Anschauen, aber dort klettern …

In den typischen Stubaier Gneisfelsen (am Ostgrat der Schöntalspitze, III).

Neuschnee auf Eis, meist pulvrig, in der Sonne auch glitschig, kein Pickel, keine Steigeisen, dafür ein Schrund – die nördliche Umgehung des Zischgenturms wird zu einem ausgeklügelten Balancespiel, mehr unangenehm als schwierig. Dann folge ich von der Westlichen Zischgenscharte aus lieber dem Grat, genauer gesagt, dessen Südseite mit dem dort trockenen Fels. Der Hund bleibt zurück, tritt im Schnee von einer Pfote auf die andere, demonstriert dann aber seine alpine Erfahrung: Er sucht sich einen gemütlicheren Platz in der Sonnenflanke.

Beim Turnen über Blöcke, Platten und Schrofen kommt mir wieder der Vergleich mit der Schlicker Seespitze in den Sinn. Eigentlich kein Vergleich. Denn hier fühle ich mich wohl, selbst brüchige Stellen lassen sich zuverlässig taxieren. Wenn ich da etwa an den Abstieg von der Riepenwand zur Seespitzscharte denke, laut Führer nur II, doch häßlichstes Gelände, splittriger, bröseliger Fels, überall feiner Schutt, alles abschüssig und reichlich ausgesetzt! Versuche an drei Stellen, dann spielten die Nerven nicht mehr mit, und ich stieg auf die Riepenwand zurück.

Am Grat zur Grubenwand gibt es immer wieder Schnee auf Platten; auch heute ist es nicht einfach, doch diese Kletterei empfinde ich als eine ganz solide Sache – und das ist der entscheidende Unterschied. Es dauert seine Zeit, bis ich auf der Vorderen Grubenwand (3163 m) stehe. Auf den Übergang zum 10 Meter höheren Hauptgipfel über den scharfen Grat verzichte ich. Die Zeit drängt: Unten wartet der Hund, das Wegerl über die Schwärzjöchl muß ich noch erforschen, und im Westen steht plötzlich eine drohende Wolkenwand.

Wir stolpern von der westlichen Scharte gleich über die große Trümmerhalde, eine Tortur für die Hundepfoten, direkt ins Kar hinab. Bald danach zweigt vom Höhenweg ein unscheinbares Steiglein ab, eine dieser neu von den Verkehrsämtern markierten Routen, bei denen man nie so recht Bescheid weiß. Man muß sie unbedingt selbst begehen, um sie zuverlässig zu beurteilen. Alles mögliche wurde in der letzten Zeit als Wanderweg neu geboren, ehemalige Jagdwege, Heuersteige, Schafspuren. Auch hier gibt es keine bequeme Promenade, teilweise nur die Andeutung eines Steiges in Schutt und Schrofen, doch für uns problemlos zu begehen. Inneres Schwärzjöchl, Schwärzgrube, Äußeres Schwärzjöchl – rasch sind wir drüben im Schöntal, wo wir uns endgültig talwärts wenden. Allzu schnell und drohend überziehen die Wolken den Himmel, ein erster Nebelfetzen hängt bereits am Zischgeles.

Für die Schöntalschafe sind wir offensichtlich das Topereignis. Von allen Seiten drängen sie heran, hundert Stück bestimmt. Die Punta, zum Schaffrieden erzogen, läuft stur weiter und schaut mit versteinertem Gesicht geradeaus, als wäre kein Vierbeiner weit und breit. Erst als eine vorwitzige Nase den Hund am Hintern stupst, wirbelt er mit einem wütenden Bellen herum. Die vordersten Schafe weichen erschrocken zurück, und wir nützen die Lücke, um mit erhöhtem Tempo den Abstieg fortzusetzen. Eine ungewöhnliche Prozession das Schöntal auswärts, an den Rattenfänger von Hameln erinnernd! In 2050 Meter Höhe überqueren wir den Bach nach links und folgen den Spuren im Steilgelände über der Bachschlucht.

Das aufgeregte Blöken und Bimmeln hat das ganze Tal alarmiert. Von links oben stürmt die Verstärkung so eilig bergab, daß die Steine rollen. Auch ich renne jetzt schneller, umsonst, denn die Schafe verschärfen ebenfalls das Tempo. Die Neuankommenden verlegen uns vorne den Weg, die Altbekannten kommen hinter uns her. Perfekte Kriegsführung: unten die Schlucht, oben Steilhänge und rundum vielleicht zweihundert Schafe. Die hinteren drängen so energisch nach, daß die vorderen regelrecht auf uns geschoben werden. Mein Schreien und Fuchteln fruchtet nichts, und Puntas Bellen geht im Kriegsgeblöke unter.

»Jetzt reicht's!« Ich krame den Anorak aus dem Rucksack und schwinge ihn über dem Kopf. Dieser wilde Riese macht Eindruck! Augenblicklich hat die Punta meine geänderte Strategie kapiert, und so geht auch sie zur Attacke über. Wie ein gelernter Schäferhund nähert

Schafe im Schöntal (Gebiet Lüsens im Sellrain).

Auf dem Weg von Lüsens zum Westfalenhaus, hinten das kilometerbreite Massiv des Hohen Seeblaskogels.

sie sich leise dem »Auserwählten«, dann eine blitzartige Bewegung gegen das Genick, ein heiserer Ton, und schon springt auch das dickste Schaf eiligst zur Seite. Schwingend und kläffend bahnen wir uns den Weg, eine alpine Technik, die in allen Lehrbüchern fehlt.

Ein Donnern treibt die müden Beine noch einmal an. Gleichzeitig mit den ersten, dicken Tropfen treffen wir schließlich in Lüsens ein.

Nördliche Kühtaier Berge

Nur mit Bauchweh habe ich diese Überschrift verwendet. Sie paßt halt gar so schlecht, denn Kühtai liegt am äußeren Zipfel des Gebietes. Noch unglücklicher wäre jedoch die Variante von den »Vorderen Kühtaier Bergen«, während die altehrwürdige Bezeichnung »Hochedergruppe« völlig aus der Mode gekommen ist. Dabei würde es mit »Nördliche Sellrainer Berge« oder auch mit »Inntalgruppe« durchaus treffende Namen geben. Die behäbigen Formen, das Gras und die Schrofen bestimmen in dieser kleinen Berggruppe zwischen Inntal, Sellrain, Kühtai und Ötztal das Bild. Nur zwei dunkle Zackenkämme, die Irzwände aus morschem, die Peiderspitzen aus plattigem und kantigem Fels, sorgen für einiges Leben. Doch die vielen Gipfelwege können den Bergwanderern durchaus Spaß machen. 800 bis 1400 Höhenmeter erwarten sie bei einem Anstieg von Süden, bis zu 2200 Meter über dem Inntal – »unendliche« Wege also, trotz der bewirtschafteten Almen von Inzing, Flaurling und Pfaffenhofen.

Die Ötztaler Seite

Erstaunlich, aber wahr: Hier kommen wir in den wildesten Teil der Stubaier Alpen. Von Norden nach Süden werden die Berge höher, die Gletscher zahlreicher und größer, doch besonders markante und steile Felsberge gibt es in allen Bereichen. Das beginnt mit dem Acherkogel (3007 m), dem Wahrzeichen von Oetz, und ein paar seiner Vasallen, dem Maningkogel, dem Wechnerkogel, dem Rotkogel, den Mittertaltürmen ... Hohe, kompakte, teilweise recht steile Wände und scharfe Grate formen diese Berge.

Im weiten Revier rund um das Niederthaier Horlachtal mit der Schweinfurter Hütte findet man dann ein Mischmasch aller Formen von behäbig breiten Blockbergen, wie dem Hochreichkopf, über kilometerlange, unnahbare Felskämme bis hin zu wilden, ganz individuellen Gipfeln. Vor allem imponiert natürlich der Strahlkogel (3288 m), eine schlanke Felsmauer über dem zerklüfteten Larstigferner. Der Larstigkamm, immerhin fünf Kilometer lang und mit sieben Gipfeln bis zu einer Höhe von 3172 Metern bestückt, zählt wieder einmal zum absolut einsamen Bergland. Hier, aber auch gegenüber an den Sonnenwänden und am Gleirscher Fernerkogel, könnte so manche Rippe, mancher

Seitengrat und manche Wand bis zu 500 Meter Höhe zu Erstbegehungen verlocken. Doch keiner interessiert sich dafür.
Der in einem weiten Kreis um die Winnebachseehütte angeordnete Gipfelkranz wirkt für ein Gneisgebiet eher brav als aufregend. Da gibt es den Firndom des Breiten Grieskogels (3287 m), lange, gekrümmte Grate über hohen Felsflanken am Seeblaskogel und mit dem Bachfallenferner einen ganz flachen, aber weiträumigen Gletscher, aus dem die Gipfel wie der Geißlehnkogel (3216 m) nur wenig emporwachsen.
Die höchsten Berge, die größten Gletscher und wieder einmal scharfe Kontraste – über dem Sulztal kann man die schönsten Gipfel und die spannendsten Touren

erwarten. Im Süden begleiten das Tal ein paar fast schwarze, verblüffend steile Felsberge um Lochkogel und Schwarzwanter (3077 m), unnahbare Außenseiter, die alle Alpinisten rechts liegen lassen. Man steigt dort nämlich ausnahmslos zur Amberger Hütte hinauf. Mit dem Schrankogel (3497 m) hat man dann den höchsten Wegeberg Österreichs, mit der Wilden Leck den bekanntesten Stubaier Gneis-Kletterberg, der aber dennoch relativ wenig bestiegen wird, mit dem Sulztalferner einen drei Kilometer langen Eisstrom und mit dem Bockkogelferner einen der wenigen Hängegletscher (so weit die heißen Sommer etwas davon übrig gelassen haben) vor sich. Ein ungewöhnlich reichhaltiges und vielgestaltiges Tourengebiet!

Der schönste Gipfel des Nordoststubais: Acherkogel; links davon die Wechnerwand, rechts der Maningkogel mit seinen reizvollen Klettergraten.

Das langgestreckte, aber unbesiedelte Windachtal, das bei Sölden ins Ötztal mündet, wurde von den Bergsteigern schon immer stiefmütterlich behandelt. Dabei erschließen die drei Alpenvereinshütten dort nicht weniger als ein Dutzend der größten Stubaiberge bis hin zu Zuckerhütl und Sonklarspitze. Inzwischen ist es auf den »tödlich« langen Anmarschwegen zur Hildesheimer und zur Siegerlandhütte noch stiller geworden, denn heute lassen sich diese Gebiete schneller und interessanter mit Hilfe der Gletscherbahn erreichen. Im Süden begleitet das Tal der mehr als zehn Kilometer lange Windachkamm mit einem Dutzend Gipfeln, meist breiten Gestalten mit Schrofen und viel Blockwerk und ein paar kleinen Gletschern in den Nordkaren. All diese Berge, wie Vorderer und Hinterer Kitzkogel, Jochköpfl (3143 m), Schrakogel, Wannenkogel, zählen ebenfalls zum absolut Einsamen.

Auf Südtiroler Boden

Fünfzig größere Gipfel der Stubaier Alpen, darunter 19 Dreitausender, liegen auf Südtiroler Boden oder zumindest auf der Grenze. Eine Zahl, die am besten zeigt: Hier handelt es sich nicht um ein unbedeutendes Anhängsel, sondern um sehr weiträumige Berggebiete. Von Sterzing erreicht man ganz rasch die drei wichtigen Täler der Südostseite. Da gibt es das bei Gossensaß mündende Pflerschtal am Fuß der Tribulaune, in dessen Hintergrund der Feuersteingletscher schimmert. Tribulaun- und Magdeburger Hütte erschließen ein Dutzend Gipfel, von denen jedoch nur die Weißwand regelmäßig besucht wird.

Die Bergwelt des Ridnauntals läßt sich nicht mit wenigen Worten vorstellen, dazu ist sie nicht nur zu weiträumig, sie setzt sich auch aus zu vielen verschiedenen Elementen zusammen. Der riesige Übeltalferner mit seinem Kranz großer Stubaiberge wurde schon auf der Seite 18 beschrieben. Der Eisstrom hat auch tiefer unten seine Spuren zurückgelassen mit ungewöhnlich weiten Moränenfeldern, Blockhängen und Gletscherschliffen. Der Kessel mit dem Eissee bei der Gletscherzunge oder die Mondlandschaft auf dem Boden unter der Grohmannhütte gehören zum Ungewöhnlichen. Von diesem Boden führt zudem das »zweistöckige« Hochtal der Egete nach Süden. Fünfzehn Bergseen und Lacken findet man dort, darunter den Trüben See von immerhin 600 Meter Länge, ein landschaftliches Kleinod, aber schon recht weit entfernt für einen Ausflug. Auch hinter dem Egetjoch setzt sich die Seenwelt fort. Man kommt dort jedoch bald in das Bergbaugebiet des Lazachertals mit all seinen Wunden und Relikten, nicht anziehend für den Wanderer, zumal sich so viele ganz ursprüngliche Ziele in der Region anbieten.

Der kleinste und unscheinbarste der drei Bereiche ist das Tal von Ratschings, das zwischen die Gipfel der Kreuzspitzgruppe hineinführt. Bei diesen Bergformen fühlt man sich ein wenig in die Tuxer Voralpen ver-

setzt. Allerdings erinnern auch hier ein paar helle Felsen, vor allem an der Weißen und der Hohen Kreuzspitze, an die besondere Stubaier Spezialität, die Kalkinseln.
Zwischen Jaufenpaß und Timmelsjoch schließt das Passeiertal die Stubaier Alpen gegen Südwesten ab. Von dort ziehen noch zwei größere Täler in das Innere unseres Gebirges. In das Timmelstal mit Wildbach und Wasserfall, mit Bergseen und einem weiten Gipfelkranz führt die folgende Erzählung. So brauchen hier noch kurz das Schönnartal und das Schneeberggebiet mit St. Martin erwähnt zu werden. Die durch Rost braune Maulwurfswelt im ehemaligen Bergbaugebiet für Zink und Blei ist kein Schmuck für die Landschaft. Doch oberhalb gibt es ein paar schöne Berge, dank der drei Weißen im typischen und hier sehr auffallenden Hell-Dunkel-Kontrast. Auch diese Gipfel gehören zum bergsteigerischen Niemandsland.

Erste Bekanntschaft bei einem Seitensprung

Ich sitze auf einem mächtigen Felsblock, der auf drei Seiten vom Wasser umspült wird, und wechsle den Film. Die Motive im Timmelstal begeistern jedes Fotografenherz – etwa dieser Timmler Schwarzsee mit seinem tiefblauen Wasser und den malerischen Grasufern, Gletscherschliffen und Blockwerk. In 2514 Meter Höhe schmiegt er sich an die felsigen Hänge, doch ist der Blick nach Süden weit und frei; dort leuchten die Gletscher am Hohen First, und gegenüber, ganz nahe, ragt die Schneeberger Weißen (2968 m) auf, diese helle Felsruine. Sie serviert eine der vielen Überraschungen des Tages: der westliche Teil des Timmelsferners, auf meiner Karte von 1970 noch mit 300 Meter Höhenunterschied und vielen Spalten eingetragen, ist vollständig verschwunden.
Wegen einer Arbeit über die Ötztaler Alpen waren wir ins Südtiroler Passeiertal gekommen, logierten in St. Leonhard bei Mutter Gufler in einer Ferienwohnung. War das nicht schon symbolisch? Zu dieser Frau von 65 Jahren, der typischen Tirolerin ihrer Generation, schlicht, mit wachen Augen, paßte ein Wort, das ich sonst noch nie verwendet habe: herzensgut. Der Kaffee und das Glas Wein, die sie uns anbot, die Flasche, die man zum Abschied bekam, waren keine wohlkalkulierten Investitionen, sondern etwas ganz Einfaches: Freude daran, Freude zu bereiten. Trotzdem hatte unser Zimmer nichts Gestriges, war vielmehr modern, mit allem ausgestattet und blitzsauber, so wie man es heute in einem Bergdorf erwartet. Aufbruch in eine neue Zeit!
St. Leonhard, Mittelpunkt des Passeiertals, ist ebenso Zentrum wie Grenze. Die Ötztaler, Stubaier und Sarntaler Berge stoßen hier zusammen. Man spürt auch schon die Nähe von Meran mit seiner lauen Luft, während ein paar Kilometer weiter oben, etwa bei Moos, das Rauhe der inneralpinen Zentralalpentäler die Landschaft bestimmt. Von dort führt die Timmelsjochstraße weiter talein, ins innerste Passeier. Spitzkehren und zahlreiche Tunnel im steilen, felsdurchsetzten Wald lassen selbst den Autofahrer das Wilde hautnah spüren.
Trotzdem – durch die Autoscheiben betrachtet, bleibt eine Landschaft fremd, ohne Konturen und Leben. Erst durch das Herumstreunen bei Rain, Hütt, Saltnuß, Schönau lernte ich diese Bergbauernlandschaft wirklich kennen. Man muß auf den jähen Mähwiesen gestanden haben, um die Schwierigkeiten und Mühen der Bauern zu ahnen, man muß die Steige begehen, um zu kapieren, wie unwegsam das Gelände ist, wie lang die Wege infolge der Schluchten und Abbrüche werden. Die Kirche mit ihrem spitzen Turm, zuständig für all die Weiler und Einzelhöfe des innersten Passeiertals, steht in Rabenstein (1419 m). Unglaublich, aber wahr: Erst seit 1969 verbindet eine Straße das Dorf mit der restlichen Welt. Trotzdem spürt man hier keine Resignation, sieht wenig Verfall, im Gegenteil: seit etwa zehn Jahren baut, erneuert und verschönert man voller Eifer. Sogar hier der Aufbruch in eine neue Zeit!
Bei meiner Bummelexkursion kam ich bis zur Timmelsbachbrücke. Der zur Klamm eingeschnittene Fluß, die kantigen Felsen, die Lärchen, Zirben und Alpenrosen, im Hintergrund vergletscherte Gipfel – das ist das Idealbild einer Zentralalpenlandschaft! Von dort zieht auch das Timmelstal nach Norden, eine Ahnung nur, versteckt es sich doch völlig hinter der ersten Talkrümmung. »Auf dem Fahrweg zur Timmelsalm und weiter zum Schwarzsee.« Damit erschöpft sich die Information im Führer, nichts, um auch nur ein Fünkchen Unternehmungslust zu wecken, alpines Niemandsland – wie so oft.
Bei mir ruft dies jedoch gerade die entgegengesetzte Wirkung hervor: Das Fehlen von Informationen, von lautstarkem Lob und von diesem allzu wahllos verteilten »besonders lohnend«, stachelt meine Neugier erst so richtig an. So entschloß ich mich spontan zu einem Seitensprung in die Stubaier Alpen, für den ich den kommenden Tag »opfern« wollte.
Deshalb sitze ich jetzt am Ufer des Timmler Schwarzsees. Drei Stunden hatte ich gebraucht; mit all dem Schauen und den Abstechern war die Zeit rasch ver-

Timmler Schwarzsee, 2514 m
Knapp 2 1/2 Std. von der Timmelsbachbrücke an der Timmelsjochstraße, erst Fahrweg, dann kleiner Steig ohne Probleme.

Königshofspitze, 3138 m
4 1/2 Std. von der Timmelsbachbrücke an der Timmelsjochstraße, zum Schwarzsee kleiner Steig, dann pfadlos, Kletterei über den Südgrat (bis III), kurze Gletscherpassage mit Schrund.

Gletscherschliffe beim Schwarzsee im oberen Timmelstal. Im Hintergrund Hoher First und Granatenkogel der Ötztaler Alpen.

gangen. So bin ich zum Beispiel ein Stück oberhalb der Alm direkt am Ufer des Timmelsbaches aufgestiegen, habe sein felsiges Bett bewundert mit den »Bobbahnen«, den tiefen Strudellöchern, manchen kleinen und einer großen Klamm, den Wasserfällen. Dann folgte der verblüffende Übergang vom tosenden Wildbach zum stillen Wiesenflüßchen mit malerischen Mäandern. »Zum Krumpwasser« heißt es passend auf den Böden in gut 2200 Meter Höhe.

Dann wandere ich durch die Hochkare weiter bergauf, über sanfte Flächen mit ein wenig Gras, mit sorgfältig eingeebnetem Schutt, unterbrochen von ein paar Gletscherschliffen, Schneeflecken und drei Seen. Warum trägt gerade dieses weglose Ödland, wo nichts mehr an den Menschen erinnert, die Bezeichnung Königshof? Aus meiner Froschperspektive schaut der gleichnamige Berg mit seinen gelben bis dunkelgrauen Blöcken und Felsen wenig markant aus, auch die kurzen Äußerungen im Führer wirken eher harmlos. So wende ich mich, ohne viel nachzudenken, der logischen Route zu: dem Südgrat.

Über eine Steilstufe steige ich auf den breiten Rücken empor, der mir drei Überraschungen serviert: Nach Osten bricht er mit fast senkrechter Wand ab, der auf der Karte verzeichnete Königshofkopf existiert nicht, es gibt nur durchgehende Hänge ohne alle Gipfelbildung, und der Botzer (3251 m), gleich nebenan mächtig aufragend, präsentiert einen Gletscher zum Fürchten. Das nackte, häßlich graue Eis, das, von hier gesehen, noch steiler wirkt, ist mit Schutt übersät, und immer wieder poltern Steine in die Tiefe.

Allmählich prägt sich mein Rücken zu einem richtigen

Grat aus, und dann – etwa 50 Meter unter dem Hauptkamm – wird er plötzlich zur scharfen, ausgesetzten Felsschneide. Das Gestein ist fest und griffig, und es macht Spaß, zum Punkt 3112 hinaufzuklettern. Der Gipfel ist 200 Meter entfernt und noch 26 Meter höher; da bräuchte man im Flachen nur drei Minuten. Anders an der Königshofspitze: Den Grat schmücken ein paar reichlich wilde Zacken über einer jähen Südwand, während im Norden das apere Eis in die Felsen hineinreicht und man von oben in den schwarzen Rachen des Bergschrunds schaut.
So knapp vor dem Ziel umkehren, weil mir der Pickel fehlt? Ich turne im ausgesetzten plattigen Fels in die folgende Lücke hinab und verwandle mich dann in einen Steinzeitmenschen: Ein langes, dolchartiges Felsstück wird zur Stütze und dient gleichzeitig zum Kratzen von Rillen, die ich zur inneren Beruhigung als Stufen deklariere. Es sind nur 25 Meter bis hin zum harmlosen, flachen Eis, wobei das »nur« ein hervorragendes Beispiel für die Relativitätslehre ist.
Wann stand wohl zuletzt ein Mensch auf meinem Gipfel, der 3138 Meter hohen Königshofspitze? Keine Spuren, keine der gewöhnlichen Überbleibsel! Im Norden breiten sich die endlosen Felder des Übeltalferners aus, während im Süden eine Bergkette hinter der anderen steht, zahllose Silhouetten im mittäglichen Gegenlicht. Auch dies ist eine Stubaitour; ich begegnete dabei lediglich den Sennern unten bei der Alm, unzähligen Geißen und ein paar Murmeltieren, und das trotz der eindrucksvollen Landschaft, der Bergseen und einem durchaus stolzen Gipfel. Das paßt so recht zum Charakter des innersten Passeiertals!

Blick von der Königshofspitze nach Westen auf die Sonklarspitze mit dem großen Eisbruch des Übeltalferners.

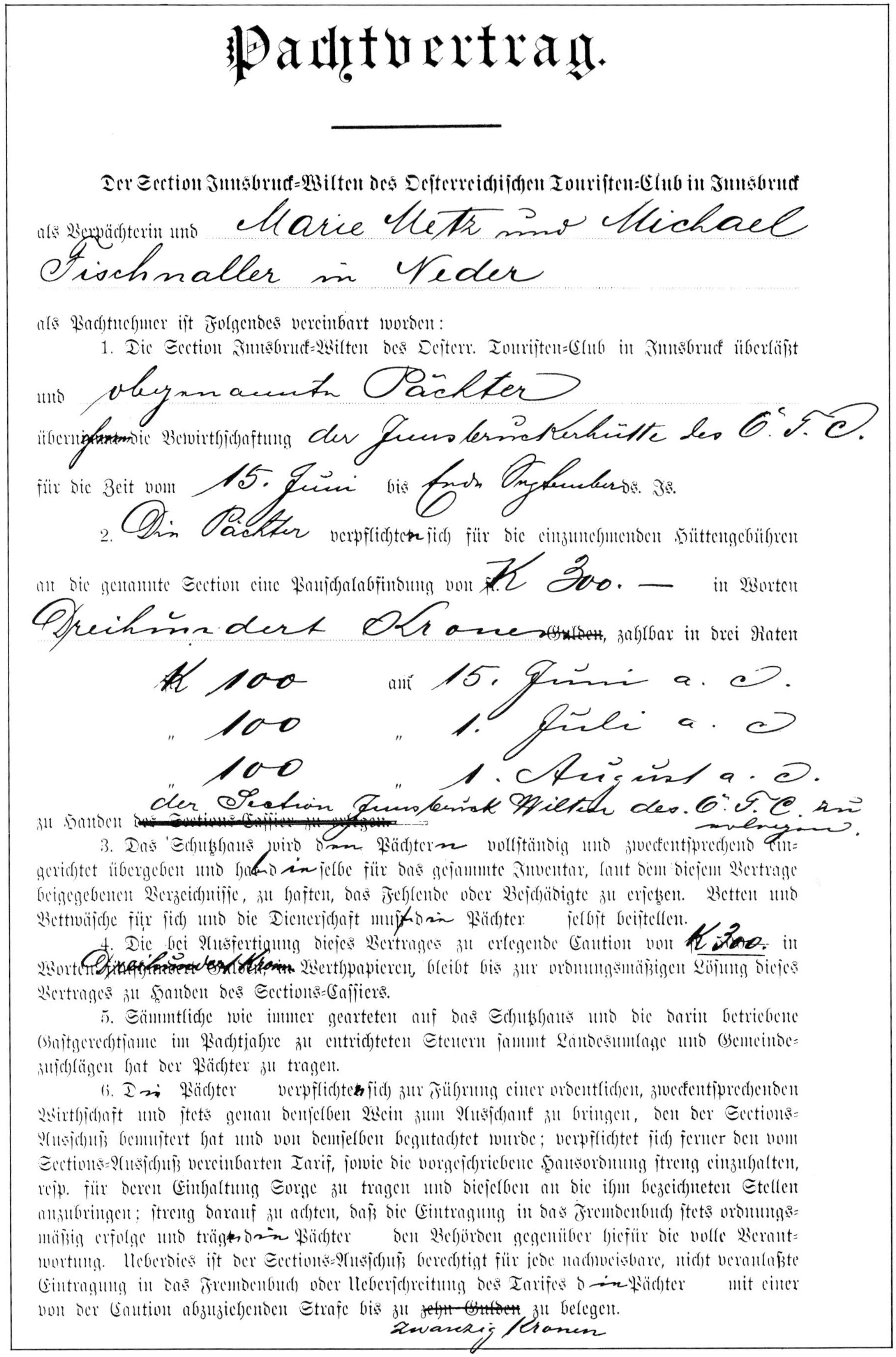

Pachtvertrag.

Der Section Innsbruck-Wilten des Oesterreichischen Touristen-Club in Innsbruck

als Verpächterin und Marie Metz und Michael Fischnaller in Neder

als Pachtnehmer ist Folgendes vereinbart worden:

1. Die Section Innsbruck-Wilten des Oesterr. Touristen-Club in Innsbruck überläßt und obgenannte Pächter übernehmen die Bewirthschaftung der Innsbruckerhütte des Ö. T. C. für die Zeit vom 15. Juni bis Ende September d. Js.

2. Die Pächter verpflichten sich für die einzunehmenden Hüttengebühren an die genannte Section eine Pauschalabfindung von K 300.— in Worten Dreihundert Kronen ~~Gulden~~, zahlbar in drei Raten

K 100 am 15. Juni a. c.
" 100 " 1. Juli a. c.
" 100 " 1. August a. c.

zu Handen ~~des Sections-Cassiers zu erlegen~~ der Section Innsbruck Wilten des Ö. T. C. zu erlegen.

3. Das Schutzhaus wird den Pächtern vollständig und zweckentsprechend eingerichtet übergeben und haben dieselbe für das gesammte Inventar, laut dem diesem Vertrage beigegebenen Verzeichnisse, zu haften, das Fehlende oder Beschädigte zu ersetzen. Betten und Bettwäsche für sich und die Dienerschaft müssen die Pächter selbst beistellen.

4. Die bei Ausfertigung dieses Vertrages zu erlegende Caution von K 300.– in Worten Dreihundert Kronen ~~Gulden, in~~ Werthpapieren, bleibt bis zur ordnungsmäßigen Lösung dieses Vertrages zu Handen des Sections-Cassiers.

5. Sämmtliche wie immer gearteten auf das Schutzhaus und die darin betriebene Gastgerechtsame im Pachtjahre zu entrichteten Steuern sammt Landesumlage und Gemeindezuschlägen hat der Pächter zu tragen.

6. Die Pächter verpflichten sich zur Führung einer ordentlichen, zweckentsprechenden Wirthschaft und stets genau denselben Wein zum Ausschank zu bringen, den der Sections-Ausschuß bemustert hat und von demselben begutachtet wurde; verpflichtet sich ferner den vom Sections-Ausschuß vereinbarten Tarif, sowie die vorgeschriebene Hausordnung streng einzuhalten, resp. für deren Einhaltung Sorge zu tragen und dieselben an die ihm bezeichneten Stellen anzubringen; streng darauf zu achten, daß die Eintragung in das Fremdenbuch stets ordnungsmäßig erfolge und tragen die Pächter den Behörden gegenüber hiefür die volle Verantwortung. Ueberdies ist der Sections-Ausschuß berechtigt für jede nachweisbare, nicht veranlaßte Eintragung in das Fremdenbuch oder Ueberschreitung des Tarifes die Pächter mit einer von der Caution abzuziehenden Strafe bis zu ~~zehn Gulden~~ zwanzig Kronen zu belegen.

Dieser Vertrag wurde am 1. Juni 1901 mit den Wirten der Innsbrucker Hütte am Habicht geschlossen. Besonders beachtenswert scheint der erste Punkt in § 6. Es saß wohl ein Weinliebhaber im Vorstand! Erstaunlich ist auch, daß es damals schon Ansichtskarten der Hütte zu kaufen gab, die »mit sechs Hellern per Stück zu vereinnahmen« waren.

Hütten – Stützpunkte und Ausflugsziele

Selbstverständlich sind die Hütten in den Stubaier Alpen vor allem als Stützpunkte für die Alpinisten gedacht, die hohe Gletscherberge besteigen wollen. Schließlich gibt es nur wenige große Ziele, die sich bei einer Tagestour direkt aus dem Tal erreichen lassen. Daneben kristallisieren sich die Hütten jedoch auch immer stärker als Ausflugsziele von besonderer Anziehungskraft heraus. Die Bergwanderer schätzen sie mehr als alles andere, sie besuchen die Hütten sogar wesentlich häufiger als die mit Wegen erschlossenen Berge.

Es gibt in den gesamten Stubaier Alpen keinen Hüttenzugang, der langweilig ist, zumindest das Attribut »lohnend« paßt bei allen Touren. Trotzdem sind natürlich einzelne Wege besonders spannend und abwechslungsreich oder sie verwöhnen mit ungewöhnlichen Ausblicken.

Der übliche Hüttenweg ist breit, stark ausgetreten, oft steinig, bereitet aber bei trockenem Boden keine Schwierigkeiten. Es gibt jedoch auch drei Stützpunkte der Extraklasse. Sie liegen alle über 3100 Meter hoch! Die Müllerhütte läßt sich nur über große Gletscher mit Spalten erreichen, während es zur Hochstubaihütte und zum Becherhaus (3191 m) immerhin Wege gibt; bei dieser ungewöhnlichen Höhe können die Aufstiege trotzdem zu recht alpinen Touren werden.

*

Beim Betrachten der beiden Tabellen auf der folgenden Seite drängen sich ganz von alleine Achtung und Bewunderung für unsere Urgroßväter auf. Man kann sich heute nur noch schwer vorstellen, unter welchen Bedingungen vor gut hundert Jahren die ersten Hütten erbaut wurden. Im Stubaital endeten die brauchbaren Verkehrswege in Neustift. Von dort mußte das Baumaterial für die Dresdner Hütte 18 km weit und 1300 m in die Höhe transportiert werden, beim Becherhaus liegen zwischen Ridnaun und der Hütte sogar 1800 Hm! Über diesen Bau in 3191 m Höhe wird auf der Seite 55 noch genauer berichtet.

Ausführend war die alpenferne Sektion Hannover mit ihren wenigen Mitgliedern, die zudem bereits 1888 die Hannoversche Hütte am Ankogel in den Tauern errichtet hatte. Erschwerend kam das Fehlen brauchbarer Steige hinzu; meist mußten völlig neue Wege gebaut werden. Auch ein großer Teil der Verbindungen von Hütte zu Hütte entstand bereits zu dieser Zeit.

Man kann erstaunliche Parallelen im alpinen Bereich zwischen 1894 und 1994 beobachten. Schon damals unterlag die Wahl des Ziels der »Mode«. So besuchten vor hundert Jahren nur 105 Personen die Amberger Hütte, während 1049 in der Dresdner Hütte zu Gast waren. Außerdem stritt man sich schon damals um die Ausstattung. Die einen forderten immer mehr Komfort bis hin zu Zimmern mit Betten und weiblicher Bedienung. Andere verteufelten den Fortschritt als »Verweichlichung« und als »Luxusberghotels«. Sogar die Reibereien bei Überfüllung der Hütte gab es schon in ähnlicher Weise wie heute; die Besucher wurden »unwirsch«, wie man das in freundlicher Zurückhaltung auszudrücken beliebte.

Die Dresdner Hütte gibt ein Beispiel, wie die Entwicklung verlaufen kann: am 1.8.1875 feierliche Eröffnung des ersten Baus, einer Steinhütte mit Wohnraum, in dem auch der Herd stand, einem Schlafraum mit 12 Plätzen und einem Heulager unter dem Dach für 20 Personen. Starker Besuch machte bereits nach zwölf Jahren einen Neubau notwendig, der am 6.9.1887 fertig war. Es wurde eine Hütte in Blockbauweise auf Steinsockel geschaffen, innen vertäfelt, mit insgesamt 36 Plätzen und einem eigenen Damenzimmer. Hier fanden nun, zusammen mit der alten Hütte, 68 Bergsteiger ein Unterkommen. Auch die Ausstattung änderte sich in dieser kurzen Zeit. Gab es am Anfang nur Pritschenlager mit Stroh

Die Amberger Hütte, die aus dem Ötztal erreicht wird, im Jahr 1892.

Die Kemateralm im obersten Senderstal, im Hintergrund der Steingrubenkogel (Kalkkögel). Gerade in den Stubaiern gibt es zahlreiche private Berggasthäuser.

Die höchstgelegenen Hütten

	Name	Höhe
1.	Becherhaus	3191 m
2.	Hochstubaihütte	3174 m
3.	Müllerhütte	3143 m
4.	Hildesheimer Hütte	2900 m
5.	Brunnenkogelhaus	2738 m
6.	Siegerlandhütte	2710 m
7.	Teplitzer Hütte	2586 m
8.	Magdeburger Hütte	2423 m
9.	Bremer Hütte	2411 m
10.	Innsbrucker Hütte	2369 m
11.	Tribulaunhütte	2368 m
12.	Winnebachseehütte	2361 m
13.	Schneeberghütte	2354 m
14.	Pforzheimer Hütte	2310 m
15.	Dresdner Hütte	2308 m

Die ältesten Hütten

	Name	Baujahr
1.	Dresdner Hütte	1875
2.	Innsbrucker Hütte	1884
3.	Franz-Senn-Hütte	1885
4.	Nürnberger Hütte	1886
5.	Magdeburger Hütte	1887
6.	Amberger Hütte	1888
7.	Teplitzer Hütte	1889
8.	Müllerhütte	1891
9.	Tribulaunhütte	1892
10.	Becherhaus	1894
11.	Hildesheimer Hütte	1896
12.	Bremer Hütte	1897

oder Heu in einem großen Raum, so verwendete man nun schon Matratzen. Weitere Vergrößerungen erfolgten in den Jahren 1926, 1966 und 1968, bis die Zahl auf 240 Schlafplätze gestiegen war. Seit 1973 steht die Dresdner Hütte mitten im Pistengebiet, in das heute an manchen Tagen bis zu 9000 Gäste kommen.

Westfalenhaus
Aufstieg von Lüsens in 2 1/4 Std., breiter Hüttenweg, Alternative über den »Winterweg« nur wenig länger.

Geradezu schulmäßig verlief auch die Geschichte des heute bedeutendsten Stützpunktes in den Stubaier Alpen, der Franz-Senn-Hütte (benannt nach dem »Gletscherpfarrer« Franz Senn, der auch in Neustift wirkte). Die Zahl der Übernachtungen stieg und stieg und zwar von 97 im Jahr 1891 auf 18 497 im Rekordjahr 1986. 1993 betrug die Zahl 15 606, von denen beachtliche 7900 auf die Skisaison entfallen. Parallel dazu wuchs natürlich auch die Größe der Hütte von 20 Plätzen am Anfang über 80 im Jahr 1909 und 150 bereits 1933 auf die stattliche Zahl von 250 Plätzen heute. Seit dem Beginn der Bewirtschaftung im Jahre 1893 waren zudem ausschließlich einheimische Bergführer als Wirte tätig. Der heutige Chef, Horst Fankhauser, weiß im Hüttengebiet hervorragend Bescheid und das nicht nur bei den Modebergen, sondern auch auf weniger bekannten Routen. So etwas ist – leider – keineswegs selbstverständlich!

❊

Die schönsten Hüttenaufstiege werden hier nun vorgestellt. Der ➵ weist auf die übliche Route, der ❊ auf besonders interessante Alternativen und Rundwege hin.

Westfalenhaus, 2276 m

Der Aufstieg von Lüsens zum Westfalenhaus ist schon fast wie ein Lehrpfad, der durch die verschiedenen Höhenstufen der alpinen Vegetation führt. Beim ersten Abschnitt bestimmen noch Bäume und Sträucher das Bild. In dem stets ganz lichten Wald dominieren Zirben und Lärchen, jene knorrig-urwüchsigen Gestalten der Hochregion, während Birken- und Erlengebüsch die breiten Lawinenbahnen flankieren und Alpenrosen, Wacholder und Heidelbeeren die freien Flächen überwuchern. Dazu kommen als allgegenwärtige Dekoration die dunklen Felsblöcke jeder Größe. Der Steig führt rasch über die steilen Hänge empor, und der Blick wird bald weit und frei. Die 1000-Meter-Felsflanken am Lüsenser Fernerkogel (3298 m), später dann die Gletscher am Hohen Seblaskogel und am Längentaler Weißkogel beherrschen das Panorama. Nach einem Geländeknick sieht man bereits die Hütte weit drüben im Westen. Der Weg führt nun stets schräg durch die Hänge, durch jenes typische Gemisch von rasenartigem Gras, vielen Blumen, Bachrunsen, Felsschutt und grobem Blockwerk.

➵ In Lüsens zwischen den Gebäuden hindurch zum Bergfuß und nun durch schönen Zirbenwald und über Lichtungen immer schräg empor zu einer Geländekanzel, der Oberen Achsel, mit besonders schönem Blick. Auch weiterhin stets hoch über dem Bach erst auf einigen Böden, dann wieder schräg durch die Hänge zur Hütte.

Abstiegsvariante: Gleich bei der Hütte schräg abwärts bis auf den Boden des Längentals. Über den Bach zur Alm, dann über eine Stufe mit lichtem Wald in den

Kemater Alm
ZUR TERRASSE

weiten, fast ebenen Boden des Haupttals. Auf breitem Weg ganz flach talaus nach Lüsens.

✻ Von der Hütte nach Norden in 40 Min. über Grashänge und kleine Böden hinauf zur Münsterhöhe (2508 m), einer Kuppe im Gelände mit schönem Blick.

Winnebachseehütte, 2361 m

1000 Meter Höhenunterschied auf nur 3 Kilometer Entfernung – nur wenige Täler haben ein so starkes Gefälle! Ein rascher Anstieg und eine wild-urtümliche, schon bald waldfreie Landschaft prägen deshalb den Weg durchs Winnebachtal. Anfangs begeistert dabei der Rückblick auf die dunklen und erstaunlich wilden Felsgestalten jenseits des Sulztals wie den Schwarzwanter (3077 m), von dessen Vorhandensein die meisten wohl noch nie etwas gehört haben. Später fesseln dann die Riesenflanken aus Gletscherschliffen, »Moränendreck« und kleinen Steilgletschern den Blick. Imponierend ist auch der gewaltige, 120 Meter hohe Wasserfall gleich vis-à-vis, während der verlandende Winnebachsee eher einen etwas kümmerlichen Eindruck hinterläßt. Der Kräftige wird von der Hütte aus noch den Gänsekragen (siehe Seite 65) besteigen, während der Genießer ein Stückchen nach Osten zu den Ißböden wandert mit ihren Matten, ihren runden Gletscherschliffkuppen, den Seenaugen …

➵ Von Gries im Sulztal mit dem Auto noch 400 m aufwärts zum Hüttenparkplatz (1630 m) bei der Kehre des kleinen Sträßchens. Nun zu Fuß hinauf zu den (allzu) stattlichen Häusern von Winnebach. Direkt darüber durch einen malerischen, mit Felsen durchsetzten Wald, dann immer ein gutes Stück oberhalb des Winnebachs durch die bald freien Hänge rasch aufwärts. Über Geröll zu einer begrünten Kanzel im Steilgelände, dann wieder schräg aufwärts durch die Hänge zur Hütte, die man erst im letzten Moment zu sehen bekommt.

Winnebachseehütte
Aufstieg von Gries in 2 1/4 Std., steiniger Weg.

Hochstubaihütte
Aufstieg von Sölden in 5 Std., lange, anspruchsvolle Tour, Alternative über Nebelkogel-Südgrat 40 Min. weiter.

Starkenburger Hütte
Aufstieg von Fulpmes mit Lifthilfe 1 1/2 Std., über den Hohen Burgstall 2 1/2 Std., Trittsicherheit notwendig.

Hochstubaihütte, 3174 m

Ganze 17 Meter liegt die Hochstubaihütte tiefer als der »Rekordstützpunkt« Becherhaus. Auch der heutige Aufstieg ist fast so eindrucksvoll wie die Tour drüben beim Übeltalferner. Die stets freien Ausblicke unterwegs lassen nie Langeweile aufkommen. Schon bald tauchen über dem Brunnenkogelkamm im Süden die Gurgler Eisberge um den mächtigen Seelenkogel auf, und über dem Ventertal erscheint einer der großen und berühmten Gipfel nach dem anderen mit der Wildspitze als Herrscherin. Der Aufmerksame wird aber auch viel Freude an seiner direkten Umgebung haben. Wie ein Alpinlehrpfad führt dieser Aufstieg durch alle Vegetationsstufen vom Zirbenwald über die Almmatten, die seengeschmückten Hochkare bis hinauf in die Welt des »ewigen Eises«. Die Hütte liegt auf einem Köpfchen am Rand des Wütenkarferners, der mit malerischen Eisbrüchen in der Tiefe verschwindet. Nach Westen ist der Blick völlig frei, und so gibt es keine bessere Warte, um einen Sonnenuntergang zu erleben! Und der besondere Clou: Man kann den Hohen Nebelkogel überschreiten, um dann über die sogenannte Himmelsleiter ins Windachtal abzusteigen; damit kommt man zu einer Vier-Sterne-Rundtour.

➵ In Sölden in den Ortsteil Granbichl. Auf dem ins Windachtal führenden Sträßchen etwa 15 Min. bergauf. Bei der Abzweigung links zur Jausenstation Kleblealm. Vor dem Haus rechts ab und durch die teilweise steilen Hänge schräg empor bis ins Laubkar. Durch die weite Hochmulde zum Laubkarsee und über eine Stufe in den Sattel neben dem Hohen Söldenkopf. Über Gletscherschliffe, Moränenschutt, meist auch über Schnee durch zwei Mulden und über zwei Stufen zur Hütte am Rand des Wütenkarferners empor.

✻ Über die Firnfläche zum Kamm und nach Süden auf den nahen *Hohen Nebelkogel* (3213 m, 10 Min.). Von dort Abstieg über den Grat nach Süden auf der »Himmelsleiter« zum Nebelkogel (3070 m) und weiter zum großflächigen Unteren Seekarsee (2658 m). In vielen Serpentinen über die Steilhänge hinab ins Windachtal mit dem Gasthaus Fiegl. Auf dem Fahrweg talaus nach Sölden. – Etwa gleiche Zeit wie ein direkter Abstieg, Trittsicherheit notwendig (der neue erbaute Himmelsleiter-Steig ist auf den meisten Karten noch nicht eingezeichnet).

Starkenburger Hütte, 2237 m

Luginsland – das ist der passende Ehrentitel für diese Hütte. Von diesem letzten, gegen das Stubaital vorspringenden Gratsporn, 1200 Meter »senkrecht« über Neustift, schaut man ebenso ins Oberbergtal mit den Alpeinerbergen, über die sogar noch die Firnpyramide des Schrankogels lugt, wie quer über das Unterbergtal auf die gegenüberliegenden Kämme mit ihren wilden Felsbergen wie der Kirchdachspitze. Der besondere Blickfang aber ist der Habicht (3277 m), der hier seine schönste Seite zeigt: die Nordflanke mit dem Steileis des Mischbachferners. Interessanter, spannender, abwechslungsreicher kann zudem ein Hüttenzugang nicht sein. Noch dazu ist der Weg relativ gemütlich, allerdings sind auch viele Menschen dort unterwegs – wen wundert's bei diesen Superlativen. Ein Lob fehlt noch: Es gibt hier viele Varianten beim Zugang, sogar eine Gipfelüberschreitung ist dabei.

➵ Von Fulpmes mit den Liften auf das Kreuzjoch (2100 m). Westlich des Grates zum Sennjoch mit eindrucksvollem Blick auf die lange Kette der Kalkkögel, dann in der Ostflanke zu einer Verzweigung unter dem Niederen Burgstall. Links durch den Steilhang (eiserner Steg) in einen grünen Boden. Etwas abwärts um einen Bergrücken und wieder mäßig aufwärts zur Hütte.

Rückweg: Nach Norden über den Hang in Kehren ein Stück empor, dann rechts quer durch das Steilgelände – zwischen gewaltigen Lawinenverbauungen und einigen wie Pilze geformten Felstürmen – zu einer Kante. Drüben hinab auf den beim Zugang erwähnten grünen Boden.

✻ Bei der Verzweigung unter dem Niederen Burgstall auf dem oberen Steig in den schönen Grassattel zwischen den beiden Burgstall-Gipfeln. Nach Westen auf die Felsen zu, bei der ersten Verzweigung rechts, bei der zweiten links und über einige Schrofen (Drahtseil) zum Grat empor und auf den Gipfel des *Hohen Burgstalls* (2611 m). Dann nach Süden über sehr steile Grashänge hinab und hinüber zur längst sichtbaren Hütte.

Sulzenauhütte, 2191 m

Dank der Stubaier Gletscherbahn erreicht man die Sulzenauhütte fast mühelos auf einem Höhenweg, der sogar zwei Varianten bietet: Die eine Strecke überquert eine Scharte, die andere führt über den 2902 Meter hohen Trögler. In beiden Fällen begeistert vor allem der Blick auf den Sulzenauferner, den wildesten Eisstrom der Stubaier Alpen; über dessen 400 Meter (!) hohen Gletscherbruch schaut das Zuckerhütl (3507 m). Von völlig anderer Art, doch nicht weniger spannend, ist der direkte Hüttenzugang aus dem Tal. Der Weg beginnt beim mächtigen Grabawasserfall und erreicht nach recht direktem Anstieg die Sulzenau. Dieser Hochkessel ist fast rundum von Wänden eingeschlossen, über die die Bäche mit hohen Kaskaden stürzen. Genau im Süden thront auf dem Oberrand der Wände die Hütte. Ihre Umgebung lädt zu zusätzlichem Bummeln und Schauen ein, denn Matten, Gletscherschliffe, große Bergseen und imposante Steilgletscher schaffen eine Bilderbuchlandschaft.

➵ Auf der Straße von Neustift Richtung Mutterberg-

HÜTTEN
Mosaik

✻ Drei Stubaihütten stehen in Höhen zwischen 3100 und 3200 m. Ausgerechnet diese Stützpunkte wurden durch sehr alpenferne Sektionen erbaut. So liegen zwischen dem Becherhaus (3191 m) und Hannover nicht weniger als 600 km Luftlinie, zwischen der Müllerhütte (3145 m) und dem böhmischen Teplitz 450 km, während die Hochstubaihütte (3174 m) von ihrem »Heimatort« Dresden rund 500 km entfernt ist.

✻ In den gesamten Ostalpen gibt es nur fünf Hütten, die sich ausschließlich über Gletscher mit Spalten erreichen lassen. Dazu gehört die Müllerhütte. Die Aufstiege führen von der Sulzenauhütte über die Fernerstube und von Ridnaun über den Übeltalferner zu diesem Ziel.

✻ Zwei Stubaihütten wurden von Lawinen getroffen. Eine vom Sulzenaukogel herabstürzende Lahn beschädigte 1975 die Sulzenauhütte, die an gleicher Stelle in interessanter, moderner Bauweise neu errichtet wurde. Schutzkeile sollen in Zukunft für Sicherheit sorgen. Bei der alten Bielefelder Hütte »senkrecht« unter dem Acherkogel suchte man eine andere Lösung: Die neue Hütte erbaute man gut 2 km entfernt auf einem sicheren Vorsprung.

✻ 1945 vermuteten amerikanische Soldaten Feinde in der Innsbrucker Hütte. 43 Mann stürmten nach einem Trommelfeuer aus Gewehren und Minenwerfern die leere Hütte. Fazit: zerlöcherte Wände, total zerstörte Einrichtung. 1950 wurde der Schaden allerdings durch die Amerikaner ersetzt.

✻ Schon vor der Jahrhundertwende wurde der teilweise gesicherte Steig von der Innsbrucker Hütte auf den Habicht (3277 m) erbaut. Zur gleichen Zeit machte ein Wegweiser an der Triumpfpforte mitten in Innsbruck auf die Hütte aufmerksam.

✻ Die Zeiten ändern sich: Anfangs »bedurfte es eines anstrengenden Marsches von 8-9 Stunden«, um von Innsbruck *den* Stützpunkt der Region, die Franz-Senn-Hütte, zu erreichen. Dann »drang das Dampfross auf eisernem Schienenstrange und das flinke Automobil=Gefährt auf schön gebahnter Straße« ins Stubaital vor; damit war die Aufstiegszeit halbiert. Heute fährt man mit dem Auto zur Oberißhütte, erreicht von dort sein Ziel in 1 1/4 Std. und kann sich sogar den Rucksack mit dem Lift befördern lassen.

✻ Weit überzogene Forderungen der Gschnitzer für eine Grundablöse verhinderten anfangs den Bau eines Zugangsweges zur Innsbrucker und eine Verbindung von dort zur Bremer Hütte.

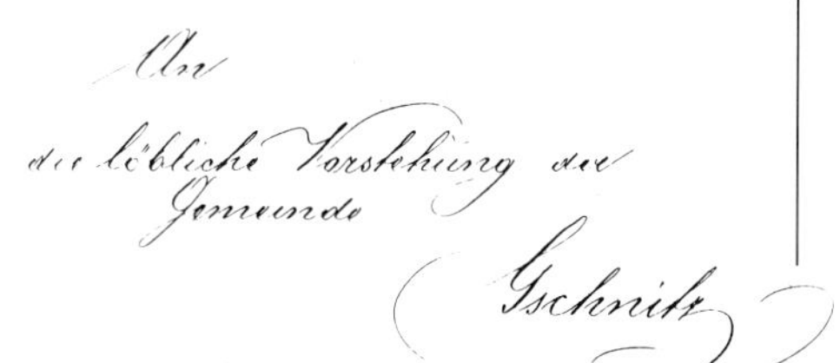

alm (Stubaier Gletscherbahn) bis knapp oberhalb der Grabaalm (Parkplatz, 1600 m). Über den Bach und kurz durch Wald, dann schräg aufwärts über die mit Buschwerk bewachsenen Hänge zu einer Geländekanzel. Talein in den Kessel der Sulzenaualm, dann am rechten Hang in steilem Gelände zur Hütte empor, die man schon lange sieht.

⁜ Vom erwähnten Parkplatz mit dem Bus zur Seilbahn und mit dieser zur Mittelstation (2300 m) bei der Dresdner Hütte. Über die Böden nach Osten und über Schutt zum Beginn eines schmalen Kares. Nun entweder rechts über Schrofen und durch ein Kar ins Peiljoch (2672 m) und drüben hinab auf die Moräne. Auf ihr talaus, über eine plattige Stelle (Sicherungen) hinab und nach Osten zur Sulzenauhütte. Oder durch das schmale Kar empor, schließlich über eine Steilflanke auf den *Großen Trögler* (2902 m). Über den Kamm nach Norden, dann rechts über die sehr steile Flanke hinab und über einen Rücken mit schönen Gletscherschliffen zur Hütte. Über das Peiljoch gut 2 Std. Gehzeit, über den Großen Trögler 3 1/4 Std., Trittsicherheit wichtig (vor allem am Trögler).

⁜ Von der Sulzenauhütte auf dem zur Nürnberger Hütte führenden Höhenweg über das reizvolle, stark gegliederte Gelände nach Osten zum großflächigen Grünausee (2328 m, 40 Min.); knapp oberhalb die steile Zunge des Wilden-Freiger-Ferners.

Dieser Wegweiser steht vor der Franz-Senn-Hütte.

Sulzenauhütte
Aufstieg von der Grabaalm 2 Std., Bergweg, über das Peiljoch 2 1/4 Std., Trittsicherheit notwendig.

Bremer Hütte
Aufstieg von Innergschnitz zu Fuß 4 Std., von der Laponesalm 3 Std., Hüttenweg.

Innsbrucker Hütte
Zugang vom Elferlift über die Karalm 3 3/4 Std., bei einer Fahrt zur Alm 2 Std.

Becherhaus
Aufstieg aus dem Ridnauntal 5 1/2 Std., sehr lange, hochalpine Tour mit Überquerung eines Gletscherarms.

Bremer Hütte, 2411 m

Vier Hütten erschließen die Nordseite des Stubaier Hauptkamms. Drei sind berühmt bei allen Wanderern und Bergsteigern und werden entsprechend viel besucht. Die vierte, die Bremer Hütte, liegt gewissermaßen hinter dem Berg; sie umgibt eine wohltuende Ruhe. Das entspricht dem Unterschied zwischen dem Stubai- und dem Gschnitztal. Die Laponesalm am Weg von Innergschnitz zu unserem Stützpunkt liegt in einem tiefen Kessel. Steil klimmt der Steig dann an den mit einem Wasserfall geschmückten Hängen empor und entläßt den Wanderer nach dieser schweißtreibenden Passage in eine weite, sonnige Hochgebirgswelt. Besonders schön ist der Gang über das Mitteregg, einen vom einstigen Gletscher rundgeschliffenen Rücken, auf dem auch die stilgerecht mit Schindeln verkleidete Hütte zwischen Blöcken und winzigen Seen liegt. Die Schneespitze mit ihrer Eisflanke sorgt für einen eindrucksvollen Hintergrund.

➵ Von Gschnitz-Obertal zu Fuß oder mit dem Taxibus zur bewirtschafteten Laponesalm (1472 m, Fahr- oder Fußweg) und noch ein Stückchen weiter bis in den Talschluß. Nun über die hohe Steilstufe mit Wasserfall zur Simmingalm mit einem kleinen See. Zwischen den Bächen in sehr aussichtsreichem Gelände über das Mitteregg zur Hütte.

⁜ Von der Hütte über steiles Gelände und Platten nach Norden, dann durch eine Rinne steil hinab und hinüber zum Lauterersee (2425 m), dem Inbegriff eines Bergsees in urwüchsiger Umgebung: steinige Ufer, mächtige Blockkare und die von Schneefeldern dekorierten Wände der Wetterspitzen (3070 m) als Hintergrund. – Trittsicherheit ist für diesen Abstecher von 30 Min. notwendig.

Innsbrucker Hütte, 2369 m

Unmittelbar hinter dem Pinnisjoch schmiegt sich diese stattliche Hütte an den Sonnenhang und bietet einen freien Blick nach Südosten, zum Beispiel über das Gschnitztal hinweg auf die Tribulaune. Viele Bergsteiger kommen herauf, denn der Habicht (3277 m), die Kalkwand und die Ilmspitze mit ihrem Klettersteig zählen zu den außergewöhnlichen Zielen. Aber auch die Hüttenzugänge selbst sind genußvolle Touren. Man kann von Gschnitz über die Steilhänge hinaufsteigen oder durch das Pinnistal wandern, das mit seinen gewaltigen und wild-zerborstenen Kalkwänden an die Dolomiten erinnert. Zum Einmaligen aber gehört die Höhenroute von der Elferhütte, die die Bezeichnung Panoramaweg wirklich verdient.

➵ Der schönste Zugang: Von Neustift mit dem Elferlift zur Bergstation (1794 m) und empor zum Gasthaus

Elferhütte. Nun auf dem Panoramaweg »himmelhoch« über dem Pinnistal immer quer durch die steilen Hänge – oberhalb die zerklüftete Elferspitze, gegenüber Kirchdach- und Imspitzen – ins Gratzengrübl und noch ein Stück weiter nach Süden, erst dann hinab zur Karalm im Pinnistal. Auf der gegenüberliegenden Talseite schräg empor in die Alfagrube und über eine Stufe ins Pinnisjoch mit der Hütte.Beim Abstieg bleibt man im Pinnistal und kann dann von der Pinnisalm mit dem Taxibus talaus nach Neder bei Neustift fahren.

✼ Vom Pinnisjoch kurz über den Kamm zur Wegverzweigung. Links in der Geröllflanke unter den Felsen der Kleinen Kalkwand hindurch, dann empor in eine Scharte und jenseits über die Flanke auf die *Kalkwand* (2564 m, 45 Min.).

Becherhaus, 3191 m

Man muß sich das einmal ausmalen: Ein Felskegel ragt etwa 50 Meter über die kilometerweiten Eisflächen des Übeltalferners auf, und genau auf seiner obersten Spitze thront das Becherhaus – in 3191 Meter Höhe! Ein einzigartiger Anblick, und natürlich sind auch die Ausblicke von dort oben weit und eindrucksvoll. 1800 Meter liegen zwischen den letzten Häusern im Ridnauntal und dem Becher. 34 Tonnen Material wurden einst für den Bau der Hütte aus dem Tal hinaufgeschafft, nicht etwa mit dem Hubschrauber, von dem man 1894 noch nicht einmal träumte, sondern auf Lasttieren, mit dem Aufzug und mit viel, viel Menschenkraft. Kaiserin-Elisabeth-Haus hieß dieser Prunkbau der alpenfernen Hannoveraner, benannt nach der aus Bayern stammenden Kaiserin Sisi. Unter den gleichen Bedingungen wurde die Hütte noch mehrfach erweitert. Welcher Fleiß, welche Arbeit, welche Kosten, wieviel Idealismus steckten in diesem ungewöhnlichen Werk! Dann sorgte die menschliche Dummheit mit zwei Weltkriegen und dem daraus resultierenden Völkerhaß dafür, daß die Hütte allmählich verfiel. Im Jahr 1977 begann man, gerade noch rechtzeitig vor dem Verfall, die Hütte wieder instand zu setzen.

Dem Bergsteiger bietet sich hier die Möglichkeit eines einzigartigen Rekordes: Er kann vier der größten Stubaier Berge, das Zuckerhütl eingeschlossen, an einem Tag erreichen. 1100 Meter Aufstieg sind in dieser Höhe zwar eine stattliche Leistung, für den Trainierten aber durchaus zu schaffen. Für diese Tour eignet sich außerdem die *Müllerhütte* (3143 m) bei der Pfaffennieder noch besser. Vom Becherhaus nur eine halbe Gehstunde entfernt, gibt es nämlich einen zweiten Stützpunkt am Rand des Übeltalferners – eine wirklich kuriose Tatsache!

Der Aufstieg zum Becherhaus ist der längste Hüttenzugang in den Zentralalpen! Doch der Weg bietet reiche Abwechslung: schäumende Wildbäche, Gletscherschliffe und Blockwerk, Schrofen und ein großflächiger Eissee, eine kurze Gletscherpassage und ein großartiger Blick auf den Übeltalferner, den zweitgrößten Gletscher in Südtirol.

➼ Mit dem Auto ins innerste Ridnauntal (1428 m). Hoch über die Klamm empor, dann talein in den ebenen Agglsboden. Hier rechts des nun wieder sehr scharf

Die Winnebachseehütte, im Hintergrund der Wasserfall mit der Bezeichnung Bachfalle.

Unten: Ein Oktoberbild der stattlichen Innsbrucker Hütte.

Hüttenverzeichnis

Adolf-Pichler-Hütte, 1977 m, 45 Schlafplätze, Tel. 05238/3194, 8 größere Berge, höchster Gipfel Schlicker Seespitze, 2804 m, 3 Berge mit Weg, Aufstieg vom Berggasthaus Kemateralm (Mautstraße von Grinzens bei Axams) in knapp 1 Std.

Amberger Hütte, 2136 m, 80 Schlafplätze, Tel. 05253/5605, 17 größere Berge, höchster Gipfel Schrankogel, 3497 m, 1 Berg mit Weg, Aufstieg von Gries im Sulztal in gut 2 Std.

Becherhaus, 3191 m, 64 Schlafplätze, 6 größere Berge, höchster Gipfel Zuckerhütl, 3507 m, Aufstieg aus dem innersten Ridnauntal in 5 1/2 Std.

Bielefelder Hütte, 2112 m, 54 Schlafplätze, 2 größere Berge, höchster Gipfel Acherkogel, 3007 m, 1 Berg mit Weg, nach Liftfahrt von Oetz in 20 Min.

Bremer Hütte, 2411 m, 58 Schlafplätze, Tel. 0663/57545, 6 größere Berge, höchster Gipfel Feuersteine, 3267 m, Aufstieg von Gschnitz in 4 Std.

Dresdner Hütte, 2308 m, 200 Schlafplätze, Tel. 05226/8112, 11 größere Berge, höchster Gipfel Zuckerhütl, 3507 m, 2 Berge mit Weg, Zufahrt mit Seilbahn.

Franz-Senn-Hütte, 2149 m, 260 Schlafplätze, Tel. 05226/2218, 16 größere Berge, höchster Gipfel Ruderhofspitze, 3474 m, 4 Berge mit Weg, Aufstieg von der Oberißhütte im Oberbergtal bei Neustift in 1 1/4 Std.

Hildesheimer Hütte, 2900 m, 80 Schlafplätze, Tel. 05254/2300, 7 größere Berge, höchster Gipfel Zuckerhütl, 3507 m, Aufstieg von Sölden in 5 Std., bei guten Verhältnissen auch in 1 Std. aus dem Stubaier Gletscherskigebiet.

Hochstubaihütte, 3174 m, 47 Schlafplätze, Tel. 05254/2414, 4 größere Berge, höchster Gipfel Wilde Leck, 3359 m, 1 Berg mit Weg, Aufstieg von Sölden in 5 Std.

Innsbrucker Hütte, 2369 m, 160 Schlafplätze, Tel. 05276/295, 4 größere Berge, höchster Gipfel Habicht, 3277 m, 3 Berge mit Weg, Aufstieg von Gschnitz in 3 Std., von der Pinnisalm (unregelmäßiger Kleinbusdienst ab Neder bei Neustift) in 2 1/2 Std.

Magdeburger Hütte, 2423 m, 80 Schlafplätze, Tel. 0472/762472 (Italien), 5 größere Berge, höchster Gipfel Feuersteine, 3267 m, 1 Berg mit Weg, Aufstieg aus dem innersten Pflerschtal in knapp 3 Std.

Müllerhütte, 3143 m, 75 Schlafplätze, 6 größere Berge, höchster Gipfel Zuckerhütl, 3507 m, Aufstieg von der Grabaalm über die Sulzenauhütte (Gletscher) in 5 Std.

Nürnberger Hütte, 2278 m, 140 Schlafplätze, Tel. 05226/2492, 5 größere Berge, höchster Gipfel Wilder Freiger, 3418 m, 1 Berg mit Weg, Aufstieg aus dem inneren Stubaital (1 km südlich von Ranalt) in 2 3/4 Std.

Padasterjochhaus, 2232 m, 72 Schlafplätze, Tel. 05276/204, 4 größere Berge, höchster Gipfel Kirchdachspitze, 2840 m, 3 Berge mit Weg, Aufstieg von Trins in 3 Std.

Peter-Anich-Hütte, 1910 m, 30 Schlafplätze, 3 größere Berge, höchster Gipfel Rietzer Grieskogel, 2884 m, 1 Berg mit Weg, Aufstieg von Rietz im Inntal in 3 1/2 Std.

Pforzheimer Hütte, 2310 m, 64 Schlafplätze, Tel. 05236/276, 12 größere Berge, höchster Gipfel Gleirscher Fernerkogel, 3189 m, 3 Berge mit Weg, Aufstieg von St. Sigmund in 2 1/2 Std.

Potsdamer Hütte, 2009 m, 50 Schlafplätze, Tel. 05238/2060, 8 größere Berge, höchster Gipfel Hohe Villerspitze, 3087 m, 3 Berge mit Weg, Aufstieg aus der Fotsch (Zufahrt von Sellrain) in knapp 2 Std.

Regensburger Hütte, 2287 m, 100 Schlafplätze, Tel. 05226/2520, 9 größere Berge, höchster Gipfel Ruderhofspitze, 3474 m, 1 Berg mit Weg, Aufstieg von Falbeson in knapp 3 Std.

Schneeberghütte, 2354 m, 58 Schlafplätze, 6 größere Berge, höchster Gipfel Botzer, 3251 m, Aufstieg von Saltnuß an der Timmelsjochstraße in gut 2 Std.

Schweinfurter Hütte, 2028 m, (auch Guben-Schweinfurter Hütte) 50 Schlafplätze, Tel. 05255/5702, 17 größere Berge, höchster Gipfel Strahlkogel, 3288 m, 4 Berge mit Weg, Aufstieg von Niederthai in gut 2 Std.

Siegerlandhütte, 2710 m, 63 Schlafplätze, Tel. 05254/2142, 7 größere Berge, höchster Gipfel Zuckerhütl, 3507 m, 1 Berg mit Weg, Aufstieg von Sölden in 5 Std.

Starkenburger Hütte, 2237 m, 54 Schlafplätze, Tel. 05226/2867, 3 größere Berge, höchster Gipfel Schlicker Seespitze, 2804 m, 2 Berge mit Weg, Aufstieg vom Kreuzjoch (Lift von Fulpmes) in 1 1/2 Std.

Sulzenauhütte, 2191 m, 150 Schlafplätze, Tel. 05226/2432, 8 größere Berge, höchster Gipfel Zuckerhütl, 3507 m, 2 Berge mit Weg, Aufstieg von der Grabaalm in knapp 2 Std.

Teplitzer Hütte, 2586 m, 67 Schlafplätze, 4 größere Berge, höchster Gipfel Wilder Freiger, 3418 m, Aufstieg aus dem innersten Ridnauntal in 4 Std.

Tribulaunhaus (Gschnitz), 2064 m, 80 Schlafplätze, Tel. 05276/252, 7 größere Berge, höchster Gipfel Pflerscher Tribulaun, 3097 m, 3 Berge mit Weg, Aufstieg von Gschnitz in 2 1/2 Std.

Tribulaunhütte (Pflersch), 2368 m, 44 Schlafplätze, Tel. 0472/762470 (Italien), 5 größere Berge, höchster Gipfel Pflerscher Tribulaun, 3097 m, 2 Berge mit Weg, Aufstieg aus dem innersten Pflerschtal in knapp 3 Std.

Westfalenhaus, 2276 m, 60 Schlafplätze, Tel. 05236/267, 9 größere Berge, höchster Gipfel Hinterer Brunnenkogel, 3325 m, 1 Berg mit Weg, Aufstieg von Lüsens in 2 1/4 Std.

Winnebachseehütte, 2361 m, 41 Schlafplätze, Tel. 05253/5197, 10 größere Berge, höchster Gipfel Strahlkogel, 3288 m, 1 Berg mit Weg, Aufstieg von Gries im Sulztal in gut 2 Std.

Sulzenauferner und Zuckerhütl.
Die Müllerhütte, die in 3143 m Höhe nahe der Pfaffennieder liegt, nimmt eine Sonderstellung ein, denn sie läßt sich nur über Gletscher erreichen. Die interessanteste Route: von der Dresdner Hütte über den oberen Sulzenauferner und den Wilden Pfaff (links im Foto).

Herbstmorgen bei der Starkenburger Hütte (über Neustift), hinten Zuckerhütl, Wilder Pfaff, Sonklarspitze und Wilder Freiger.

eingeschnittenen Bachs aufwärts und weiter im Tal nach Westen zum winzigen, nicht bewirtschafteten Grohmannhüttchen am Fuß der Steilhänge. In dem schrofigen Gelände hinauf zur *Teplitzer Hütte* (2586 m). Ohne Höhengewinn weit hinüber zum Übeltalsee und über die Moränenfelder zu einem schmalen, im Sommer oft aperen Arm des Übeltalferners. Quer über das flache Eis, dann noch gut 1 Std. durch die Felsen (Drahtseile) hinauf zum Haus.

Magdeburger Hütte, 2423 m

Die beiden Hütten über dem Pflerschtal in Südtirol bieten ein echtes Kontrastprogramm zu den berühmten Stützpunkten drüben im Norden, der Franz-Senn-Hütte etwa: dort groß, modern und laut, hier still und fast intim, zudem noch ein bißchen an einstige Hüttenromantik erinnernd. Dabei gehört die Tour zur Magdeburger Hütte, die malerisch mit Schindeln verkleidet ist, zu den schönsten Zugängen. Es gibt kaum Wald und keine einförmigen Täler, der Anstieg führt gewissermaßen außen am Berg empor. Damit bleibt der Blick, etwa auf den Feuersteinferner, stets weit und frei. Ein schäumender Wildbach in einer Art Fels-Bobbahn, der Stubensee und die Gletscherschliffe im Hüttenbereich sorgen für zusätzliche Attraktionen.

➵ Im Pflerschtal bis vor St. Anton im Innerpflersch. Bei der Brücke links bleibend mit dem Auto noch ein gutes Stück talein zum Hüttenparkplatz in 1470 m Höhe. Hinab zum Bach und gegenüber auf einen Absatz empor. Nun nach Westen bis über die Ochsenhütte. Auf gutem, aber steinigem Steig in langgezogenen Kehren durch Wald, bald jedoch über Matten bis unter eine Schrofenstufe. Hier nach links zum Bach, durch eine Felsrinne empor, dann wieder über Grashänge weit aufwärts. Schließlich nach links zur Hütte hinüber, die sich hinter einer Geländekante verbirgt.

Magdeburger Hütte
Aufstieg aus dem Pflerschtal in 2 3/4 Std., guter, aber steiniger Steig.

Pflerscher Tribulaunhütte
Aufstieg aus dem Pflerschtal in 2 3/4 Std., guter, aber steiler und steiniger Pfad.

Pflerscher Tribulaunhütte, 2368 m

Die Tribulaunhütte mit ihrem Schrägdach und den Stützpfeilern ist der Exote unter den alpinen Stützpunkten. Sie liegt zudem an einer besonders malerischen Stelle. Man sieht von dort nicht nur – weit drüben im Südosten – die Dolomiten, man wird auch ganz unmittelbar an dieses berühmte Felsrevier erinnert. Direkt über dem Haus wachsen nämlich die rotgelben Steilwände in den Himmel, wilde, zerborstene Mauern: die Südabstürze des Pflerscher Tribulauns (3097 m) und des Goldkappls. Auf Seite 33 berichtet Hias Rebitsch von seiner Erstbegehung in diesen Wänden aus dem Jahr 1936, eine Tour mit einem ganz ungewöhnlichen »Titel«: die am meisten gefürchtete Wand der Zentralalpen. Die Natur sorgt noch für den idealen Kontrast zum senkrechten Fels: Gleich hinter der Hütte schmiegt sich der großflächige, mit einer Insel ge-

schmückte Sandessee in eine sanfte, von Gras überzogene Mulde.

➵ Wie bei der Magdeburger Hütte beschrieben zum Parkplatz in 1470 m Höhe und zur Wegverzweigung jenseits des Baches. Nun auf dem oberen Steig in langen Kehren zwischen einzelnen Bäumen und über Weideflächen empor, später mehr nach rechts über die üppig bewachsenen Steilhänge auf einen Vorsprung mit großartigem Blick. Immer schräg über Gras empor bis auf eine Geländeschwelle am Fuß der Felsen. Hier nach links durch ein eigenartiges, abflußloses Hochtal zur Hütte.

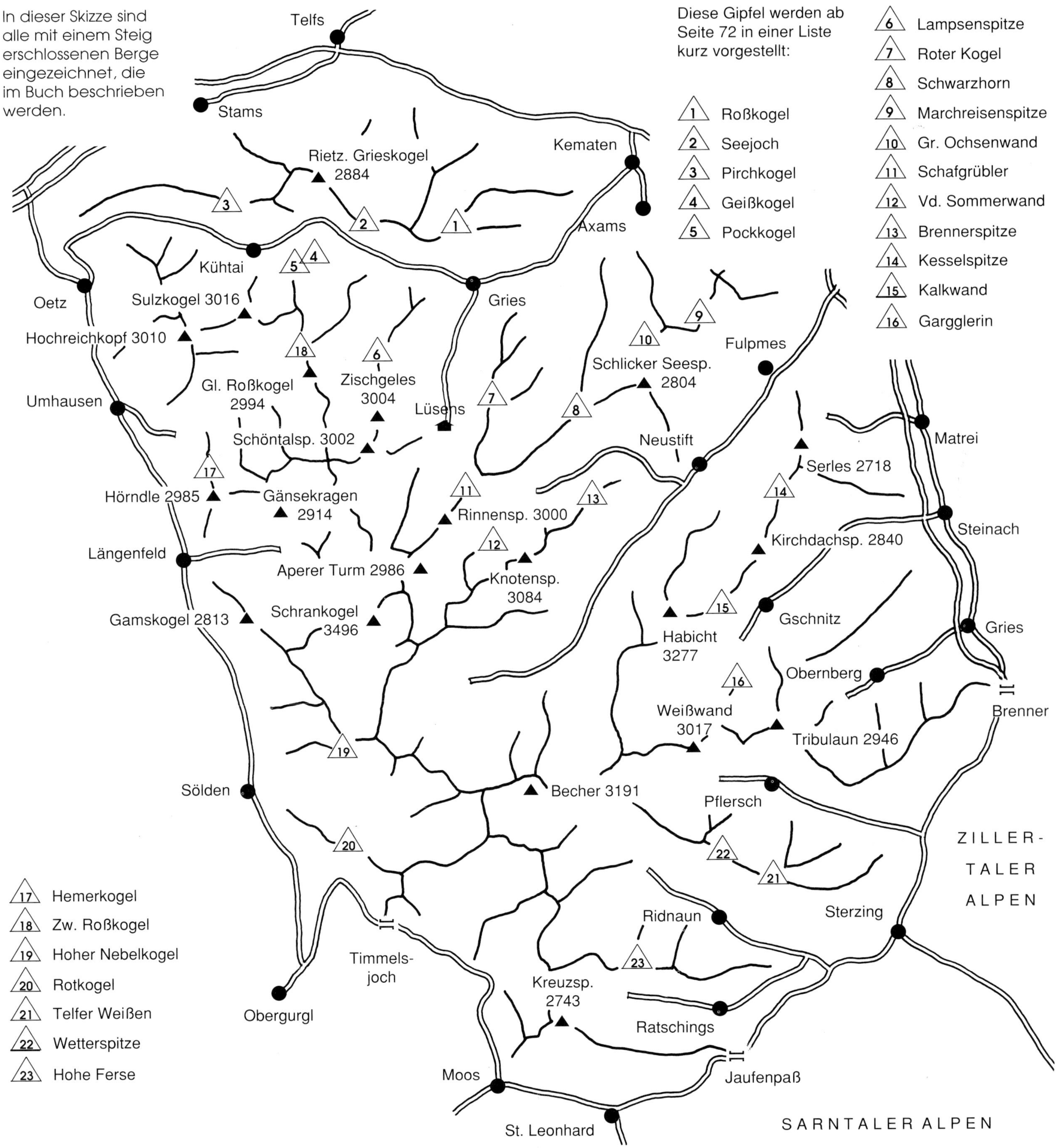
In dieser Skizze sind alle mit einem Steig erschlossenen Berge eingezeichnet, die im Buch beschrieben werden.
Diese Gipfel werden ab Seite 72 in einer Liste kurz vorgestellt:
1 Roßkogel
2 Seejoch
3 Pirchkogel
4 Geißkogel
5 Pockkogel
6 Lampsenspitze
7 Roter Kogel
8 Schwarzhorn
9 Marchreisenspitze
10 Gr. Ochsenwand
11 Schafgrübler
12 Vd. Sommerwand
13 Brennerspitze
14 Kesselspitze
15 Kalkwand
16 Gargglerin
17 Hemerkogel
18 Zw. Roßkogel
19 Hoher Nebelkogel
20 Rotkogel
21 Telfer Weißen
22 Wetterspitze
23 Hohe Ferse
Telfs
Stams
Kematen
Axams
Rietz. Grieskogel 2884
Kühtai
Oetz
Sulzkogel 3016
Hochreichkopf 3010
Gries
Umhausen
Gl. Roßkogel 2994
Zischgeles 3004
Lüsens
Schöntalsp. 3002
Schlicker Seesp. 2804
Fulpmes
Neustift
Matrei
Serles 2718
Hörndle 2985
Gänsekragen 2914
Rinnensp. 3000
Kirchdachsp. 2840
Steinach
Längenfeld
Aperer Turm 2986
Knotensp. 3084
Gamskogel 2813
Schrankogel 3496
Habicht 3277
Gschnitz
Gries
Obernberg
Weißwand 3017
Tribulaun 2946
Brenner
Sölden
Becher 3191
Pflersch
ZILLER-TALER ALPEN
Ridnaun
Sterzing
Timmels-joch
Kreuzsp. 2743
Obergurgl
Ratschings
Moos
Jaufenpaß
St. Leonhard
SARNTALER ALPEN

Berge mit Weg und Rundtouren mit Pfiff

Kein anderes Gebiet in den Zentralalpen ist ähnlich dicht mit Wegen überzogen wie die Stubaier Alpen. Ein Traumland für den Bergwanderer! Neben den üblichen Hüttenzugängen und den Höhenwegen über Scharten und Pässe gibt es auch über hundert Gipfelziele. Da ist alles vertreten von gemütlichen Wanderungen bis hin zu Touren auf große Dreitausender. Außerdem hat fast jeder Ferienort seine eigenen kleinen und größeren Aussichtskanzeln, die einen schönen Blick auf das entsprechende Tal und seine Berge gestatten.

Unsere Tabelle beschränkt sich auf die Berge über 2900 Meter Höhe. Trotzdem listet sie nicht weniger als 23 Ziele auf! In den flächenmäßig ebenso großen und gleich hohen Zillertaler Alpen findet man zum Beispiel nur acht vergleichbare Gipfel.
An den »Wege-Bergen« gibt es Routen für jedes Können, für jede Kondition und für jeden Geschmack von gemütlichen Ausflügen über Bergtouren mit hochalpinem Anstrich bis hin zu Klettersteigen in fast senkrechtem Fels (siehe Seite 76). Besonders eindrucksvolle, spannende, abwechslungsreiche Routen werden auf den folgenden Seiten genauer vorgestellt. Oft bieten sich zusätzlich Varianten und Rundtouren an und machen die Bergfahrt noch lohnender und erlebnisreicher. Es sind dabei keineswegs stets die bekannten und vielbegangenen Wege, die auch die stärksten Eindrücke hinterlassen; oft machen die namenlosen Touren viel mehr Spaß, und zudem ist es dort ruhiger. Man muß nur Bescheid wissen – und dabei will Ihnen dieses Buch helfen.
Je höher die Gipfel aufragen, desto mehr Bedeutung kommt den herrschenden Verhältnissen zu. Oft reicht eine kalte Nacht, und die Schwierigkeiten und Gefahren steigen. Überzieht eine feine Eisschicht Blöcke, Platten und Schrofen, hat der Frost die Firnfelder in

Die höchsten Berge mit Weg

1.	Schrankogel	3497 m
2.	Habicht	3277 m
3.	Hoher Nebelkogel	3211 m
4.	Becher	3191 m
5.	Östliche Knotenspitze	3084 m
6.	Zwieselbacher Roßkogel	3081 m
7.	Scheiblehnkogel	3055 m
8.	Weißwand	3017 m
9.	Sulzkogel	3016 m
10.	Hochreichkopf	3010 m
11.	Zischgeles	3004 m
12.	Schöntalspitze	3002 m
13.	Rinnenspitze	3000 m
14.	Gleirscher Roßkogel	2994 m
15.	Aperer Turm	2986 m
16.	Hörndle	2985 m
17.	Kraspesspitze	2954 m
18.	Gschnitzer Tribulaun	2946 m
19.	Hoher Zahn	2924 m
20.	Schafgrübler	2922 m
21.	Schwarzwandspitze	2917 m
22.	Gänsekragen	2914 m
23.	Großer Trögler	2902 m

Die Stubaier Wege führen in Höhen, in denen Schnee (wie hier an der Lämpermahdspitze), Nebel, Sturm etc. rasch für sehr ernste Bedingungen sorgen können.

Die rechte Seite zeigt zwei Motive bei Kühtai: oben der Geißkogel von Norden, darunter die Irzwände vom Aufstieg zum Rietzer Grieskogel.

knochenharte Rutschbahnen verwandelt, dann wird rasch aus einer Bergwanderung eine ernste Hochtour. Im Zweifelsfall muß man sich an kompetenter Stelle, etwa beim Hüttenwirt oder einem Bergführer, über die momentanen Verhältnisse informieren. Kluge verzichten lieber auf ein großes Ziel wie den Schrankogel oder den Habicht, als ein Risiko einzugehen. Zudem gibt es fast überall kleinere Berge, auf die man dann ausweichen kann.

Auf die Normalwege deutet dieser ➵ hin, während die besonders interessanten Varianten, Rundtouren usw. mit ❊ gekennzeichnet sind.

Rietzer Grieskogel, 2884 m

Rietzer Grieskogel
Gut 3 Std. von der Kühtaier Straße, Steige ohne Probleme, nur am Gipfelgrat steinig.

Etwa in der Mitte der sogenannten Nördlichen Kühtaier Berge ragt als unumschränkter Herrscher und König der Rietzer Grieskogel hoch über die Umgebung auf. Seinen »Vornamen« verdankt er dem Ort Rietz, der genau 2222 Meter tiefer am Nordfuß liegt. Von drei Richtungen führen Steige zum Gipfel. Bequeme und Sonnenhungrige wählen die kurze Route von Süden, die bei gutem Firn auch die Skitourenfreunde in Scharen bevölkern. Interessanter, doch viel weiter sind die Anstiege von der Inntaler Nordseite. In 1910 Meter Höhe liegt auf einem kleinen grünen Absatz mit herrlichem Bick quer über das Inntal die Peter-Anich-Hütte. Gras, Schrofen, ein Wiesenbecken mit einem Bergsee und ein steiniges Hochkar sind die Merkmale des Gipfelweges, zu dem es über längere Strecken auch eine Variante gibt.

➵ Von Haggen im obersten Sellrain mit dem Auto etwa 3 km Richtung Kühtai zu einem kleinen Parkplatz. Nun zu Fuß ins Klammbachtal, das man in 2100 m Höhe rechts über einen Hang verläßt. Über ihn auf die Zirmbacher Narrenböden. Hier nach Nordosten, dann steil in vielen Kehren zum Kamm empor und über den steinigen Grat auf den Gipfel.

❊ Trittsichere können beim Abstieg folgende, sehr reizvolle Variante begehen: Stets auf dem Grat bleibend über den Bachwandkopf (2762 m) und den Kreuzjochkogel (2746 m) ins Kreuzjoch. Links hinab zum Aufstiegsweg.

Zischgeles, 3004 m

Zischgeles
Knapp 4 Std. von Praxmar, kleine Steige in teilweise steilem Gelände, Trittsicherheit notwendig.

Die zwar steilen, aber weitgehend aus Gras, Schutt und Schrofen bestehenden Hänge und die wenig markanten Grate formen aus dem Zischgeles einen breiten, behäbigen, eher unauffälligen Berg. Woher kommt also der weitum so bekannte Name? Ganz einfach: Die Skifahrer lieben die rassige, makellose 1300-m-Abfahrt ganz besonders und strömen in Scharen zum Gipfelkreuz hinauf, während es im Sommer dort vergleichsweise ruhig zugeht. Zu Unrecht! Der Weg, ein kleines, steiles und steiniges Steiglein, führt von Anfang an durch ganz freies Gelände mit herrlichen Ausblicken. Vor allem der Lüsenser Fernerkogel zeigt sich von der schönsten Seite. Ein zweiter Weg, über den obersten Nordgrat und durchs Sattelloch, bietet sich für den Abstieg von diesem lohnenden Dreitausender an.

➵ Von Gries im Sellrain mit dem Auto nach Praxmar. Nach dem letzten Haus über den Bach und zur Talstation eines Skiliftes. Rechts neben dem Lift über die Hänge gut eine Stunde weit empor, dann nach links auf einen Vorsprung im Gelände, den Köllenzeiger. Immer schräg aufwärts durch die teilweise sehr steilen Osthänge des Oberstkogels, schließlich hoch über dem

Schöntalspitze
Gut 2 Std. vom Westfalenhaus, Bergwege, evtl. steiler Schnee, am Gipfelgrat kurze Kletterstelle, II-.

Tour zum Pockkogel mit Blick nach Osten zu den Kalkkögeln.

Schöntal in den weiten Sattel westlich dieses Berges. Über Gras, Geröll und ein paar Felsen auf und neben dem Grat noch weit hinauf zum Zischgelesgipfel. Überraschender Blick auf die sehr eindrucksvolle Vordere Grubenwand, einen fast unbekannten Dreikant aus Fels und Eis.
Beim Abstieg gut 10 Min. über den Grat nach Norden, dann rechts durch eine steile Flanke und über steinige Hänge ins Hochkar Sattelloch. Noch vor dem Ende des Kars wieder nach rechts, steil hinab zum Moarlerbach und an ihm entlang zurück nach Praxmar.

Schöntalspitze, 3002 m

Hohe Gruben heißt ein Kar am Südfuß der Schöntalspitze, ein eindrucksvoller Bergkessel, den gewaltige, rostrote und bis zu 400 Meter hohe Wände einrahmen. Genau nach Norden zieht zwischen den Felsen eine Gasse in die Östliche Zischgenscharte empor. Das ist unser Weg! Hat die Sonne im Laufe des Jahres den Schnee aus dem Steilgelände geputzt, dann kommt ein Steiglein im Geröll zum Vorschein, und die Sache ist nicht weiter problematisch. Bei Firn jedoch, oder bei Harsch gar ... Von der Scharte geht es dann noch einmal knapp 100 Höhenmeter über Fels zum Kreuz empor, ein Gelände mit Blockwerk und Platten und einer richtigen Kletterstelle (Schwierigkeitsgrad II-). Fazit: auch die scheinbar unproblematischen Berge sollte niemand unterschätzen!
Ein ganz bescheidenes, aber markiertes Steiglein führt über die beiden Schwärzjöchl hinüber in das Gebiet des Zischgeles. Es ermöglicht eine einzigartige Rundtour!
➵ Vom Westfalenhaus über begrünte Hänge und Böden auf die Münsterhöhe (2508 m), eine Aussichtskanzel im Gelände. Weiter durch eine nette, abwechslungsreiche Landschaft in einen engen Kessel. Nun über Schnee oder Schutt gerade aufwärts, dann in einer rutschigen Rinne (evtl. steiler Schnee) in die Östliche Zischgenscharte. Links um die ersten Felsen, dann auf und neben dem Grat zu einer plattigen Steilstufe, schließlich wieder einfacher zum Gipfel.
❊ Eine erlebnisreiche Zweitagestour: Von Praxmar zum Westfalenhaus und von dort auf die Schöntalspitze. Auf dem gleichen Weg wieder zurück in den obersten Boden und noch ein paar Minuten weiter bis zu einem kleinen begrünten Rücken im Gelände. Von hier auf einem unscheinbaren Steiglein in das nahe Innere Schwärzjöchl (2696 m). Drüben nur kurz hinab, dann quer durch die Schwärzgrube ins äußere Jöchl. Anschließend auch das Schöntal querend zum Zischgeles-

Ostanstieg. Auf dem kleinen Pfad hinab nach Praxmar. – Knapp 2 Std. weiter als der übliche Abstieg, ganz kleine Pfade in teilweise steilem Gelände, einsam. (Siehe auch die Erzählung auf Seite 37.)

Gleirscher Roßkogel, 2994 m

Gleirscher Roßkogel
2 1/4 Std. von der Pforzheimer Hütte, Bergwege ohne Probleme durch Kare und über einen Gratrücken.

Sulzkogel
Knapp 3 Std. vom Lift bei Kühtai, Bergwege in teilweise steilerem Gelände, meist auch Schneefelder.

Hochreichkopf
4 Std. von der Dortmunder Hütte in Kühtai, kleine Wege im Tal, steiles Felsgelände mit Sicherungen oberhalb der Scharte.

Ein unauffälliger Berg in einer wenig bekannten Region und zudem zwischen zwei Hütten gelegen, die nur mäßig frequentiert werden – das ergibt natürlich kein berühmtes Massenziel. Am ehesten erweisen noch die Bergsteiger, die von Hütte zu Hütte wandern, dem Gleirscher Roßkogel ihre Referenz. Aber man braucht auch hier nur ein wenig Geschick, dazu zwei Tage Zeit, um aus einer mittelmäßigen eine wirklich beeindrukkende Tour zu zaubern.

➜ Der Normalweg: Von der Pforzheimer Hütte auf dem Höhenweg nach Westen ins Kar, dann über Böden und Hänge ins Gleirschjöchl. Über den Gratrücken auf Gras und Schutt noch weit empor zum Gipfel.

✲ Eine abwechslungsreiche Zweitagestour: Von Kühtai wie beim Sulzkogel beschrieben bis hinter den See, dann links empor in die Finstertalerscharte (2777 m). Ganz kurz nach Süden hinab zur Abzweigung eines Steiges auf die *Kraspesspitze* (2953 m). Von dort Abstieg durch das Weite Kar und später über steiles Grasgelände zur Schweinfurter Hütte (2028 m, Gehzeit ab Kühtai 4 1/2 Std., Bergwege, manchmal Schneefelder). Übernachtung. Am zweiten Tag etwa 15 Min. talein, dann links über die weiten, teilweise steilen Hänge ins Gleirschjöchl empor. Von dort auf den Gipfel, anschließend Abstieg über die Pforzheimer Hütte nach St. Sigmund. Gesamtgehzeit am zweiten Tag etwa 6 1/2 Std.

Sulzkogel, 3016 m

Der Hauptgipfel der Berge um Kühtai präsentiert sich als dunkles, behäbiges Felshaupt, das auf der Ostseite noch mit einigen Gletscherresten geschmückt ist und das sich ein wenig hinter den kleineren Nachbarn versteckt. Dennoch gehört der Sulzkogel mit seiner prächtigen Aussicht zu den begehrten Zielen, das im Sommer und Winter recht häufig Besuch erhält. Ja, hier könnte man in idealer Weise testen, ob man einem Dreitausender gewachsen ist. Trotzdem sollte niemand die Tour unterschätzen; so muß man zum Beispiel auch auf der üblichen Route Schneefelder überqueren.

➜ Von Kühtai mit dem Sessellift ins Plendelekar, ein Stück bergab zum unteren See, dann auf breitem Weg quer durch die Hänge zur Staumauer. Links am Finstertalersee entlang ins hintere Becken. Bei der Verzweigung rechts und über Block- und Moränenhänge empor in ein verstecktes Kar mit den Resten des Gamskogelferners und gezackten, dunklen Felsgipfeln im Süden. Durch die Hochmulde flach nach Westen, dann steiler auf den Grat und schließlich über einen Blockhang zum Gipfel.

Hochreichkopf, 3010 m

Dieser mächtige, aber etwas behäbige Block- und Felsgipfel liegt weitab der üblichen Routen. Er wird deshalb fast nur von den Höhenweg-Wanderern als »Zubrot« mitgenommen. Doch ein Bergsteiger mit Muße und Kondition wird auch an diesem Gipfel viel Spaß haben. Er wandert in aller Ruhe durch das Längental, das seinen Namen durchaus verdient und mit seinen wilden Felsbergen wie dem Rotenkogel auch für die nötige Abwechslung sorgt. Doch der spannende Teil folgt erst oberhalb der Niederreichscharte: Der Steig schlängelt sich durch eine gewaltige, wildzerborstene Felsflanke; Sicherungen helfen an den steilsten Stellen.

➜ Von der Dortmunder Hütte in Kühtai hinüber ins Längental und auf kleinem Steig durch das langgestreckte, gebogene Tal bis in den hintersten Winkel. Nun über eine steinige Stufe in ein kleines Hochkar und durch eine Mulde (evtl. Schnee) in die Niederreichscharte (2729 m). Erst über den Grat, dann rechts durch die eindrucksvolle, zerklüftete Felsflanke (Sicherungen) in die Hochreichscharte und von dort über einen Trümmerhang auf den Gipfel.

Mit zehn Wegebergen ist Kühtai ein echtes Bergwander-Dorado. Unser Schlechtwetterfoto zeigt drei der Ziele: Neuner-, Pock- und Geißkogel (von rechts).

✻ Hier bietet sich eine ähnliche Rundtour an wie beim Gleirscher Roßkogel: Wie dort beschrieben, kann man über die Kraspesspitze die Schweinfurter Hütte erreichen. Am nächsten Morgen steigt man dann in 3 Std. durchs Finstertal und das Steinkar auf den Hochreichkopf. Den Abstieg nimmt man, wie oben beschrieben, über die Niederreichscharte und durch das Längental zurück nach Kühtai.

Hörndle, 2985 m

Eine durch nichts unterbrochene Steilflanke zieht aus dem Längenfelder Kessel des Ötztals volle 1800 Meter hinauf zum Hörndle. Dieser letzte Eckpfeiler der Stubaier Alpen zählt deshalb zu den Aussichtslogen der Extraklasse. Zum Tiefblick kommt ein weites Panorama mit den großen Bergen von Geigenkamm und Kaunergrat und der Nahblick auf den Grastalsee und den wilden Strahlkogel. Es wäre übertrieben, die bescheidenen Steigspuren und die Markierungen, die auf unser völlig unbekanntes Ziel führen, als angelegten Weg zu bezeichnen. Bei dieser Tour handelt es sich eher um ein Abenteuer für die Könner unter den Bergwanderern. Achtung – auf der AV-Karte sind Teile des guten Weges zum Kochler nicht eingetragen.

➸ Von Längenfeld im Ötztal mit dem Auto auf der Straße Richtung Gries bis zum Ende der Serpentinen (1400 m). Nun zu Fuß kurz auf einer Forststraße nach links, dann auf Wegen durch Wald weit empor, schließlich auf den Gratrücken an der Waldgrenze (Kochler, grandioser Tiefblick). Rechts des Rückens auf bescheidenen Steigspuren teilweise steil aufwärts zum Südgrat. Auf Schutt und Platten immer in der Nähe der Schneide weit empor, schließlich über ein paar Felsen zum Kreuz.

Gänsekragen, 2914 m

Im Westen des Winnebachsees fällt ein zerklüftetes, teilweise steiles Felsmassiv ins Auge, das den ungewöhnlichen Namen Gänsekragen trägt. Der Bergwanderer wird dieses Ziel eher mißtrauisch betrachten, und seine Skepsis ist auch durchaus berechtigt. Das Steiglein schlängelt sich nämlich durch die reichlich steile Südflanke. Dort muß man immer wieder kleine Felsstufen überklettern, auch die Tiefblicke sind beeindruckend. Kurz: Der Trittsichere hat – bei trockenem Wetter – viel Spaß an der pfiffigen Route, für den Anfänger wird sie eher zur Zitterpartie.

➸ Von der Winnebachseehütte zu einem nahen Mast des Materialliftes empor, dann lange Zeit quer durch die Grashänge bis ins Steilgelände unter dem Gipfel. Hier nun erst ziemlich gerade empor, dann mehr links bis vor die große Schlucht, schließlich wieder halbrechts in blockig-kantigem Fels auf den Gipfel mit seinem eindrucksvollen Panorama.

Gamskogel, 2813 m

In dem langen, stark verzweigten Bergkamm im Süden des Sulztals steht mancher gewaltige und erstaunlich wilde Felsgipfel. Der Gamskogel ist der kleinste und unscheinbarste unter diesen verwegenen Gesellen. Als äußerster Eckpfeiler des Kammes wird er dennoch zu einem außergewöhnlichen Ziel. Ein durch nichts unterbrochener Steilhang zieht von dort ins Ötztal hinab; als Raubvogelperspektive möchte man diesen Tiefblick charakterisieren. Auch das Gipfelpanorama beeindruckt. Lediglich im Südosten ist ein kleines Segment ausgespart, dort verstellt nämlich der benachbarte Lochkogel (3044 m), ein wuchtiger, dunkler Felsberg, die Sicht.

➸ In der Ortsmitte von Gries hinab zum nahen Fischbach und gegenüber durch den steilen Wald in vielen Kehren empor zum freien Gelände und zur Jausenstation Nißlalm. Nach rechts flach um einen Bergrücken auf die folgenden Böden, dann wieder gerade aufwärts über Gras, Platten und Geröll zum Nordgrat. Über ihn zum Gipfelkreuz.

Schrankogel, 3497 m

Bitte informieren Sie sich über diese außergewöhnliche, sehr hochalpine Tour auf Seite 99.

Schlicker Seespitze, 2804 m

Man könnte sich die Kalkkögel als einen Zug vorstellen mit den unterschiedlichsten Waggons, die von einer etwas größeren und wuchtigeren Lokomotive nach Süden gezogen werden. Diese Lok ist die Schlicker Seespitze, der höchste und zugleich der letzte Gipfel in der langen Kette. Mächtige Grate und Pfeiler mit Felshöhen bis zu 700 m stützen den Berg, nur nach Nord-

Hörndle
4 1/2 Std. von der Straße Längenfeld-Gries, erst Bergwege, dann nur markierte Pfadspuren, teilweise steil, Trittsicherheit und nebelfreies Wetter wichtig.

Gänsekragen
Gut 2 Std. von der Winnebachseehütte, kleiner Steig, viele Felsstellen, Trittsicherheit wichtig, bei Nässe gefährlich.

Gamskogel
3 1/2 Std. von Gries, im oberen Teil nur kleine, steinige Bergwege, Trittsicherheit notwendig.

Schlicker Seespitze
2 1/2 Std. von der Adolf-Pichler-Hütte, erst guter Bergweg, dann Pfad im Steilgelände mit Schrofenstellen, Drahtseile, Trittsicherheit wichtig.

Auf dem Weg vom Kreuzjoch zum Schlicker Schartl.

westen dacht er mit einer Schutt- und Schrofenflanke ab, als wollte er auch dem Bergwanderer eine Chance bieten. Wie überall in den Kalkkögeln herrscht auch hier der zerborstene Fels vor, und der sorgt, zusammen mit dem vielen Geröll, für einige Mühe beim Aufstieg.

➵ Von der Adolf-Pichler-Hütte über die Böden und über einen Geröllhang ins Seejöchl. Hier wieder scharf nach links, unter den Felsen hindurch in die Nordwestflanke und durch sie steil, teilweise etwas schrofig zum Grat und nach rechts auf den Gipfel.

❊ Rundtourenmöglichkeit: Von Fulpmes mit den Liften zur Bergstation, dann erst rechts, später links des Grates empor bis auf den Sattel zwischen dem Niederen und dem Hohen Burgstall. Unter letzterem nördlich hindurch ins Schlickerschartl und weiter ins Seejöchl. Auf den Gipfel und zurück ins Jöchl. Abstieg zur Adolf-Pichler-Hütte, Gegenanstieg in die Alpenklubscharte, dann langer Abstieg in die Schlick und zur Liftstation Froneben. Insgesamt 7 bis 8 Std.

Habicht, 3277 m

Bitte lesen Sie über diese ebenso ungewöhnliche wie spannende Tour auf Seite 96 nach.

Kirchdachspitze, 2840 m

Kirchdachspitze
Knapp 4 Std. von der Pinnisalm, anspruchsvoller Steig in teilweise felsdurchsetztem Gelände mit Sicherungen, alpine Erfahrung notwendig.

Nur im Kalk findet man Felsburgen von der Art der Kirchdachspitze, kilometerbreite Massive, tief zerklüftet und in ein Gewirr von Graten, Rippen, Pfeilern, versteckten Hochkaren und Schluchten aufgelöst. Bis zu 1000 Meter reichen die Felsen an diesem Berg herab, und er schiebt gegen die Täler besonders wilde Wände vor. So imponieren im Süden, oberhalb von Gschnitz, die Torsäule und über dem Pinnistal die Abstürze des Nordwestvorbaus. Geröll in Massen, häßliche Schrofen, brüchiges Gestein und nur hin und wieder schöner, fester Fels – den Kletterer lockt die Kirchdachspitze nicht allzu sehr. Dafür aber den – geschickten – Bergwanderer. Jawohl! Für ihn gibt es überhaupt nur wenige Touren, die mehr Abwechslung, Spannung und Aufregung bieten. Er sollte allerdings nicht stur den kürzesten Weg aus dem Tal (Trins) zum Gipfel abspulen. Da lockt etwa der lange Grat über die Kesselspitze, und eine eindrucksvolle Felswildnis lernt er bei einem Aufstieg aus dem Pinnistal kennen.

Der Habicht zählt zu den eindrucksvollsten »Wegebergen« überhaupt. Hier ein Blick aus dem Pinnistal auf die 1200 m hohe Nordostflanke. Über den linken Grat führt der Aufstieg.

➵ Von Neder bei Neustift mit dem Ausflugsbus zur Pinnisalm (1560 m). 500 m weiter talein zweigt nach links der Jubiläumsweg ab. Über die bald sehr steilen Hänge mit Gras, Latschen und Geröll in vielen Kehren aufwärts, später auch teilweise in felsigem Gelände mit Sicherungen recht direkt zum Kamm und auf den gewaltigen Gipfel, den höchsten Berg im gesamten Serleskamm. Auf und rechts neben dem Nordgrat (weitere Sicherungen) in einen Sattel hinab, dann rechts durch die steilen Hänge der Hammerspitze zum Padasterjoch und weitere Querung zum Padasterjochhaus (2232 m).

Den nächsten Tag kann man mit einem Abstecher zur Kesselspitze (2728 m, 3 1/2 Std. für Hin- und Rückweg) beginnen. Dann Aufstieg über steile Hänge in die Hammerscharte (2529 m). Drüben erst durch ein Hochtal abwärts, dann durch sehr steile, zerfurchte Flanken ins Pinnistal hinab, das man beim Ißanger erreicht.

Serles, 2718 m

Kein anderer Berg steht derartig »mitten im Weg« wie die Serles; als eine Art Schiffsbug trennt sie das Wipptal vom Stubaital. Selbst in Innsbruck fällt dieser Felsdreikant mit seinen bis zu 800 Meter hohen Steilflanken ins Auge. So stieg die Serles zu einer Art heiligem Berg der Tiroler Metropole auf, zumal auch der Wallfahrtsort Maria Waldrast sich in einem Hochtal unmittelbar zu Füßen des Gipfels versteckt. Mancher Einheimische, der sonst die Berge nur von unten kennt, stand schon auf der Serles. Der Aufstieg ist nicht sonderlich weit, doch bereitet er einem Neuling einige Mühe, ja es gibt sogar eine »Schreckenspforte« zu den steilen Gipfelhängen: eine 20 Meter hohe, plattige Felsstufe mit Leiter und Drahtseil.

➵ Von Matrei am Brenner mit dem Auto auf guter Mautstraße nach Maria Waldrast (1636 m). Zwischen Lärchen nach Westen kurz empor, dann schräg nach links – bald durch Latschen und quer über scharf eingeschnittene Schuttrinnen – über die Hänge hinüber in ein grünes Hochkar und geradeaus in den torartigen Einschnitt des Serlesjöchls. Kurz oberhalb die erwähnte Felsstufe, anschließend steile Gras- und Schutthänge, am Schluß zwischen Schrofen zum Kreuz.

❊ Ein ausgefallener und meist einsamer Zusatzberg: Vom Serlesjöchl auf dem oberen Steig nach Süden und durch die steilen Hänge unter der Roten Wand zum Hauptgrat empor. Auf, häufiger jedoch rechts neben

Der Rinnensee am Aufstieg zur Rinnenspitze, hinten Mittlere Kräul- und Östliche Seespitze.

der Schneide in sehr abwechslungsreichem Gelände mit vielen kurzen Felsstellen auf die *Lämpermahdspitze* (2595 m, 50 Min. Aufstieg; reizvolle, einfache Kletterei, I, Trittsicherheit unerläßlich). Auf der gleichen Route zurück ins Jöchl.

Rinnenspitze, 3000 m

Wege machen's möglich! Kein Mensch würde von diesem Berg Notiz nehmen, den man kurz mit »graubraun und unauffällig« charakterisieren kann, und doch wird er mehr bestiegen als alle anderen Gipfel seines Kammes zusammengenommen. Zwei Überraschungen stempeln die Tour sogar zu einem fesselnden Erlebnis: In 2650 m Höhe liegt der großflächige Rinnensee, in dem sich die Seespitzen mit ihren steilen Gletschern spiegeln, und auf dem Gipfel steht man urplötzlich über einem kilometerweiten, makellos weißen Meer, dem Lüsenserferner. Von oben kann man den Bergsteigern zuschauen, die über diese schier endlose Fläche hinüberpilgern zum Fernerkogel.

➼ Bei der Franz-Senn-Hütte über den Bach und ein Stück bergauf zur Wegverzweigung. Hier nach links und weiter empor über teilweise steile, nach unten in Wänden abbrechende Grashänge in ein Hochkar mit großartigem Blick nach Süden. Ein Stück vor dem Rinnensee rechts ab, über Blockwerk an den Fuß der Schrofenflanke und steil zum Gipfel empor.

Aperer Turm, 2986 m

Bei der Franz-Senn-Hütte schickt ein Wegweiser, der offensichtlich vom Alter schon knitterig ist, den Bergwanderer zum Aperen Turm. Obwohl es den entsprechenden Steig offensichtlich schon »ewig« gibt, fehlt er auf allen Karten und in den Führern. Das dürfte der Grund sein, warum dieser Berg völlig unbekannt geblieben ist. Im Gegensatz zu den mächtigen Gipfeln rundum handelt es sich zwar nur um einen der »Kleinen«, doch der Blick auf die teilweise sehr wilden Gletscher wie den Berglasferner ist um so eindrucksvoller. Auch die Felshäupter rundum präsentieren sich aus dieser Höhe in ihrer besten Perspektive.

➼ Von der Franz-Senn-Hütte durch den fast ebenen Boden weit talein, dann auf der rechten Seite über eine Stufe zur großen Moräne des Alpeinerferners. Auf ihr nach Süden, bis man über sich den Verborgenen-Berg-Ferner sieht. Hier rechts über die Moräne gegen die Felsen empor, dann wieder rechts durch den Steilhang zu schönen Gletscherschliffen und einem Eissee an der Zunge des Turmferners. Durch die zerborstene Steilflanke auf das weite Gipfelplateau des behäbigen Berges, der nichts von einem Turm an sich hat.

Östliche Knotenspitze, 3084 m

Der fünfthöchste Stubaier Wegeberg wird relativ wenig beachtet. Er ist der letzte Vorposten einer ganzen Schar von Kräul-, Knoten- und Plattenspitzen, einem verzweigten Massiv recht schroffer Zacken und Grate, aus denen kein Gipfel besonders hervorragt. Kleine Gletscher in den Hochkaren sorgen für einen zusätzlichen Schmuck in dieser Berggruppe zwischen Falbeson- und Alpeinertal. Zur Östlichen Knotenspitze, dem Hausberg der Regensburger Hütte, führt das Steiglein über die typischen Urgesteinshänge mit Gras, Platten, Blockwerk und meist auch einigen Firnfeldern rasch empor; am Schluß windet es sich noch durch eine immerhin 250 Meter hohe Schrofenflanke.

➼ Von der Regensburger Hütte in vielen Kehren über Gras- und Schutthänge und eine kurze Stufe auf die Böden des Jedlaskars. Über Moränenschutt und Schnee an den Bergfuß und durch die sehr hohe, schrofige Steilflanke auf den Südgipfel der Knotenspitze, der auch als Kreuzspitze bezeichnet wird.

Gschnitzer Tribulaun, 2946 m

Neben dem übermächtigen und ungewöhnlich wilden Pflerscher Tribulaun wirkt der Gschnitzer wie ein unscheinbarer kleiner Bruder. Dabei könnte er – ohne einen Nachbarn dieser Art – durchaus imponieren, stürzt er doch mit mächtigen Wänden und einer 850 Meter hohen Nordkante auf die Schutthalden ab. Lediglich der obere Südostgrat mit seinen weiten, steinigen Flächen ist erstaunlich sanft; allerdings bricht auch dieses Gelände dann in den wildzerklüfteten Koggraben ab. Doch Vorsicht! – so ganz paßt dieser runde Felsgipfel nicht in unser Wegeberg-Kapitel. Schon der Nordanstieg zur Westlichen Schneetalscharte »hat's in sich«: im aperen Zustand eine mühevolle Rutschpartie in feinstem Schieferschutt, bei Schnee, der sich hier lange hält, nur für Bergerfahrene geeignet. Und oberhalb bremst eine Felsstufe das Vordringen; dort geht ohne Kletterei (bis I+) nichts.
Auch der nächste Berg im Grat, ein kühnes, schwarzes Horn aus Kalk, wird von einer Steiganlage erschlossen. Hier bietet sich also eine ganz außergewöhnliche Gipfelkombination an, die zudem mehr an die Dolomiten als an die Stubaier Alpen erinnert.

Serles
3 Std. von Maria Waldrast, Bergwege, teilweise Geröll, kurze Felsstufe mit Leiter, sehr beliebt.

Rinnenspitze
Gut 2 Std. von der Franz-Senn-Hütte, Bergwege, steile, felsdurchsetzte Gipfelflanke.

Aperer Turm
3 1/2 Std. von der Franz-Senn-Hütte, im oberen Teil nur kleine, stille Bergwege, doch keine schwierigen Stellen.

Östliche Knotenspitze
2 1/2 Std. von der Regensburger Hütte, kleine Bergwege, Schneefelder, hohe, felsdurchsetzte Gipfelflanke.

Gschnitzer Tribulaun
2 3/4 Std. vom Tribulaunhaus, Steilanstieg über Schutt bzw. Schnee Felsstelle (I+), zum Gipfel nur Pfadspuren, hochalpin und anspruchsvoll.

➵ Vom Gschnitzer Tribulaunhaus über schöne Grasböden bergauf, bei der Verzweigung rechts und in den hintersten, düster-eindrucksvollen Bergwinkel. Erst auf der linken Seite nahe der fast senkrechten Eisenspitz-Westwand, dann mitten über die große Halde immer steiler in Schieferschutt oder im Firn empor und in den rechten Einschnitt der Schneetalscharte (2640 m, Grenze zu Südtirol), einem dolomitenartigen Tor. Rechts zu den Felsen, dann halblinks über die Schrofenstufe (I+, Drahtseilfetzen) zur großen Abdachung. Den Steigspuren im Geröll folgend noch ein gutes Stück aufwärts bis auf den runden, weiträumigen Gipfel. Gleich gegenüber ragt der Pflerscher Tribulaun mit wildem Felsbau auf.

❊ Diese Gipfelbesteigung läßt sich zu der erwähnten, ungewöhnlich eindrucksvollen Rundtour ausbauen, die aber auch einige Anforderungen stellt: Im Obernbergtal zum Parkplatz beim Gasthaus Waldesruh (1450 m). Im Talboden flach nach Westen, dann in vielen Serpentinen durch die Innere Wildgrube weit empor, schließlich nach links ins Gstreinjöchl (2545 m). Drüben hinab zum Tribulaunhaus (4 Std.). Wie oben beschrieben auf den Gschnitzer Tribulaun. Wieder hinab in die Westliche Schneetalscharte und noch 100 Hm tiefer, dann Aufstieg in den östlichen Einschnitt. Über den Grat auf die *Schwarze Wand* (2917 m, Sicherungen, ausgesetzt, von der Hütte bis hierher 4 1/2 Std.), einen auffallend schlanken Turm. Weiterhin auf dem Kamm nach Südosten zu dessen Verzweigung. Jetzt links hinab und kurz wieder empor auf den *Obernberger Tribulaun* (2780 m). Über seine steile Ostseite hinab zum See und zurück zum Ausgangspunkt. – Anspruchsvolle, hochalpine Tour, insgesamt etwa 7 Std.

Weißwand, 3017 m

Aus dem inneren Pflerschtal fällt dieser Dreitausender als kecke, fast kuriose Gestalt ins Auge: Auf steilem, fast schwarzem Sockel sitzt ein auffallend heller, fein zugespitzter Dreikant. Der Kalk verhalf dem Berg nicht nur zu seinem Namen, er schuf im Gipfelbereich auch eine bizarre Landschaft mit senkrechter Nordwand und von tiefen Schluchten und Kaminen zerrissenen Mauern nach Südosten und Südwesten. Wer dort oben unterwegs ist, sollte etwas Zeit und Muße aufwenden, dieses Kuriosum aus Fels näher zu betrachten. Ungemein eindrucksvoll ist zum Beispiel der Tiefblick vom Gipfel in die düsteren Nordabstürze, auch von der Ostscharte läßt sich diese Wand bestaunen. Vielfalt und Gegensätze prägen die Weißwand-Überschreitung.

Der Pflerscher Tribulaun ist stets Blickfang und Mittelpunkt bei Touren in der Region, etwa zum Gschnitzer Tribulaun oder zur Weißwand.

Da gibt es unter anderem den urweltlichen Talkessel im Westen mit seinem Gemisch von Kalk (ganz hell), Schiefer (dunkelgrau bis schwarz) und Gneis (graubraun), vom Gipfel die hindernislosen Ausblicke weit über das Pflerschtal hinweg bis in die Dolomiten und schließlich die schon erwähnten Felsszenerien.

➼ Von der Magdeburger Hütte zum nahen Stubensee, dann quer durch die teilweise steilen Gras- und Felshänge in einen engen Kessel am Fuß der Weißwand mit einem auffallenden Durcheinander verschiedener Gesteine. Etwas mühsam über die Trümmerhalde empor, in halber Höhe nach rechts über eine abschüssige Rinne (schlechtes Drahtseil) zu steilem Gras. In Kehren empor, dann wieder nach rechts zu einem Absatz im Südgrat. Links neben der Kante in zerborstenem, ungewöhnlich rauhem Kalk auf undeutlichen Steigspuren zum Gipfel.

Zurück zum Südgratabsatz, dann auf sehr abschüssigen Bändern (unterhalb hohe Abbrüche) hinüber zum Ostgrat und in die tiefste, weiträumige Scharte. Nochmals ein Stück aufwärts bis knapp unter den *Hohen Zahn* (2924 m, in 5 Min. zu besteigen). Erst über einen Grat, dann mit weiten Schleifen über Böden und Hänge hinab zum Sandessee und zur Tribulaunhütte.

Weißwand
2 1/2 Std. von der Magdeburger Hütte, teilweise sehr steile, ausgesetzte Hänge, am Gipfelgrat nur Wegspuren im Geröll, Trittsicherheit notwendig.

Hohe Kreuzspitze
4 1/2 Std. von Stuls, im oberen Teil nur kleine Pfade, Trittsicherheit wichtig.

Becher, 3191 m

Dieser Kopf im Südgrat des Wilden Freigers ist kein bedeutender Gipfel, aber doch ein Ausflugsziel ganz eigener Klasse und Rasse inmitten der ewig weiten Eisfelder des Übeltalferners und umgeben von manchem Großen der Stubaier Alpen wie Freiger, Pfaff, Zuckerhütl und Sonklarspitze. Und als eine Art besonderer Gag steht genau auf dem Gipfel dieses Felskegels das Becherhaus des CAI. Bitte lesen Sie alles weitere zu diesem Ziel auf der Seite 55.

Zu den außergewöhnlichen Sehenswürdigkeiten zählt dieser Eissee (Turmferner) am Aufstieg zum Aperen Turm.

Hohe Kreuzspitze, 2743 m

Obwohl die Kreuzspitze bis zu 81 Meter niedriger als ihre Nachbarn im Norden ist, steht sie doch – im wörtlichen und im übertragenen Sinne – in der ersten Reihe. Das breite, aber felsdurchsetzte Massiv schiebt sich weit nach Süden gegen das Passeiertal vor und wird dadurch zu einem Aussichtsberg der Extraklasse. Mit hellen Kalkfelsen gesprenkelte Steilgrashänge bestimmen das Bild auf der Südseite, während das Gelände nach Nordosten sanfter abdacht und von Gras- und Blockmulden durchsetzt ist. Damit wurde auch schon der Charakter der beiden »Normalwege« angedeutet. Sonne, hindernislose Ausblicke und ein steiler Gipfelaufbau lauten die Merkmale bei der Südroute vom Terrassendorf Stuls, das hoch über der Passer in herrlich freier Lage thront. Ein zweiter Weg beginnt in Flading im Ratschingstal (Gebiet Sterzing).

➼ Von Moos im Passeiertal mit dem Auto nach Stuls (1317 m). Bei der Kirche kurz empor, dann auf dem Waldweg weit nach Westen zum Hochegghof und auf der Almstraße weiter zum Berggasthaus Egger-Grubalm. Im Bereich des Rückens zur Hochalm, einer neu erbauten Jausenstation. Nun durch die Hänge mehr nach rechts – bei der Verzweigung auf dem oberen Steig – und in ein Hochkar. Über Gras und Geröll auf den Südgrat, dem man bis zum Gipfel folgt.

❋ Eine einzigartige Grattour: Von St. Leonhard mit dem Bus zur Römerkehre unter dem Jaufenpaß. Von dort auf dem Passeier-Höhenweg an der Flecknerhütte vorbei durch die Hänge zum Gleitnerjoch und nun auf dem Kamm über das Schlotterjoch, einen Gipfel von 2373 m Höhe, in den folgenden Sattel. Noch auf dem Höhenweg zu den Übelseen, dann auf dem oberen Steig schräg aufwärts durch die steilen Hänge der Kleinen Kreuzspitze zum Hauptkamm und auf dem ausgeprägten Gras- und Blockkamm zur Hohen Kreuzspitze. – Reichlich 4 Std., teilweise nur undeutliche Wege, eine sehr langgestreckte, spannende, anspruchsvolle Tour, die stets mit hindernislosen Ausblicken aufwartet. Abstieg nach Stuls (siehe oben) und mit dem Bus wieder nach St. Leonhard.

Weitere mit einem Weg erschlossene Gipfel der Stubaier Alpen

Sellrainer und Kühtaier Berge

Roßkogel, 2646 m
Alleinstehender Aussichtsberg hoch über dem Inntal. Knapp 4 Std. von Stieglreith (Lift, Straße), zwei Steige, die zu einer Überschreitung genützt werden können.

Seejoch, 2808 m
Fast unbekannte Tour auf einen mächtigen Berg. 3 1/2 Std. von Haggen, kleine Steige über teilweise sehr steile, südseitige Grashänge.

Pirchkogel, 2828 m
Behäbig breiter, schon immer bekannter Aussichtsberg nordwestlich über Kühtai. Von dort in 2 1/2 Std., ordentliche Steige über weite Böden und einen steileren Gipfelaufbau. Überschreitung nach Westen lohnend.

Geißkogel, 2820 m
Dunkler, kantiger Schutt- und Felsberg über dem Plendele-Seengebiet. 1 1/2 Std. aus dem Kar (Lift von Kühtai), Steig durchs Hochtal mit zwei Seen, dann steiler, steiniger Hang und längerer Gipfelgrat.

Pockkogel, 2807 m
Etwas versteckter Block- und Felsgipfel bei Kühtai. Vom Plendelelift gut 2 Std., kleine Bergwege über Gras, Moränengelände und Blockwerk.

Lampsenspitze, 2876 m
Breiter Gipfel, interessanter Übergang über das Satteljoch ins Gleirschtal. Von Praxmar 3 1/2 Std., Steige meist über Matten, ein paar Gletscherschliffe.

Roter Kogel, 2832 m
Sanfter Gipfel über weiten Mattenböden. 2 3/4 Std. von der Potsdamer Hütte, Wege ohne Probleme durch ein weites Hochkar und über einen Grat.

Schwarzhorn, 2813 m
Dunkler, mächtiger, seine Umgebung beherrschender Felsberg. Knapp 3 Std. von der Potsdamer Hütte, kleiner Steig über teilweise steile Hänge und durch enge Kare, Gipfelgrat.

Stubai- und Wipptal

Marchreisenspitze, 2620 m
Klettersteig siehe Seite 78.

Große Ochsenwand, 2700 m
Klettersteig siehe Seite 77.

Schafgrübler, 2922 m
Kleiner Gipfel in eindrucksvoller Umgebung (Hohe Villerspitze). 2 1/2 Std. von der Franz-Senn-Hütte, Höhenweg durch ein Kar und kurzer Gipfelgrat, interessante Abstiegsmöglichkeit nach Lüsens.

Vordere Sommerwand, 2676 m
Kleiner, gegen das Tal vorspringender Felsgipfel mit entsprechendem Rundblick. 1 1/2 Std. von der Franz-Senn-Hütte, Bergwege, am Gipfel steil.

Brennerspitze, 2877 m
Einsamer Gipfel hoch über dem Stubaital. 5 Std. ab Oberegg bei Krößbach (Gebiet Neustift), Straße zum Ghs. Milderaunalm, Steige zum Gipfel, Trittsicherheit notwendig.

Kesselspitze, 2728 m
Etwas versteckter, unauffälliger Berg im Serleskamm. 3 1/2 Std. aus dem Waldrastental (bei Matrei) über das Kalbenjoch, kleine, doch unschwierige Steige in steilem Gelände.

Südliche Ilmspitze, 2692 m
Klettersteig siehe Seite 77.

Kalkwand, 2564 m
Kleiner, zackiger Felsgipfel, schöne Ausblicke. 45 Min. von der Innsbrucker Hütte, Steig über Gras und Geröll.

Garggleri n, 2470 m
Kleiner, auffallender, gegen das Tal vorgeschobener Felsberg mit schönstem Tribulaunblick. 3 1/2 Std. aus dem inneren Gschnitztal, kleine, stille Steige, etwas längere Abstiegsmöglichkeit über das Tribulaunhaus.

Über dem Ötztal

Hemerkogel, 2759 m
Vorgeschobener, steiler Berg über Niederthai. Von dort in 3 3/4 Std., kleine Steige über eine hohe, steile Grasflanke, interessante Überschreitung zum Grastalsee.

Zwieselbacher Roßkogel, 3081 m
Gewaltiger, zerklüfteter Felsberg, beherrschend über drei Tälern. 3 Std. von der Schweinfurter Hütte auf teilweise schlechtem Steig, sehr anspruchsvolle, hochalpine Bergfahrt.

Hoher Nebelkogel, 3213 m
Mächtiger, gegen Süden vorspringender Berg mit entsprechend großartigem Blick. 10 Min. von der Hochstubaihütte. Sehr interessante Überschreitung nach Süden (siehe auch Seite 52).

Rotkogel, 2894 m
Unauffälliger Kopf in einem langen Kamm. Knapp 5 Std. von Sölden über die kleine, bewirtschaftete Brunnenkogelhütte, Wege, später bescheidener Steig in teilweise steilem Gelände, idealer Aussichtsberg.

Südtirol

Telfer Weißen, 2588 m
Bester Aussichtsberg über Sterzing. 3 Std. von der Bergbahn über den Roßkopf, interessante, teilweise ausgesetzte Bergwege, am Hauptgipfel kleine Kletterstelle.

Wetterspitze, 2709 m
knapp 4 Std. von Wiesen im Ridnauntal, kleine, wenig begangene Steige, steile Gipfelhänge, sehr schöne Aussicht.

Hohe Ferse, 2669 m
Breites Massiv mit steiler Südflanke. 4 Std. von Innerratschings, kleine, wenig begangene Steige über steile Hänge und einen Grat, Trittsicherheit notwendig.

Durchquerungen · Höhenwege · Klettersteige

Stubaier Alpen – ein Dorado für alle, die Höhenwege, Übergänge und vieltägige Durchquerungen lieben! Sie haben die Wahl zwischen Dutzenden von Möglichkeiten, eine Folge der so gründlichen Erschließung des Gebirges. Die 28 Alpenvereinshütten, die zahllosen Berggasthöfe und bewirtschafteten Almen, die Höhenstraßen, die Bergstationen von Liften und Bahnen – alles ist mit Wegen und Steigen untereinander verbunden. So kommt ein dichtes Netz zustande. Und die erstaunliche Vielfalt der Landschaft sorgt dafür, daß die entsprechenden Wanderungen nie langweilig werden.

Es erfordert einiges Fingerspitzengefühl, aus diesem »Rohmaterial« fertige Durchquerungen und Rundtouren auszuknobeln. Neben dem bekannten Bogen für etwa sechs Tage rund um das Stubaital gibt es zahlreiche weitere Möglichkeiten. Drei Höhenrouten werden hier noch skizziert, darunter eine echte Haute Route über Gletscher und große Gipfel. Beim Kartenstudium mag jeder zudem seiner eigenen Phantasie freien Lauf lassen, um Neues zu kreieren.
Hier einige Beispiele dazu:

❊ In drei Tagen um das innere Gschnitztal: Von Gschnitz-Obertal zur Innsbrucker Hütte, auf dem Höhenweg zur Bremer Hütte, weiter auf dem neu erbauten Jubiläumssteig hinüber zum Tribulaunhaus und wieder hinab nach Obertal.

❊ Eine Zweitagestour im Sellrain: Von Praxmar über das Satteljoch zur Pforzheimer Hütte, am zweiten Tag über die Zischgenscharte mit einem Abstecher zur Schöntalspitze zum Westfalenhaus und wieder zurück nach Praxmar.

❊ Eine ausgefallene, einsame, rassige Hochtour: Von der Südrampe der Timmelsjochstraße durchs Timmelstal und über die Windachscharte zur Siegerlandhütte. Am zweiten Tag Überschreitung der Sonklarspitze zur Müllerhütte oder zum Becherhaus (auch Wilder Freiger oder Wilder Pfaff und Zuckerhütl können bestiegen werden). Am dritten Tag über den Übeltalferner zum Botzer und Abstieg durchs Timmelstal.

Ein paar weniger anspruchsvolle Möglichkeiten für Rundtouren finden sie auch im Kapitel »Berge mit Wegen und Rundtouren mit Pfiff«.

Im Nordwest-Stubai

So berühmt die Berge und viel besucht die Hütten um das Stubaital sind, so sehr bestimmen Ruhe und Ursprünglichkeit den Charakter im Nordwestteil des Gebirges. Dabei ist auch diese Region mit Stützpunkten gut erschlossen, und es fehlen keineswegs die Wege von Hütte zu Hütte. Niemand sollte zudem die Landschaft für reizlos halten. Zwar sind hier die Gletscher

Der Pflerscher Tribulaun von Süden.

nicht so leuchtend und allgegenwärtig wie etwa im Hauptkamm, sie ziehen sich mehr in die verborgenen Kare zurück. Dafür stehen über den Wegen ganze Scharen auffallend wilder Felsberge. Es ist typisch für die Region, daß der Gast von diesen mächtigen, dunklen Gestalten oft nicht einmal die Namen kennt.
Um die lästige Reise vom Zielort zurück zum Start, wo das Auto steht, zu vermeiden, geben wir unserer »Nordwest-Passage« die Form einer Doppelschleife. Damit wird zwar ein Stützpunkt zweimal angesteuert, aber lediglich 15 Minuten lang begeht man die gleiche Route. Auch hier wandert man stets auf gut angelegten Alpenvereinswegen, die jedoch zum Teil durch recht hochalpines Gelände führen. Dazu gibt es eine verblüffende Tatsache: Im Nordweststubai liegen die Scharten höher als bei der berühmten Tour im Hochstubai, und es lassen sich sogar zwei mit Steigen erschlossene Dreitausender ganz rasch erreichen. Wegen der großen Höhe, der Schrofenpassagen, Schneefelder usw. sollte man auch diese Durchquerung auf keinen Fall unterschätzen.
Der zweite Abschnitt der Runde, die Tour von der Bielefelder zur Schweinfurter Hütte, bildet eine Klasse für sich. Etwa 1500 Meter über dem Ötztal, das ganz

Morgen auf dem Wilden Pfaff, links der Wilde Freiger.

steil zu Füßen liegt, quert dieser einzigartige, aber auch anspruchsvolle und lange Panoramaweg die teilweise felsdurchsetzten Steilflanken des Acherkogels und seiner südlichen Nachbarn. Ein paar Worte auch zur Zischgenscharte: Liegt in der breiten, reichlich steilen Südrinne noch Schnee, dann braucht man eventuell einen Eispickel.

Rund ums Stubaital

Die klassische Stubai-Durchquerung wird meist an der Franz-Senn-Hütte begonnen und endet bei der Nürnberger Hütte, führt also durch das Herz des Hochstubais. Wir werden hier mit einem »kalkhaltigen« Auftakt und einem entsprechenden Schlußakkord für mehr Abwechslung und Spannung sorgen. Gerade die Kontraste zwischen Kalk- und Gneisbergen gehören zur Eigenart der Stubaier Alpen. Wer mehr Zeit und Muße hat, der könnte »Gipfeltage« einlegen, etwa von der Regensburger Hütte aus die Knotenspitze oder über der Innsbrucker Hütte den Habicht besteigen.

Die etwa achttägige Route führt stets über angelegte Alpenvereinswege. Dennoch handelt es sich um eine hochalpine Tour; vor allem muß man bis weit ins Jahr hinein mit Schneefeldern rechnen. Manche Abschnitte ziehen sich überdies in die Länge, etwa der Steig von der Starkenburger zur Franz-Senn- oder jener von der Regensburger zur Dresdner Hütte. Wer hier auf halbem Weg in ein Gewitter oder gar in einen Schneesturm gerät, kann in arge Schwierigkeiten kommen.

Stubaier Haute Route

Träumen Sie manchmal von Durchquerungen im Reich der Viertausender, im Wallis etwa oder in den Berner Alpen? Man braucht schon einiges Können und viel hochalpine Erfahrungen für Touren dieser Art; dem Ostalpen-Bergsteiger fehlen sie häufig. Er wandert vielleicht zu sehr in den immer gleichen, dick ausgetretenen Spuren, entwickelt zu wenig eigene Initiative in unberührtem Gelände, in dem er ganz auf sich selbst angewiesen wäre.
Die hohen Kämme der Stubaier Alpen lassen sich ideal als Trainingsgelände für Westalpentouren nützen. Aber natürlich macht es auch ohne alle »Hintergedanken« Spaß, statt wie üblich über die Scharten zu pilgern, sich einmal eine wirklich pfiffige Haute Route auszudenken. Ich habe für Sie hier die wohl schönste Möglichkeit zusammengestellt, eine Kombination aus Wanderwegen und der Begehung von Gletschern, steilem Eis und Felsgraten, die aber trotzdem keine größeren alpinen Ansprüche stellt. Die Kletterei ist nie schwerer als ein Zweier, der steilste Firn (am Alpeiner-Kräul-Ferner) dürfte gut 40 Grad Neigung erreichen. Einen doppelten Höhepunkt bringt die Überschreitung des Zuckerhütls: Hier ist man auf dem höchsten Grat des gesamten Gebirges unterwegs, der mit seinen Fels- und Eispassagen zudem schon an die ganz großen Alpenberge erinnert.
Für diese Tour braucht man eine gute Kondition, schließlich muß man den schweren Urlaubsrucksack über Gipfel wie die Ruderhofspitze und das Zuckerhütl

Nordwest-Stubai
7 Tagesetappen, stets ordentliche Bergwege, doch einige anspruchsvolle Passagen, höchste Stelle: Zischgenscharte, 2917 m, 7 Gipfel am Weg.

Rund ums Stubaital
8 Tagesetappen, stets ordentliche Bergwege, einige Schneefelder, höchste Stelle: Grabagrubennieder, 2881 m, 10 Gipfel am Weg.

Stubaier Haute Route
10 Tagesetappen, sehr anspruchsvolle, hochalpine Touren, große Gletscher, höchste Stelle: Zuckerhütl, 3507 m, 12 Gipfel werden überschritten oder liegen am Weg.

Marchreisenspitze, links hinten Riepenwand und Schlicker Seespitze.

tragen. Der Kluge beschränkt das Gewicht deshalb auf ein Minimum, was natürlich nicht auf Kosten der Sicherheit gehen darf. Zu den weiteren Voraussetzungen zählt die Fähigkeit, sich nach der Karte zu orientieren und die herrschenden Verhältnisse richtig einzuschätzen.

Eine Übersicht zu den Höhenwegen erscheint auf den Seiten 80 und 81.

Kalkkögel-Spezialitäten

Durch das Gebiet der Kalkkögel zu rennen, wäre ebenso unsinnig wie etwa der Besuch einer Galerie im Eilschritt. Zum Reich der grotesken Felsformen paßt ausschließlich ein gemütliches Bummeln; nur so kann man sich all diese Zacken und Türme, Nadeln und Felspilze anschauen, die die Verwitterung wie ein phantasievoller Bildhauer aus dem spröden Fels geformt hat. Die Steige erlauben zudem eine gelungene Mischung aus Gipfeltouren und Querungen am Fuß der zerborstenen Wände. Man muß sich aber auf ein geröllreiches Gelände einstellen, das jedoch, solange man auf den Wegen bleibt, nicht allzuviel Mühe bereitet. Wer das entsprechende Können mitbringt, kann selbstverständlich auch die beiden Kalkkögel-Klettersteige in seine Routen einpassen.

Klettersteige

Vielleicht ist es die Ähnlichkeit ihrer heimatlichen Kalkberge mit den Dolomiten, die die Stubaier zum Bau von Klettersteigen anregten. Rund um Neustift und Fulpmes gibt es nicht weniger als vier großzügige Anlagen mit einigen sehr eindrucksvollen, ja, geradezu wilden Passagen. Hier liegt der Gedanke nahe, man könnte Eisenwege nur an Bergen aus Kalk errichten. Doch das ist Unsinn! So findet man zum Beispiel bei Längenfeld im Ötztal neben dem gewaltigen Lehner Wasserfall eine zwar kurze, aber ausgesprochen schöne Via ferrata im festen Gneis. Das weitgehende Fehlen von Klettersteigen in kristallinem Gestein hat andere Gründe: Einerseits liegen die interessanten Felsformationen aus »Urgestein« oft relativ weitab, andrerseits ist es auch hier, wie so oft im Gebirge, eine Frage der herrschenden Mode.
Natürlich gelten für die Stubaier Eisenwege die gleichen Regeln wie für alle Anlagen dieser Art. Man braucht also die übliche Ausrüstung zum Anseilen und Sichern, auch ein Steinschlaghelm darf, zumindest bei größeren Touren wie an der Ochsenwand, nicht fehlen. Ich persönlich bin jedoch der Meinung, daß auf den Eisenwegen eher zu viel als zu wenig mit den Sicherungen hantiert wird. Wer zum Beispiel am Lustigen-Bergler-Steig laufend seinen Karabiner einhängt, dem fehlt das unbedingt notwendige bergsteigerische Grundkönnen, und er wäre gut beraten, vorerst seine Trittsicherheit und Geschicklichkeit zu trainieren. Mit dem so umständlichen Umhängen alle paar Meter sorgt man nicht nur für unnötige Staus, man raubt sich auch selbst das Beschwingte und Fröhliche beim Gehen. Die »Karabiner-Schlachten« sollten sich auf die Nervenkitzel-Routen wie zum Beispiel am Elferturm mit ihren äußerst steilen Wänden beschränken.

Ilmspitz-Klettersteig. In dem Kamm, der von der Innsbrucker Hütte nach Nordosten zur Kirchdachspitze zieht, steht als erster Gipfel die mit einem Weg erschlossene Kalkwand (2564 m), dann folgen als mächtiges Felskastell die beiden gleichhohen Ilmspitzen (2692 m). Der Hauptdolomit sorgt für zerhackte Felsgrate mit Zacken und Türmen und für zerborstene Flanken, die von tiefen Schluchten zerrissen sind. Nach Westen stürzen auch sehr steile, von vielen Kletterrouten durchzogene Wände ab. Die Via ferrata führt über den Südgrat (meist fälschlich als Südwestgrat bezeichnet) zur Inneren Ilmspitze, wobei die Bezeichnung Grat nicht falsch verstanden werden darf. Man ist in diesem Steilgelände fast ausschließlich in den Flanken und Wänden des Grates unterwegs, man klettert über Wandl, durch Kamine und Risse und quert auf den Bändern. Für den Abstieg gibt es eine weitere Route: Sie zieht schräg durch die Südflanke hinab und ist nicht ganz so anspruchsvoll. Auf eine detaillierte Beschreibung des Klettersteigs wird hier verzichtet, da es ja keinerlei Probleme beim Zurechtfinden gibt.

➼ Von der Innsbrucker Hütte ins nahe Pinnisjoch. Kurz auf dem Grat, dann links in der Flanke um die Kleine Kalkwand, dahinter in eine Lücke und anschließend in der rechten Gratseite unter der Kalkwand hindurch auf den Kamm dahinter. Über ihn zum Südgrat der Inneren Ilmspitze, der mit einer 70 m hohen Steilstufe beginnt. Auf dem Klettersteig über manche sehr steile und ausgesetzte Felsstufe insgesamt 250 Hm empor zum Gipfel. Auf der gleichen Route wieder ein Stück zurück, dann durch die schräg gebänderte Südflanke in eine Schlucht und hinab auf die Geröllreißen. Auf Bändern leicht aufwärts zum Südgrat unterhalb der Felsen und zurück zur Hütte.

Elferspitze und Elfertürme. Auf ganze 2505 Meter Höhe bringt es das Elfermassiv, und doch gehört es zu den auffallendsten und kuriosesten Bergstöcken überhaupt. Wie Bauklötze wirken die Felsköpfe und Türme, die auf dem obersten Grat in wirrem Durcheinander lagern. Durch ihren leuchtend hellen Kalk fallen sie als Vordergrund zu den dunklen, grünbraunen Urgesteinsbergen, die im Süden mit der Zwölfer- und der Schafspitze folgen, doppelt ins Auge.

Ein Lift sorgt für einen mühelosen Zugang zu diesem Felsenreich, das mit seinen drei Klettersteigen viele Besucher anlockt. Der Aufsteigende kommt zuerst zu den Elfertürmen, kantigen Riesenfelsklötzen mit teilweise lotrechten und auffallend glatten Wänden. Hier gibt es einen Klettersteig der Extraklasse durch einen 150 Meter hohen Einschnitt mit teilweise senkrechtem Fels. Die Sicherungen wurden zwar mit Können und Augenmaß gesetzt, sind jedoch relativ spärlich, und deshalb fühlen sich hier nur wirkliche Steilfelsakrobaten wohl.

Die beiden Eisenwege, die die gesamte Elferspitze bis hin zur Zwölfernieder überqueren, eignen sich um so besser für das allgemeine Klettersteig-Publikum. Das verwirrende Durcheinander von Felsklötzen schafft eine richtige Märchenlandschaft, durch die sich der Steig windet. Es gibt auch hier immer wieder anspruchsvolle Kletterstellen in steilstem Fels; doch alles bleibt in kleinerem Rahmen, vor allem fehlen die glatten und beängstigend ausgesetzten Wände. Das ist ein sehr reizvolles Auf und Ab, voller Überraschungen und »pfiffiger« Passagen.

➼ Von Neustift mit dem Elferlift zur Bergstation (1794 m) und am Gasthaus Elferhütte vorbei über den Kamm empor bis in 2150 m Höhe. Nun eventuell auf dem rechten Steig quer durch die steilen Hänge an den Nordfuß der Elfertürme. Auf besonders anspruchsvollem Klettersteig über eine 150-m-Wand und anschließend über die kurze Ostflanke auf den Westgipfel der Südlichen Elfertürme. Über die Ostwand wieder hinab und dann hinüber zur Elferscharte. Hierher auch auf dem Wanderweg über den Grat. Nun auf dem Klettersteig auf die Elferspitze (höchster Gipfel) und über den langen Südgrat in die Zwölfernieder. Auf dem Panoramaweg östlich um das Massiv herum wieder zurück zum Elferlift.

Schlickersteig zur Ochsenwand. Der dritthöchste Gipfel der Kalkkögel schickt einen Grat nach Osten, der mit mächtigen Felspfeilern oberhalb der Schlick in den Geröll- und Latschenhängen fußt. Über die südliche Rippe dieses Gratsockels führt der Schlicker Klettersteig. Das dicke Drahtseil zieht unmittelbar über die vor allem im unteren Teil steilen Felsstufen aus oft splittrigem Gestein empor. Die Tritte sind manchmal klein und abschüssig, aber doch stets ausreichend, so daß man diese Anlage – im Vergleich zu anderen Klettersteigen – als »gehobene Mittelklasse« einstufen kann. Mit zunehmender Höhe werden die Felsenansätze seltener, meist steigt man auf einem Zickzackweg im steilen Grasgelände empor. Auch oben auf dem Ostgrat braucht man nur noch kleine und eher harmlose Felsbarrieren zu überklettern.

Der Schlicker Klettersteig läßt sich ideal in eine Zweitagestour einbauen. Näheres finden Sie im folgenden Kapitel über den Lustige-Bergler-Steig.

Kalkkögel – Höhenwege
2 Tagesetappen, anspruchsvolle Bergwege, Sicherungen, höchster Punkt: Marchreisenspitze, 2620 m, 6 Gipfel am Weg.

Ilmspitzen
Sehr anspruchsvoller Klettersteig, ca. 250 Hm Fels, auch Klettersteig-Abstieg, Ausgangspunkt Innsbrucker Hütte.

Elfermassiv
Vier Klettersteige von mäßig bis sehr schwierig. Ausgangspunkt Neustift, von dort Liftfahrt.

Große Ochsenwand
Langer, großzügiger Klettersteig mittlerer Schwierigkeit, ca. 300 Hm Fels, auch Klettersteig-Abstieg. Ausgangspunkt Fulpmes (Lift zum Kreuzjoch).

Marchreisenspitze
Großzügige Überschreitung ohne ernste Probleme, Ausgangspunkt Axamer Lizum (Lift).

Blick vom Hohen Burgstall quer über das Stubaital auf das Elfermassiv.

➵ Von Fulpmes mit den Liften zum Kreuzjoch (2100 m). Abstieg über die Zirmachalm in den Karboden, dann nach Westen wieder aufwärts zum Klettersteig-Einstieg am Wandfuß. Man kann den Zugang durch eine Querung ohne Weg abkürzen. Über steile Felsstufen rasch aufwärts, dann weiter über Steilhänge, die nur von kurzen Felsriegeln unterbrochen sind, zum Ostgrat. Auf und neben dem Kamm zum Gipfel. Über den Nordgrat und über eine hohe Felsstufe (Klettersteig) in die Scharte vor der Kleinen Ochsenwand hinab, die man dann östlich zur Alpenklubscharte quert. Abstieg auf dem Wanderweg zum Berggasthaus Schlick und talaus nach Froneben (Liftstation).

Lustige-Bergler-Steig an der Marchreisenspitze. Schon seit den Anfangszeiten der Bergsteigerei führt ein Weg auf die Marchreisenspitze (2620 m), den Hauptgipfel im Nordostteil der Kalkkögel. Inzwischen läßt sich dieser auffallende Felsberg sogar überschreiten. Man hat nämlich einen gut gesicherten Steig vom Halsl über dem Ampferstein zu diesem Ziel neu erbaut und ihn mit dem einprägsamen Namen »Lustige-Bergler-Steig« geschmückt. Im Vergleich zu anderen Eisenwegen ist das eine eher gemütliche Angelegenheit, die einem viel Muße läßt für das Bestaunen der oft wild-grotesken Felsszenerien wie am Ampferstein-Nordgrat. Eine Bergstraße und ein Lift bis über 200 Meter Höhe erleichtern den Zugang, und so bleibt genügend Zeit, die Tour noch auszubauen.

➵ Von Axams auf guter Bergstraße in die Axamer Lizum und mit dem Lift zur Birgitzköpflhütte. Erst aufwärts, dann quer durch die Hänge, schließlich hinab

ins Halsl (1992 m). Nach Süden über den Grasrücken auf einen Gratkopf, dann auf, meist jedoch östlich neben der langgestreckten, mit Türmen besetzten Felsschneide auf den Ampferstein (2556 m). Über einen felsigen Zwischenkopf in die Scharte vor der Marchreisenspitze, die auf dieser Seite mit steilem Fels abstürzt. Nach links schräg aufwärts und dann über die Südhänge auf deren Gipfel.
Abstieg erst auf dem Westgrat, dann durch die von Rinnen zerfurchte Südflanke und hinüber in die Malgrubenscharte. Auf Steigspuren über die nordseitigen Geröllhänge ins Lizumerkar und direkt hinab in die Axamer Lizum. Oder von der Malgrubenscharte aus südseitig um die Felsen der Malgrubenspitze, dann empor auf die *Hochtennspitze* (2549 m). Von dort nach Nordwesten zum Hochtennboden und über den Gratrücken auf das Hoadl mit Bergbahnstation. Talfahrt in die Axamer Lizum. Von der Marchreisenspitze zum Hoadl 2 1/2 Std.

✻ Klettersteig-Rundtour (zwei Tage): Von Fulpmes wie beschrieben auf die Ochsenwand und Abstieg in die Alpenklubscharte. Von ihr nach Westen hinab zur Adolf-Pichler-Hütte (1977 m). Übernachtung. Am nächsten Tag unter den Felsen der Kalkkögel entlang zum Hochtennboden, Aufstieg auf die Hochtennspitze, weiter über die Malgrubenscharte zur Marchreisenspitze (3 1/2 Std. ab Hütte; hierher auch über die Alpenklubscharte und den Gsallerweg). Überschreitung des Ampfersteins ins Halsl und Abstieg von dort nach Fulpmes. Oder Gegenanstieg auf die Saile (2403 m, gut 1 Std.), Abstieg zur Muttereralm und Talfahrt mit dem Lift nach Mutters.

Die Adolf-Pichler-Hütte, darüber die Kleine, schräg dahinter die Große Ochsenwand.

Übersicht zu den beschriebenen Höhenrouten in den Stubaier Alpen

Rund ums Stubaital

Fulpmes - Starkenburger Hütte
1 1/2 Std. Liftfahrt von Fulpmes zum Kreuzjoch. Dann Route über das Sennjoch, im zweiten Teil zwei Varianten; interessante Alternative über den Hohen Burgstall (2611 m, gut 1 Std. mehr).

Starkenburger Hütte - Franz-Senn-Hütte
6 Std.; Route über Seejöchl - Sendersjöchl - Villergrube; höchster Punkt: Schulter am Steinkogel, 2560 m; Gipfel am Weg: Schlicker Seespitze, 2804 m, 1 Std. Aufstieg, oder Gamskogel, 2659 m, 25 Min.

Franz-Senn-Hütte - Regensburger Hütte
4 1/2 Std.; Route über Kuhgschwez - Platzengrube - Schrimmennieder; höchster Punkt: Schrimmennieder, 2714 m; Gipfel am Weg: Baßlerjoch, 2829 m, 20 Min. Aufstieg, nur Wegspuren.

Regensburger Hütte - Dresdner Hütte
6 Std.; Route über Hochmoostal - Grawagrubennieder - Ruderhof - Glamergrube - Wilde Grube; höchster Punkt: Grawagrubennieder, 2881 m. Gipfel am Weg: Egesengrat, 2631 m, 25 Min.

Dresdner Hütte - Nürnberger Hütte
4 1/2 Std.; Route über Peiljoch - Sulzenauhütte - Niederl; höchster Punkt: Peiljoch, 2672 m. Zwei interessante Varianten: Überschreitung des Großen Tröglers, 2902 m, 1 Std. zusätzlich, und Mairspitzgrat (Mairspitz-Südgipfel, 2775 m, 10 Min.).

Nürnberger Hütte - Bremer Hütte
2 1/2 Std.; Route über Grübl und Simmingjöchl; höchster Punkt: Simmingjöchl, 2754 m.

Bremer Hütte - Innsbrucker Hütte
6 1/2 Std.; Route über Plattental - Beilgrube - Pramarnspitze; höchster Punkt: Gratschulter an der Wetterspitze, 2540 m.

Innsbrucker Hütte - Neustift
4 Std. zum Elferlift; Route über Karalm - Panoramaweg - Elferhütte; Gipfel am Weg: Elferspitze (2505 m, nur Klettersteig-Routen).

Stubaier Haute Route

Zur Franz-Senn-Hütte
Mit dem Taxibus von Milders zur Oberißhütte und in 1 1/4 Std. zum Ziel.

Franz-Senn-Hütte - Regensburger Hütte
6 1/2 Std.; über Alpeiner-Kräul-Ferner - Seespitzen - Hochmoosferner; sehr steiler Gletscheranstieg; höchster Punkt: Östliche Seespitze, 3416 m.

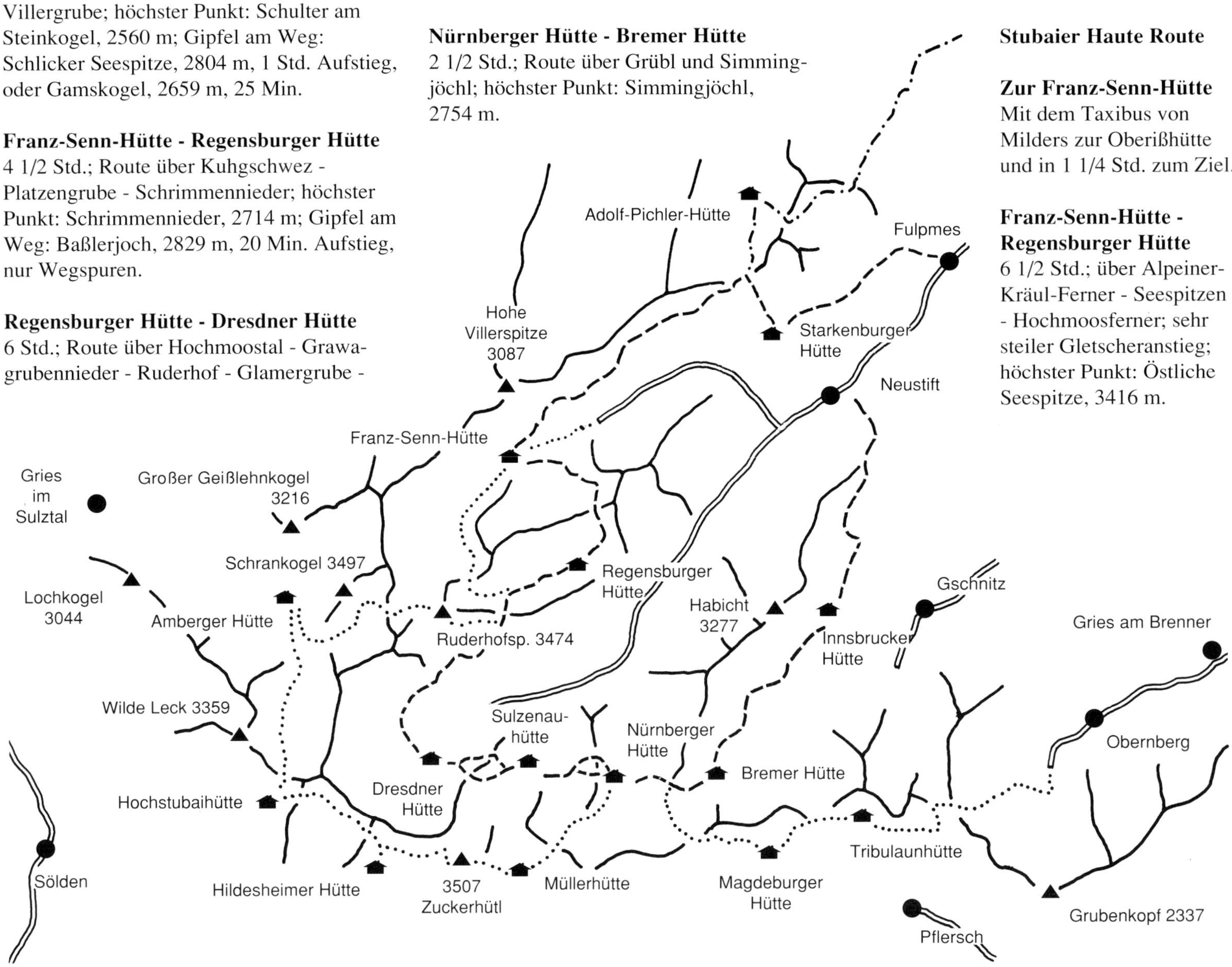

Regensburger Hütte - Amberger Hütte
7 Std.; Route über Grawagrubenferner - Ruderhofspitze - Obere Hölltalscharte - Alpeinerferner - Schwarzenbergjoch und -ferner; steiler Firnhang, Gletscher mit Spalten; höchster Punkt: Ruderhofspitze, 3474 m.

Amberger Hütte - Hochstubaihütte
4 Std.; Route über Sulztalferner - Wütenkarsattel und -ferner; weite Gletscherfelder mit Spalten; Variante: Überschreitung des Windacher Daunkogels über West- und Südgrat; höchster Punkt: Hochstubaihütte, 3174 m.

Hochstubaihütte - Hildesheimer Hütte
2 1/2 Std.; Route über Warenkarscharte und -ferner - Windachferner - Geißkarferner; steiler Abstieg von der Scharte, Steinschlag; höchster Punkt: Warenkarscharte, 3186 m; Gipfel am Weg: Warenkarseitenspitze, 3347 m, Schaufelspitze, 3332 m, je 45 Min.

Hildesheimer Hütte - Müllerhütte
Gut 4 1/2 Std.; Route über Pfaffenferner - Pfaffenschneide - Zuckerhütl (Umgehung auf Sulzenauferner möglich) - Wilder Pfaff; hochalpine Überschreitung in Fels und Eis; höchste Punkte: Pfaffenschneide, 3498 m, Zuckerhütl, 3507 m, Wilder Pfaff, 3456 m.

Müllerhütte - Nürnberger Hütte
3 Std.; Route über Übeltalferner - Wilder Freiger - Grüblferner; hochalpine Überschreitung, trotzdem relativ einfach; höchster Punkt: Wilder Freiger, 3418 m.

Nürnberger Hütte - Magdeburger Hütte
5 Std.; Route über Grübl - Aperer-Feuerstein-Ferner - Pflerscher Hochjoch (Grenze!) - Schneespitz - Stubenferner; hochalpine Überschreitung in Fels (bis II) und Eis; höchste Punkte: Pflerscher Hochjoch, 3164 m, Schneespitz, 3173 m; Gipfel am Weg: Feuersteine, 3267 m, 30 Min. Aufstieg.

Magdeburger Hütte - Tribulaunhütte
Gut 4 Std.; Route über Stubensee - Weißwand-Südgratschulter - Hoher Zahn; anspruchsvolle, ausgesetzte Bergwege; höchster Punkt: Weißwand-Südgrat, 2900 m; Gipfel am Weg: Weißwand, 3017 m, 20 Min. Aufstieg.

Tribulaunhütte - Obernberg
Etwa 7 Std.; Route über Tribulaun-Südflanke (Pflerscher Höhenweg) - oberer Koggraben - Schneetalscharte - Schwarzwandspitze - Obernberger Tribulaun; ausgesetzte Bergwege in wildem Felsgelände, Sicherungen; höchster Punkt: Schwarzwandspitze, 2917 m; Gipfel am Weg: Gschnitzer Tribulaun, 2946 m, 1 Std. Aufstieg.

Kalkkögel-Spezialitäten

Fulpmes - Adolf-Pichler-Hütte
3 1/2 Std. ab Liftstation Kreuzjoch; Route über Hohen Burgstall - Schlicker Schartl - Seejöchl; Bergwege, einige Schrofenstellen, Sicherungen; höchster Punkt: Hoher Burgstall, 2611 m; Gipfel am Weg: Schlicker Seespitze, 2804 m, 1 Std. Aufstieg, Gamskogel, 2659 m, 1/2 Std. Aufstieg.

Adolf-Pichler-Hütte - Muttereralm
6 Std.; Route über Alpenklubscharte - Gsallerweg - Marchreisenspitze - Lustige-Bergler-Steig - Halsl - Saile - Talfahrt mit Bahn; gesicherte Bergwege im Steilgelände; höchster Punkt: Marchreisenspitze, 2620 m.

Die Nordwestroute

Kühtai - Bielefelder Hütte
3 3/4 Std.; Route über Mittertal - Mittertalscharte - Wetterkreuz; höchster Punkt: Mittertalscharte, 2631 m.

Bielefelder - Schweinfurter Hütte
Etwa 7 1/2 Std.; anspruchsvolle Route über Achplatte - Lauser - Niederreichscharte; höchster Punkt: Hochreichscharte, 2912 m; Gipfel am Weg: Hochreichkopf, 3010 m, 20 Min. Aufstieg.

Schweinfurter Hütte - Winnebachseehütte
4 1/2 Std.; Route über Zwieselbachtal - Zwieselbachjoch - Winnebachkar; höchster Punkt: Zwieselbachjoch, 2868 m.

Winnebachseehütte - Westfalenhaus
3 Std.; Route über Winnebachkar - Winnebachjoch - Ochsenkar; höchster Punkt: Winnebachjoch, 2782 m.

Westfalenhaus - Pforzheimer Hütte
4 1/2 Std.; anspruchsvolle Route über Zischgenscharte - Zischgenferner - Gleirschtal; höchster Punkt: Zischgenscharte, 2917 m; Gipfel am Weg: Schöntalspitze, 3002 m, 30 Min. Aufstieg, kurze Kletterstelle.

Pforzheimer Hütte - Schweinfurter Hütte
3 Std.; Route über Roßkar und Gleirschjöchl; höchster Punkt: Gleirschjöchl, 2751 m; Gipfel am Weg: Gleirscher Roßkogel, 2994 m, 40 Min. Aufstieg.

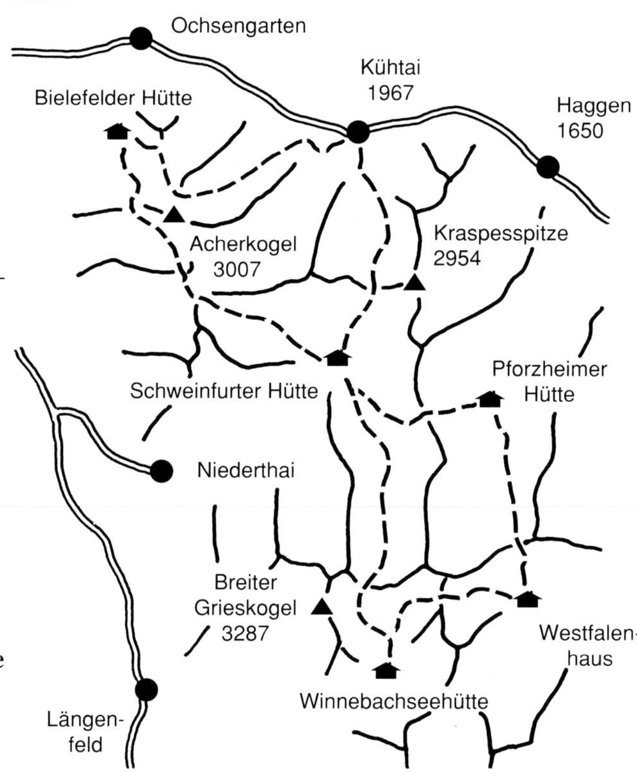

Schweinfurter Hütte - Kühtai
Knapp 4 Std.; Route über Weites Kar - Finstertalerscharte - Finstertalersee; höchster Punkt: Finstertalerscharte, 2777 m; Gipfel am Weg: Kraspesspitze, 2954 m, 45 Min.

Große Gipfel, spannende Aufstiege

Die schönsten und markantesten Gipfel der Stubaier Alpen – das ist ein reizvolles Thema. Es gibt eine reiche Auswahl an wirklich interessanten Gestalten, an großen Eisbergen im Hochstubai, an mächtigen Felsgipfeln im Nordteil. Dazu kommen ein paar »Außenseiter« wie der Pflerscher Tribulaun. Oft steht ein Modeberg neben einem völlig unbekannten Ziel, das jedoch nicht weniger attraktiv ist. Der bekannte Lüsenser Fernerkogel und die nach Süden im Grat folgenden Brunnenkögel, die höher aufragen und dennoch kaum bestiegen werden, bieten ein Beispiel dieser Art.

Blick vom Aperen Pfaff über das Pfaffenjoch und den obersten Sulzenauferner zum Wilden Pfaff (Beschreibung siehe Zuckerhütl).

Es ist typisch für die Hochregion der Stubaier Alpen, daß fast ausnahmslos die immer gleichen Routen begangen werden, und zwar die einfachsten Anstiege von den Hütten zu den bekannten Bergen. Eine Reihe von Ameisenstraßen also und rundum stilles, fast unberührtes Bergland! So werden etwa die unzähligen, so auffallenden Felsgrate kaum je betreten oder gar überschritten. Der Grund ist weniger in dem manchmal recht zerborstenen Fels zu suchen, als vielmehr in dem Spezialistentum der heutigen Alpinisten. Der klassische Allround-Bergsteiger, der Spaß an diesem Gelände hatte, ist fast ausgestorben, dem Wanderer hingegen stellen die Grate und Wände zu hohe Anforderungen, dem reinen Kletterer wiederum passen sie nicht ins Konzept; ihm ist der Fels zu schlecht, er liebt keine so langen Anmarschwege…

Kletterer um 1890. Zeichnung von E. Th. Compton.

Viele Normalanstiege zu den hier beschriebenen Gipfeln sind zwar hochalpin, bereiten aber bei ordentlichen Verhältnissen keine Probleme, einige Ziele lassen sich nur in mäßig schwieriger Kletterei erreichen, und ein paar Felszinnen, wie die Wilde Leck oder der Strahlkogel, warten auch bei den Normalwegen mit Dreierstellen auf.

Dieses Kapitel soll mehr als eine Art Auswahlführer sein. Es geht darum, dem Interessierten das Typische der einzelnen, so unterschiedlichen und individuellen Berge nahezubringen. Mit dieser Hilfe kann sich jeder dann ganz gezielt die Touren aussuchen, die zu seinem Können, seinen Wünschen und den herrschenden Verhältnissen passen. Die Routenbeschreibungen, unterstützt von einer guten Karte (siehe Seite 8), werden dem Erfahrenen unterwegs zur Orientierung reichen.

Auf die Normalwege deutet der Pfeil ➵ hin, während die besonders interessanten Varianten, Rundtouren usw. mit diesem Stern ✻ gekennzeichnet sind.

Sonnenwände, 3156 m

Die Vordere Sonnenwand, eine schlanke, elegante Spitze, steht so recht als Blickfang über dem mittleren Gleirschtal und dem Gebiet der Pforzheimer Hütte. Von ihr zieht ein langer Felsgrat über drei weitere Sonnenwandgipfel nach Süden zum Gleirscher Fernerkogel. Gewaltige, bis zu 500 Meter hohe Wandfluchten brechen von diesem Grat nach Westen ab, während in die Ostflanke versteckte Gletscherbecken eingelagert sind. Wer Klettereien im Gneis mag, findet hier großzügige Aufgaben in absoluter Einsamkeit. Er kann die vier Sonnenwände überschreiten (II, 3 Std. für den Grat) und sogar noch die beiden Nachbarn, den Zwieselbacher Grieskogel und den Gleirscher Fernerkogel (3189 m), einbeziehen (dann bis III, ca. 5 Std.). Ein Tip für den Anstieg zur Vorderen Sonnenwand: Am Anfang der Saison läßt sich der stark ausapernde Grieskogelferner am besten begehen.

➵ Von der Pforzheimer Hütte über flache Böden nach Süden, dann ohne Weg ins Grieskogelkar, eine eindrucksvolle Trümmerlandschaft, und empor zum gleichnamigen Gletscher. Steil über Firn (später im Jahr Eis und unangenehmer Schutt) in die tiefste Gratscharte. Über den hohen Nordwestgrat, im oberen Teil

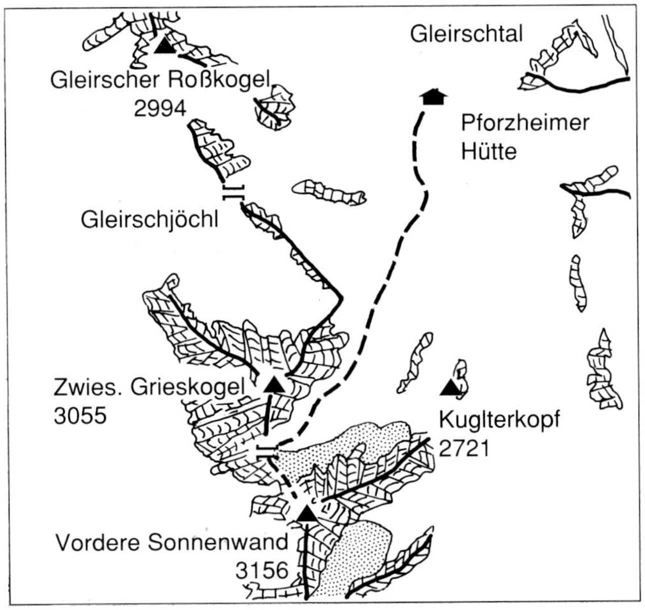

Vordere Sonnenwand
Knapp 3 Std. von der Pforzheimer Hütte, Blockkare, evtl. steiler Schnee, Felsgrat mit Kletterei bis II, wenig begangen.

Gleirscher Fernerkogel
3 Std. vom Westfalenhaus, erst Bergwege, dann kleiner Gletscher und steiler Gipfelgrat mit Kletterei bis III-, kaum begangen.

Hoher Seeblaskogel
3 1/4 Std. vom Westfalenhaus, steiles Blockwerk und Moränenschutt, kleiner, steilerer Gletscher.

nach links ausweichend, mit einiger Kletterei auf den schmalen Gipfel.

Gleirscher Fernerkogel, 3189 m

Schon fast perfekt versteckt sich der Hauptgipfel der Gleirschberge hinter seinen Nachbarn. Das mag der Grund für das »Mauerblümchendasein« des mächtigen Berges sein. Nach Westen bricht er mit einer 500 Meter hohen Felsflanke, nach Süden mit einer niedrigen, aber fast senkrechten Mauer ab, während im Nordosten ein Lappen des Gleirschferners sehr steil gegen den Gipfel emporzieht. Aber auch hier schmilzt das Eis ab, und es treten dann unangenehme, recht schwierige Platten an die Oberfläche; auch Steinschlag gehört zu einem Gelände dieser Art. Man sollte deshalb von der Pforzheimer Hütte aus den Fernerkogel nur früh in der Saison besteigen. Für Hochsommer und Herbst eignet sich der kantige, rostrote Südgrat besser, eine Tour, die sich zusätzlich mit dem *Winnebacher Weißkogel* (3182 m) »garnieren« läßt.

➵ Vom Westfalenhaus auf dem Höhenweg nach Westen ins Winnebachjoch. Nun pfadlos über die kleinen Böden erst gerade, dann ein wenig nach rechts empor, schließlich auf einer Moränenkante steil und etwas mühsam an den Rand des kleinen Weißkogelferners. In einem Bogen über das mäßig steile Eis ins obere Becken und von dort über steilen Schnee oder Platten auf den Grat. Nun entweder nach links rasch auf den erstaunlich weiträumigen Gipfel des Weißkogels oder in spannender Kletterei (III, Umgehungen westseitig) nach Norden auf den Fernerkogel.

Hoher Seeblaskogel, 3235 m

Ganz alleine und isoliert steht der Seeblaskogel zwischen dem Längen- und dem Winnebachtal, eine Bastion, die niemand übersehen kann. Das ist kein simpler Berg, sondern schon fast ein kleines Gebirge mit kilometerlangen, verzweigten Felsgraten und drei kleinen Gletschern. Grüne-Tatzen-Ferner – der kuriose Name paßt bestens zu diesem außergewöhnlichen Gletscherchen: Vom Gipfel ziehen zwei Grate parallel nach Süden, sie sind nicht weiter als 200 m voneinander entfernt und schließen das schlauchartige Eisfeld ein, das sich zudem perfekt vor allen neugierigen Blicken aus den Tälern versteckt. Man kann nur hoffen, daß dieses liebenswerte Unikum nicht den warmen Sommern zum Opfer fällt, denn schon erscheinen die ersten Felsinseln in dem kleinen Eisstrom. Der Grüne-Tatzen-Ferner ist auch der Schlüssel für den Aufstieg vom Westfalenhaus zu diesem mächtigen Gipfel, der so unnahbar wirkt.

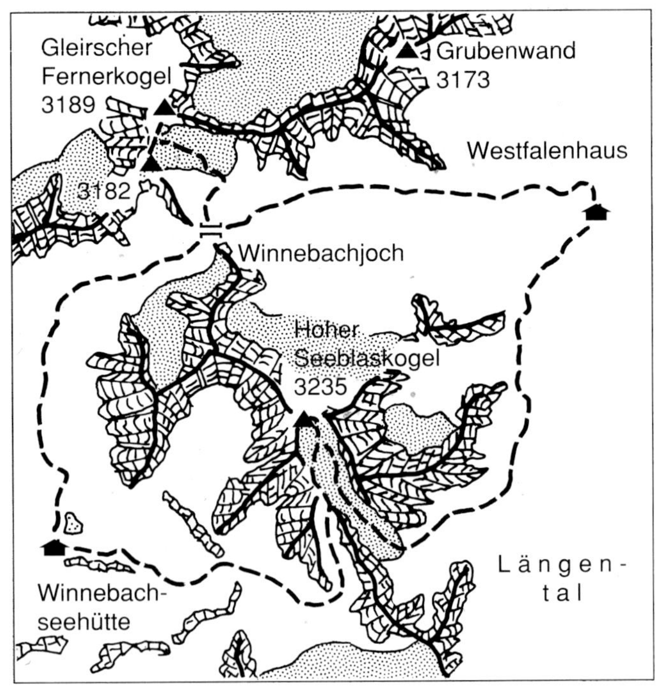

➵ Vom Westfalenhaus nur wenig steigend durch die Hänge nach Süden zum ersten Moränenboden. Hier rechts ab und über den großen Trümmer- oder Schneehang gut eine Stunde empor auf einen winzigen Boden, wo sich überraschend das Hochkar mit dem Grüne-Tatzen-Ferner öffnet. Über den Gletscher gerade aufwärts zum Grat rechts des Gipfels und über Blöcke zum höchsten Punkt.

✻ Eine eindrucksvolle Rundtour: Wie beschrieben

vom Westfalenhaus auf den Gipfel. Zurück ins obere Gletscherbecken und in eine Lücke im Seeblaskogel-Südgrat (3100 m). Längs der Schneide ein Stückchen nach Süden, dann durch ein schmales Hochkar hinab zu den Moränenfeldern unter dem Bachfallenferner. Von dort zur Winnebachseehütte (2361 m). Über das Winnebachjoch kann man zum Westfalenhaus zurückkehren. – Vom Westfalenhaus über den Gipfel zur Winnebachseehütte etwa 5 Std., I.

Die steilen Südostwände der Hohen Villerspitze, links das Horntalerjoch, auf einer historischen Zeichnung von Ferdinand Gatt.

Hohe Villerspitze, 3087 m

Das sind – für einen Berg aus Gneis – schon ungewöhnlich steile und kompakte Wände! Bis zu 400 Meter hohe Mauern und messerscharfe Grate tragen die Hohe Villerspitze, den höchsten Gipfel über dem Fotschertal, einen ebenso wilden wie unbekannten Gesellen. Schauen Sie sich einmal die Südabstürze der Villerspitze an, am besten vom Schafgrübler (2922 m) aus, den mit einem Weg erschlossenen südlichen Nachbarn. Da kann dem »normalen« Bergsteiger aller Mut vergehen! Denn mitten durch diese abschreckende Wand führt der Anstieg, und – Sie werden es kaum glauben – die Kletterei ist nicht schwieriger als ein Zweier.

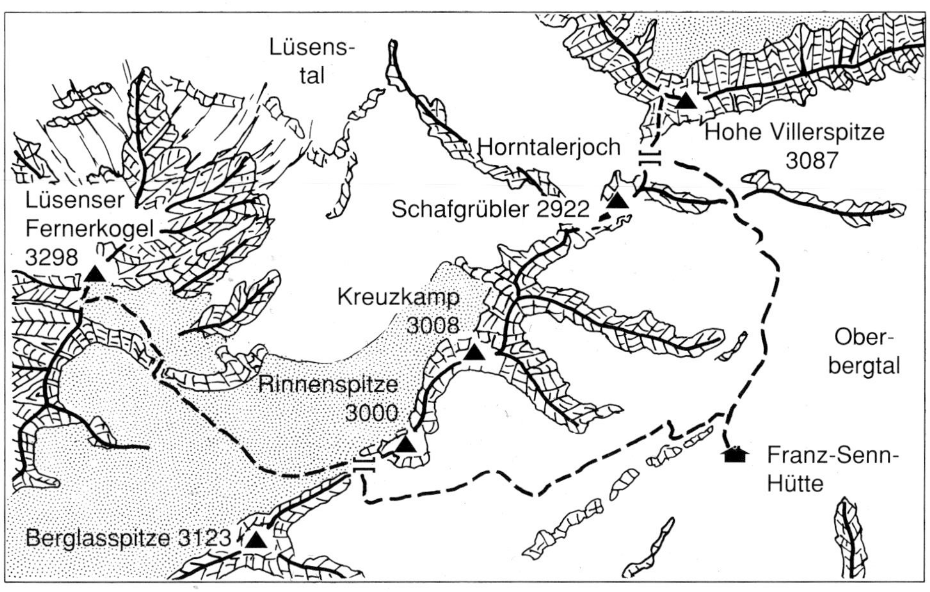

Hohe Villerspitze
Gut 3 Std. von der Franz-Senn-Hütte, Bergwege bis ins Joch, dann 250 m hohe, unübersichtliche Felsflanke, Kletterei bis II+.

➵ Von der Franz-Senn-Hütte auf dem Höhenweg Richtung Kalkkögel gut 20 Min. aufwärts, dann links ab und über Hänge und Böden ins Horntalerjoch (bis hier Weg). Über den Grat zum Zuspitzls, einem Felszacken mit roten Abbrüchen. Rechts an ihm vorbei und empor in eine Lücke am Fuß des Steilaufschwungs. Nach Westen auf eine Schulter, durch eine Rinne auf einen zweiten Absatz und in einer Geröllrinne wieder auf den Grat; auf ihm weiter bis an das Hauptmassiv. Nun über den »Schiefen Gang« nach links auf exponierten Bändern, Rampen und Schrofen in die Südschlucht. Durch sie steil zum Westgrat und rasch auf den Gipfel.

Lüsenser Fernerkogel 3298 m

Ein Berg, der derartig auffallend in einem Talschluß steht, zählt natürlich zu den berühmten Persönlichkeiten! Schon von Gries im Sellrain fällt diese Riesenpyramide ins Auge. Mehr als 1000 Meter sind seine Steilflanken hoch, und einst wallte daneben der Lüsenserferner als wild-eindrucksvoller Hängegletscher über eine ebenfalls 1000 Meter hohe Stufe herab. Inzwischen ist der Eisstrom stark abgeschmolzen, und er zieht sich immer weiter in sein Hochbecken zurück. Trotzdem

Im Winnebachtal beim Aufstieg zur Winnebachseehütte. Hinten die Westabstürze des Hohen Seeblaskogels.

wird der Berg im Sommer nur selten von Lüsens aus bestiegen. Der allzu große Höhenunterschied und die etwas unangenehmen Steilhänge wirken wie ein Hindernis. Die meisten Besucher kommen von der Franz-Senn-Hütte über die Rinnennieder. Diese Scharte setzt eine richtige Zäsur bei dieser Tour: Nach den weiträumigen Blockkaren mit freien Ausblicken kommt man von einem Meter zum anderen in eine sehr hochalpine, in sich geschlossene Welt mit einem großen Gletscherbecken, aus dem wilde, scharfkantige Felsberge wie die Rotgratspitze aufragen.

➵ Hinter der Franz-Senn-Hütte über den Bach und kurz empor zur Wegverzweigung. Hier links über steile Grashänge in die Rinnengrube mit dem malerischen Rinnensee und empor in die Innere Rinnennieder (2899 m). Kurz hinab auf die sanften Firnfelder des Lüsenserferners. Nur leicht aufwärts zur Plattigen Wand, die man in 2990 m Höhe zum Rotgratferner ersteigt. Über diesen kleinen Gletscher (Spalten) in die Gipfelscharte und nach rechts über den interessanten Blockgrat zum Kreuz.

Lüsenser Fernerkogel
4 1/2 Std. von der Franz-Senn-Hütte, Bergwege, dann Gletscher, im oberen Teil Spalten, Blockgrat zum Gipfel.

Brunnenkögel, 3325 m

Hinterer Brunnenkogel
4 Std. vom Westfalenhaus, Bergwege, Gletscher mit Spalten, über dem Joch hoher, felsiger Gipfelaufbau, Kletterei I+.

Der Bergkamm mit den zwei Stockwerken! Mit einer 2 Kilometer breiten und bis zu 700 Meter hohen Felsmauer schließen die beiden Brunnenkögel, die südlichen und höheren Nachbarn des Lüsenser Fernerkogels, das Längental nach Osten wie eine Festung ab. An der Brunnenkogelkante findet man sogar Klettereien im Schwierigkeitsgrad V, etwas Ungewöhnliches im kristallinen Gestein. Auf der gegenüberliegenden Gratseite jedoch ein Bild ganz anderer Art: Wie ein weißes Federbett füllt der Lüsenserferner ein sehr weites, sanftes Becken, über dem der Vordere Brunnenkogel (3304 m) als feine, messerscharfe Schneide, der Hintere (3325 m) als zackiger Blockgrat nur noch wenig emporragen. Der vordere Gipfel erfordert einen sicheren Kletterer, denn schmal und ausgesetzt sind die Felsschneiden (III), dem Hauptgipfel hingegen kommt man wesentlich leichter bei. Auch hier wieder einmal die erstaunliche Tatsache: Trotz der überragenden Höhe werden beide Berge recht selten bestiegen.

➵ Zum Hinteren Brunnenkogel: Vom Westfalenhaus nach Süden quer durch die Hänge auf die weiten Moränenfelder im Talboden und empor auf den Längentalerferner (bis hier Weg). Auf der linken Seite des Gletschers (steil, Spalten) in das obere Becken und auf das Längentaljoch (2988 m). Nun auf der breiten Abdachung, die den Grat auf der Südseite begleitet,

Der Alpeinerferner vor reichlich hundert Jahren mit der Ruderhofspitze, der Hochmoosscharte und der Westlichen Seespitze (links). Gemalt von Ferdinand Gatt.

nach Osten, dann durch Rinnen und über kleine Wandstufen zum Südgrat des Gipfels. Über Blockwerk steil zum höchsten Punkt.

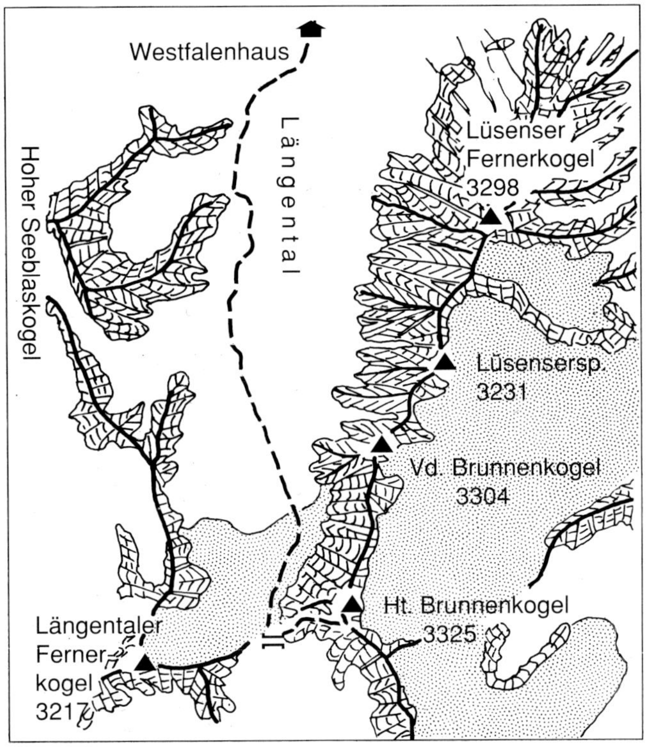

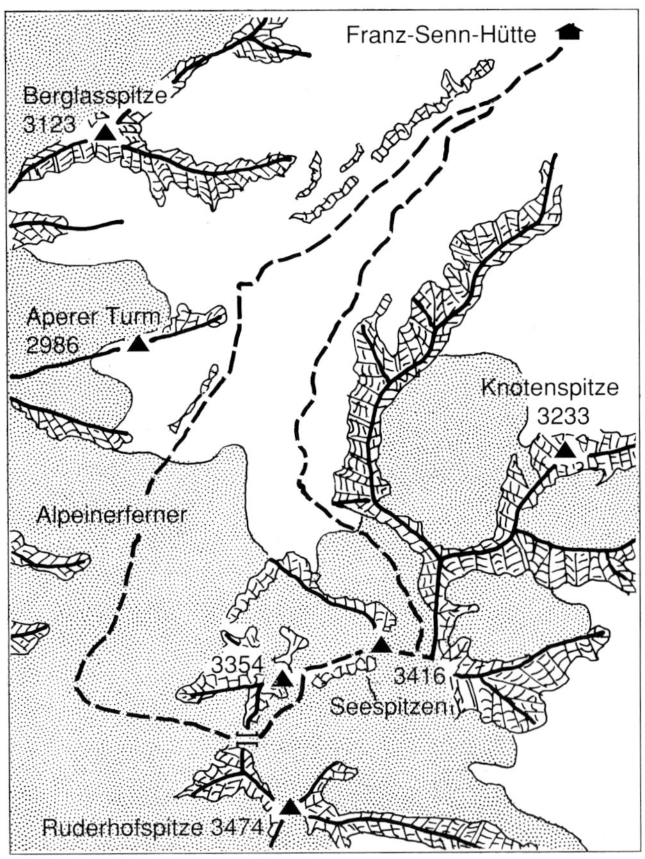

Seespitzen, 3416 m

Die Seespitzen sind geradezu ein Schulbeispiel dafür, wie »nackt« mancher Berg im zentralen Stubai beim Fehlen des wichtigsten Schmucks, des Eismantels, wirkt. Dank der beiden Steilgletscher auf der Nordwestseite wird vor allem der östliche Gipfel zu einer imposanten Erscheinung. Ganz anders das Gelände über dem Hochmoosferner: Hier ist schon lange alles Eis abgeschmolzen, und so hinterläßt der Berg mit seinen Schutt- und Trümmerhängen einen eher tristen Eindruck. Auch die beiden wichtigsten Anstiege werden von der unterschiedlichen Landschaft geprägt. Im Süden, also beim Aufstieg von der Regensburger Hütte, wandert man über den Hochmoosferner mit seinen Spalten empor, um dann etwas mühsam über den langen Südhang unmittelbar zum höchsten Gipfel hinaufzusteigen, oder – schöner – man überwindet die »Dreckflanke« an der schmalsten Stelle zur Schulter am Westgipfel und folgt dann dem Grat. Zu den begeisternden, aber auch steilen Eistouren gehört hingegen der im Anschluß beschriebene Aufstieg über den Alpeiner-Kräul-Ferner.

Östliche Seespitze
4 Std. von der Franz-Senn-Hütte, Pfadspuren über Moränenhänge, dann sehr steiler Gletscher, Spalten, anspruchsvoll.

➵ Auf die Östliche Seespitze: Von der Franz-Senn-Hütte 1,5 km im flachen Boden talein, dann unter den Sommerwänden über die Hänge schräg aufwärts. Die Steigspuren folgen den Resten einer alten Moräne in den Trümmerhängen. So erreicht man den Rand des Alpeiner-Kräul-Ferners in 2800 m Höhe. Zwischen den Spalten in ein Becken empor, dann auf der linken Seite über zwischenzeitlich äußerst steile Firnhänge zur Ostschulter des Gipfelgrates und nach rechts zum Kreuz.

✻ Möglichkeit für eine Rundtour: Von der Östlichen Seespitze über den Grat bis in einen tiefen Firnsattel (von hier in 10 Min. auf den Westgipfel), nach Süden auf den obersten Hochmoosferner und kurz wieder empor in die Hochmoosscharte. Quer über den Alpeinerferner auf dessen Westseite und auf der üblichen Route zurück zur Hütte. – Etwa 1 1/2 Std. weiter als ein direkter Abstieg, doch wesentlich einfacher.

Ruderhofspitze, 3474 m

Ruderhofspitze
4 Std. von der Regensburger Hütte, Bergwege, dann Gletscher mit einer steilen Stufe (bei Ausaperung über Hochmoosferner).

Deutlich ragt dieser Gipfel über seine Nachbarn empor, ein würdiger König im Alpeiner Reich, dem nur drüben, jenseits des Wildgrates, der Schrankogel als Rivale gegenübersteht. Die Ruderhofspitze schließen die Gletscher auf allen Seiten ein, und die langen, fein gezackten Felsgrate wachsen nur mäßig über die Eisfelder empor. Seit je zählt diese auffallende Erhebung zu den Lieblingszielen der Bergsteiger, mehr noch der Skitourenfreunde im Frühjahr. Für dieses Ziel nehmen viele den gut 7 Kilometer langen Marathonmarsch von der Franz-Senn-Hütte in Kauf, im Frühjahr die sinnvollste Route, im Sommer trotz des wilden Eisbruchs eher ein »Hatscher«. Solange eine gute Firndecke Eis und Schrofen überlagert, macht der Aufstieg über den Grabawandferner mehr Spaß, ist schöner, spritziger, spannender, deutlich kürzer... Ja, bei guter Schneelage in der Steilstufe findet man hier das Ideal einer kombinierten Eis- und Felstour!

➵ Von der Regensburger Hütte auf dem Höhenweg in die Grabagrubennieder und zu einem »neugeborenen« Eissee am Gletscherrand. Nun entweder links über wellige Moränenböden und anschließend über den Grabawandferner in das oberste Gletscherbecken oder gleich über den hier meist flachen Eisstrom dorthin. Eine breite, 100 m hohe Firnkehle (apert im Spätsommer evtl. aus und ist dann über den zerfallenen Fels nur mühsam zu begehen) sehr steil zu einem Eisgrat empor. Nun am besten gerade über Firn und wackelige Felsen zum Hauptgrat hinauf und über die langgestreckte Schneide auf Fels und Schnee zum Gipfel.

❊ Möglichkeit für eine Rundtour: Bei guten Schneeverhältnissen kann man von der ersten Lücke östlich des Gipfels über die anfangs sehr steile Firnflanke auf die Nordostschulter hinuntersteigen. Von dort auf den

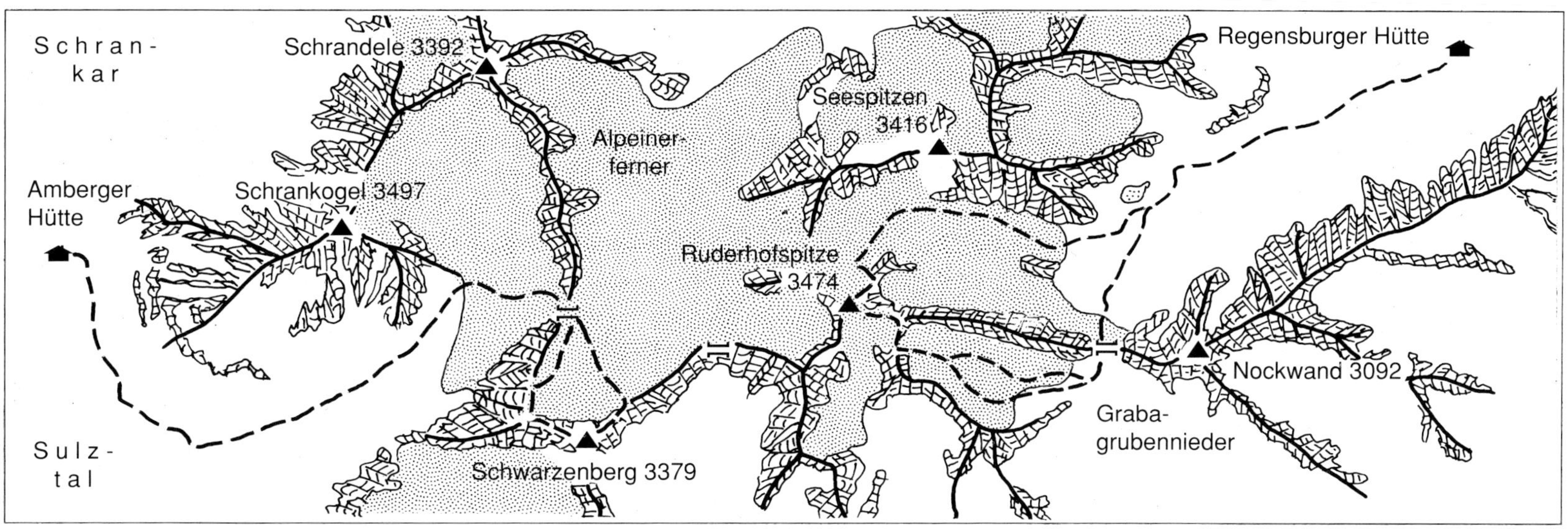

Die Östliche Seespitze mit dem Alpeiner-Kräul- und dem Seespitzferner.

Hochmoosferner (einige Spalten) und zurück zum Ausgangsort.

Schwarzenbergspitzen, 3379 m

Ein bis zu 650 Meter hoher Felspfeiler, der das Schwarzenbergtal beherrscht, steile Wände über Bockkogel- und Hölltalferner und ein feiner, dunkler Felsstreifen über dem weiten Becken des obersten Alpeinerferners – der Schwarzenberg zählt zu den markantesten Gestalten der Stubaier Alpen. Dieser Doppelgipfel steht zudem in der Höhenliste immerhin an neunter Stelle. Dennoch beachtet kaum ein Bergsteiger den südwestlichen Nachbarn der Ruderhofspitze. Zu unbekannt ist der Name, die Kletterei am Gipfelgrat in dem etwas zerborstenen Fels entspricht zudem nicht jedermanns Können und Geschmack, auch zieht sich der Weg für den von der Franz-Senn-Hütte Kommenden reichlich in die Länge. Doch da gibt es einen kleinen Trick, die Route mit Hilfe des Schwarzenbergjochs spannender zu gestalten …

Schwarzenberg
4 1/2 Std. von der Amberger Hütte, Steiganlage, dann Gletscherbegehung (Spalten), Gipfelgrat 160 m, III- und II, kaum begangen.

➼ Unter der Amberger Hütte über den Bach, gut 500 m eben nach Süden, dann diagonal über die Hänge empor und hinein ins Schwarzenbergtal. Stets auf der großen Moräne bis in 2900 m Höhe. Hier nach rechts, zwischen den beiden Brüchen quer über den Schwarzenbergferner und dann steil über Geröll oder Schnee ins Schwarzenbergjoch (3106 m). Nach Süden diagonal über das flache Becken des Alpeinerferners. Man erreicht den Nordostgrat der Östlichen Schwarzenbergspitze am Fuß des Gipfelaufbaus. Über die teilweise steile Felsschneide zum höchsten Punkt.

❊ Man kann den 300 m langen Verbindungsgrat, diese Felsschneide hoch über Gletschern und Tälern, zum Westgipfel (3364 m) begehen und nach Norden wieder auf den Alpeinerferner absteigen (II, 30 Min. länger).
Die Kartenskizze finden Sie unten auf der Seite 89.

Stubaier Wildspitze, 3341 m

Stubaier Wildspitze
1 3/4 Std. von der Seilbahnstation, bei trockenem Fels einfache Kletterei bis I+, beliebt.

Wer nimmt einen Berg dieser Art noch wirklich ernst, selbst wenn er sich als scharfgeschnittener Felsdreikant präsentiert? Die Stubaier Wildspitze ragt unmittelbar über dem Gletscherskigebiet auf, der Ostgrat wurde für die Brettlfans sogar untertunnelt. Bergsteiger sehen dieses Ziel als eine allzu leichte Beute an, und es kommen sogar die Neulinge hierher, um sich erstmals an einem Dreitausender zu versuchen. Doch ein Gipfel dieser Höhe, noch dazu mit steilem und ausgesetztem Fels ist nie ein Spaziergang! Naheliegend also, daß

man hier mehr Ängstliche trifft, die mit ihrem zaghaften Klettern die schmalen Felsbänder blockieren, als Selbstsichere.

➼ Mit der Kabinenbahn zur Station Eisgrat (2870 m) und auf einer Trampelspur neben der Piste ins Eisjoch (3128 m). Parallel zu einem kleinen Lift über eine Abdachung nach Nordwesten zum ausgeprägten Hauptgrat und über einen Kopf in eine Scharte vor dem Gipfelaufbau. Noch auf der Schneide, bis diese steiler wird. Jetzt links in der Flanke erst eben, dann steigend zu einer Rinne. In ihr direkt auf den Gipfel. – Man kann auch weiterhin dem Grat folgen und so den Gipfel in reizvoller Kletterei erreichen (III und II).

Schaufelspitze, 3332 m

Schaufelspitze
1 1/2 Std. von der Seilbahnstation, bei trockenem Fels einfach, nur wenige leichte Kletterstellen (I), sehr beliebt.

Sonklarspitze
2 1/2 Std. von der Siegerlandhütte, bei guten Verhältnissen relativ einfache, aber hochalpine Tour, mittelsteile Firnhänge und -grate.

Dieses klassische Gipfelziel trägt inzwischen einen besonderen »Titel«: schnellster und meistbestiegener Dreitausender der Stubaier Alpen. Die zentrale Lage und die hohe Nordwand mit den beiden Parallelgraten – das erinnert deutlich an einen Spaten – schaffen zwar eine auffallende und unverwechselbare Berggestalt. Doch die Lifte des Gletscherskigebietes haben diesen mächtigen Gipfel regelrecht eingekreist; sogar der Fußgänger kann hier bis in 2870 Meter Höhe fahren. Sind die Felsen der gut gestuften Südwestflanke schneefrei und trocken, dann ist der Gipfelsturm durchaus eine gemütliche Sache, verglichen mit den anderen großen Stubaibergen.

➼ Mit der Kabinenbahn zur Station Eisgrat (2870 m) und auf einer Trampelspur neben der Piste ins Eisjoch (3128 m). Etwa eben nach Süden in den nächsten Sattel (Liftstationen), dann durch das oberste kleine Becken des Geißkarferners zum Westgrat. Nur kurz über die Schneide, dann rechts in der Südflanke den deutlichen Spuren folgend ohne nennenswerte Kletterei zum Gipfel.

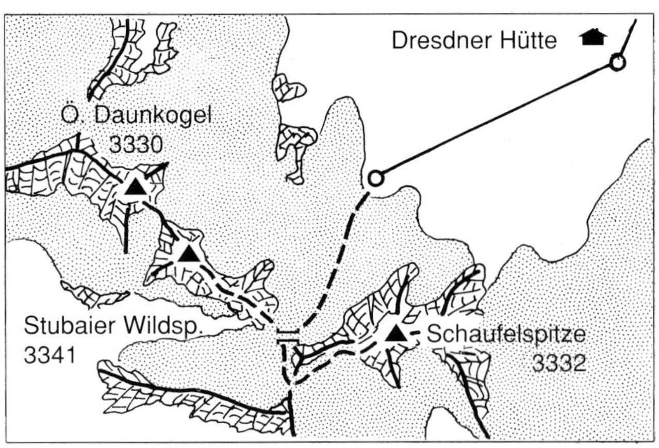

Sonklarspitze, 3467 m

Die wenigsten kennen die Sonklarspitze, obwohl sie der vierthöchste Berg der gesamten Stubaier Alpen ist. Sie zählt auch keineswegs zu den »grauen Mäusen«. Im Gegenteil: das ist nicht nur ein imposanter Gipfel, sondern auch ein Berg von unverwechselbarem Aussehen. Der im oberen Teil sehr steile, zerschründete Triebenkarlasferner schmückt die Westseite mit einer von Brüchen zerrissenen Eiswand, während vom Gipfel nach Südosten ein sanftes Dach abwärts führt, das erst 150 Meter tiefer dann mit einer Eiskaskade zum Übeltalferner abbricht. Von der Müllerhütte und dem Becherhaus läßt sich die Sonklarspitze über den Ostsporn rasch erreichen, die klassische Route kommt jedoch von der Siegerlandhütte herauf. Der Name hat nichts mit schönem Wetter zu tun, er soll vielmehr an Karl von Sonklar erinnern, der schon Mitte des vergangenen Jahrhunderts Teile der Stubaier Alpen kartographisch erschloß.

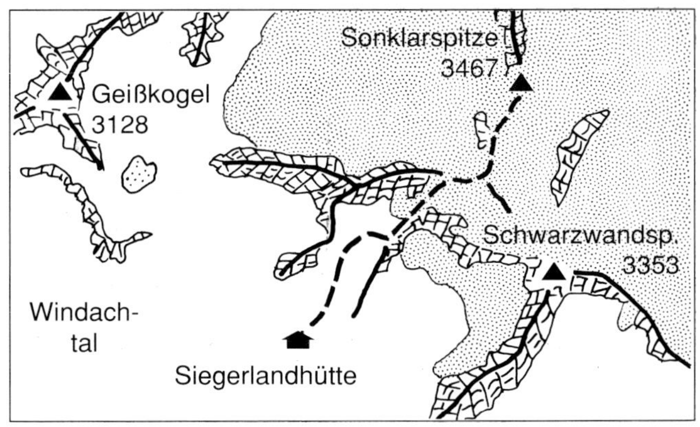

➼ Von der Siegerlandhütte auf einem Steiglein gerade empor in ein schmales Kar (evtl. Firn), dann nach rechts auf eine mächtige Rippe und über sie zum Grat. Nun auf der Firnschneide zum Hohen Eis (3392 m) und auf dem Dach, dessen höchster First immer mehr ausapert, zum Gipfel.

Jochköpfl, 3143 m

Von der Sonklarspitze zieht ein langer Bergkamm nach Südwesten und Westen, in dem gut ein Dutzend Gipfel stehen. Teilweise sind es durchaus mächtige und recht felsige Gestalten wie die Beillöcherspitze, ohne daß jedoch einzelne Erhebungen besonders ins Auge fallen. Hier ist das Jochköpfl gewissermaßen der Primus inter pares, der Erste unter gleichen. Dieser behäbig breite, viereckige Kasten, der allerdings nach Osten mit

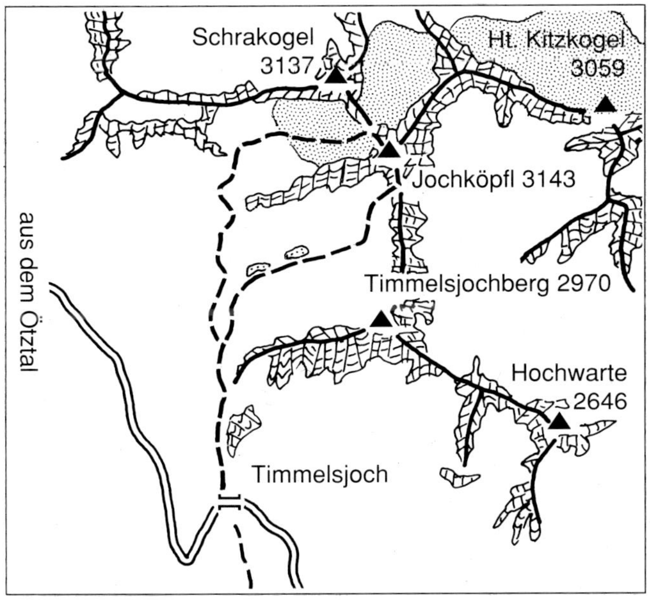

einer 250-m-Wand in das Obere Beilloch abstürzt, springt am weitesten nach Süden vor und läßt sich deshalb rasch vom Timmelsjoch aus erreichen. Man muß sich allerdings dort seine Route selber suchen; es gibt keine Wege an diesem Berg.

➵ Von Gurgl auf der breiten Mautstraße zum Timmelsjoch (2474 m). Nun zu Fuß auf dem Grenzrükken nach Norden, bis der Grat nach rechts abbiegt. Geradeaus weiter in das Wietenkar mit zwei schönen Bergseen. Hinter dem zweiten See über eine kurze Stufe nach Norden, dann rechts über die weiten Blockkare erst nach Osten, dann nach Nordosten in den oberen Winkel und nach rechts auf den Südgrat des Jochköpfls. Über den Blockkamm zur unerwartet weiträumigen Gipfelfläche.

Gibt es reichlichen und guten Schnee, dann kann man über die Reste des Rötenkarferners (steiler Einstieg) nach Westen zu den schönen Eisseen absteigen, um dann über die 2830 m hohe Schulter im Jochköpfl-Westgrat ins Wietenkar zurückzukehren.

Botzer, 3251 m

Botzer? Nie gehört? Zerborstener, rostroter Fels und einige steile Gletscherlappen prägen den letzten großen Gipfel im Süden der Stubaier Alpen, keine auffallende, aber doch eine mächtige Gestalt. Vom Becherhaus ließe er sich über die ewigen Flächen des Übeltalferners erreichen. Doch wer wandert schon drei Kilometer über fast ebene Gletscherböden, um dann auf einem unbekannten Gipfel zu stehen, der den Ausgangspunkt um ganze 60 Meter überragt? Und die Routen von Südwesten – entweder durch das Timmelstal oder von der Schneeberghütte – gehören ganz den wenigen Individualisten unter den Bergsteigern, muß man sich über weite Strecken doch ohne alle Wege zurechtfinden. Wer jedoch Spaß an einer eindrucksvollen Landschaft und kniffeligen pfadfinderischen Aufgaben hat, dem wird der Botzer gefallen. Ein Tip: Guter und reichlicher Firn im Frühsommer schafft die besten Bedingungen.

➵ Auf der Südtiroler Timmelsjochstraße zur Brücke über den Timmelsbach (1760 m, Parkplätze). Nun zu Fuß auf dem Fahrweg zur Timmelsalm und nördlich des Baches auf dem Steig neben dem wild schäumenden Wasser zum ersten Boden in 2200 m Höhe (Unteres Krumpwasser). Nun am besten – ohne Weg – immer am linken Rand der teilweise flachen und welligen Mattenflächen auf den Botzer zu. Am Bergfuß über die Moränenfelder kurzzeitig steil und etwas mühsam empor, dann über den Gletscher (Spalten) zur Nordschulter des Gipfels. Über den Block- und Firngrat zum Kreuz.

Jochköpfl
Gut 2 Std. vom Timmelsjoch, weglose Bergtour durch Kare und über einen Blockgrat mit einigen Felsstellen (I), einsam.

Botzer
Knapp 5 Std. von der Timmelsjochstraße, hochalpine Bergtour, teilweise ohne Weg, Steilstufen, kleiner Gletscher mit Spalten, einsam.

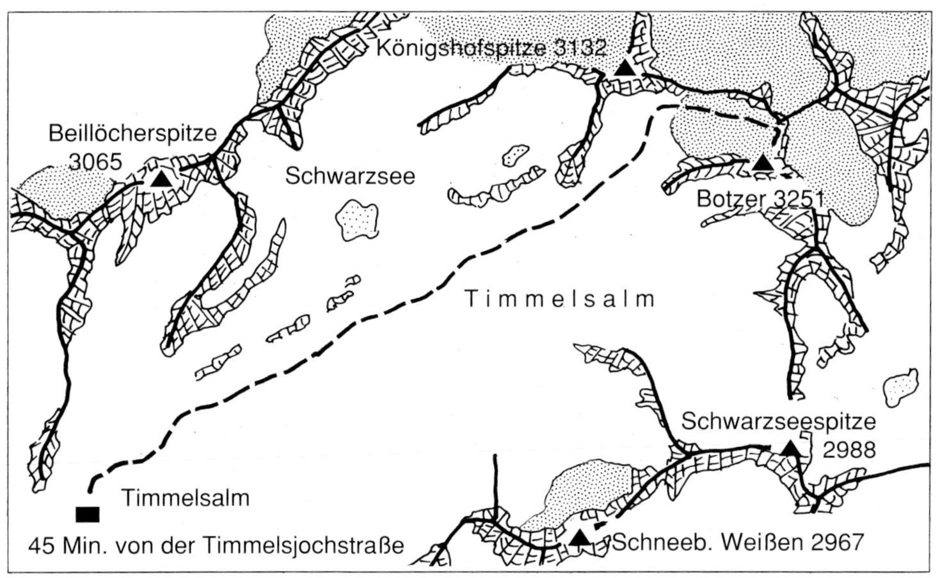

Zuckerhütl, 3507 m

Zuckerhütl – wer je bei schönem Wetter im Stubaital war, wird diesen Namen verstehen und den Anblick nicht wieder vergessen. Genau im Talhintergrund strahlt in makellosem Weiß der Stubaier Hauptgipfel; die runden Formen der obersten Grate und seine 200 Meter hohe Eiswand schaffen das typische Bild. Nur wenigen ist zudem bekannt, daß der gleiche Berg eine fast schwarze »Rückseite« hat: Nach Süden stürzt das

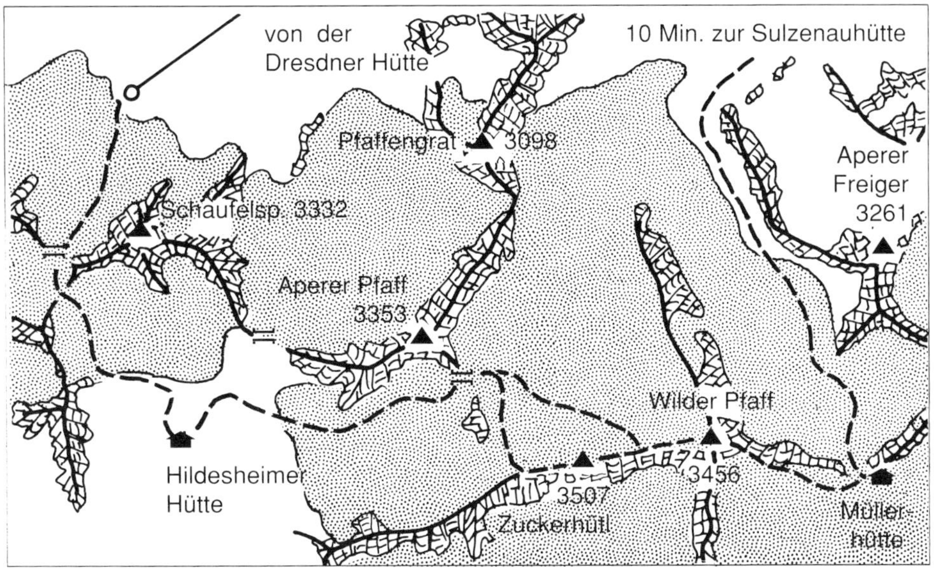

mehr auf den Individualisten abgestimmte Routen beschreiben.

➵ Von der Hildesheimer Hütte zum Seelein und weiter leicht abwärts ins Kar (Liftstation). Nach rechts über die geröllreichen Hänge zum Pfaffenferner, den man oberhalb der Stufe betritt, und ins Pfaffenjoch (3213 m). Von dort über eine Stufe des Sulzenauferners (Spalten) empor, dann flach unter dem Zuckerhütl hindurch nach Osten in den Pfaffensattel. Über den Firnrücken, im oberen Teil steil und ausgesetzt, zum Gipfelkreuz. Bei Blankeis kann man in die Felsen ausweichen.

✻ Eine Rundtour: Vom Pfaffenjoch über eine Stufe nach Süden empor, dann über den Grat auf die Pfaffenschneide (3498 m). Auf dem teilweise exponierten Firn- und Felsgrat hinüber zum Zuckerhütl (anspruchsvoller als die übliche Route).

Zuckerhütl mit einer 500 Meter hohen Felswand zum selten betretenen Triebenkarlesferner ab. Magisch zieht dieser berühmte Gipfel die Menschen an, darunter manchen, der allzu wenig Erfahrung hat. Es gibt wohl keinen zweiten vergletscherten Zentralalpenberg, an dem schon so viel gezittert und gezagt wurde. Beim Anmarsch fehlen die Schwierigkeiten, und so wiegt sich mancher schon in Sicherheit. Doch mit dem Erreichen des Pfaffensattels folgt dann die große Überraschung: Ein Eisrücken zieht zum Gipfel hinauf, auffallend abgerundet zwar, doch erschreckend steil und ausgesetzt. Wir werden hier neben diesem Normalweg, der meist zur dicken Straße ausgetreten ist, noch zwei,

Zuckerhütl
2 1/2 Std. von der Hildesheimer Hütte, weiträumige Gletscherfelder mit Spalten, ziemlich steiler und ausgesetzter Firngrat zum Gipfel.

Wilder Freiger
4 1/2 Std. von der Sulzenauhütte über die Seescharte, Gletscherfelder mit wenigen Spalten, hochalpin, beliebt.

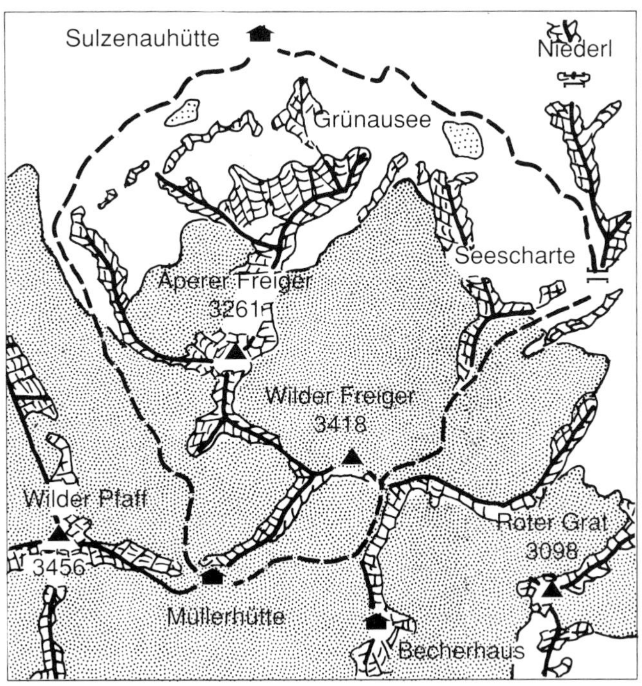

❊ Der interessanteste Abstieg: Vom Pfaffensattel über Firn und Blockwerk auf den Wilden Pfaff, mit 3456 m der fünfthöchste Stubaiberg. Über dessen felsigen Ostgrat (I+, Sicherungen) zur Pfaffennieder mit der Müllerhütte. Nach Norden über eine Stufe auf die Fernerstube (Spalten) hinab und talaus zur Sulzenauhütte. – Hochalpine Bergfahrt, reichlich 3 Std. vom Zuckerhütl zur Hütte.

Wilder Freiger, 3418 m

Wie kommt ausgerechnet der Wilde Freiger zu seiner Publicity, wie es auf gut deutsch heißt? Er zählt zwar zu den hohen und mächtigen Gipfeln, präsentiert sich jedoch als behäbig-breite Masse ohne markante Formen. Sehenswert ist nur der nordseitige Eismantel von knapp 1000 Meter Höhe, ein Mittelding zwischen einem zerschründeten Gletscher und einer Eiswand. Dieser Wilde-Freiger-Ferner eignet sich zudem hervorragend, um sein Können in steilen, zerklüfteten Gletscherfeldern zu testen. Die üblichen Aufstiege von Norden und Süden muß man hingegen so charakterisieren: hochalpin und trotzdem einfach. Diese Äußerungen sollen jedoch niemanden von der beschriebenen Rundtour abhalten; sie gehört durchaus zu den großen Bergfahrten der Stubaier Alpen.

➵ Von der Sulzenauhütte auf dem Höhenweg nach Osten zum Grünausee. Links oberhalb der Wasserfläche über Gras und Gletscherschliffe in das kleine Kar am Fuß der Urfallspitze. Auf der linken Seite empor in die Seescharte (2762 m; hierher auch in relativ kurzem Aufstieg von der Nürnberger Hütte). Auf den Absätzen

Blick vom Aperen Pfaff auf die Pfaffenschneide und das Zuckerhütl (links). Der Verbindungsgrat wirkt in dieser Perspektive zu breit und flach.

südlich des Grates über Blockwerk und Schnee – am Gamsspitzl vorbei – zu einem Kopf. Kurz auf dem Felsgrat, dann im Firn gerade empor ins oberste Bekken und nach rechts zum Hauptgipfel.

❋ Besonderer Abstieg: Hinüber zum Signalgipfel (3392 m) und auf Südtiroler Boden über den Südgrat hinab. Dann nach rechts auf den Firn des Übeltalferners und schräg abwärts zur Müllerhütte. Von der Pfaffennieder über eine Steilstufe auf die spaltenreiche Fernerstube und talaus zur Sulzenauhütte.

Feuersteine, 3267 m

Feuersteine
2 3/4 Std. von der Bremer Hütte, kurze Gletscherbegehung mit einigen Spalten oder brüchige Blockgrate (I).

Der letzte größere Berg im Osten des Hauptkammes fällt von keiner Seite besonders ins Auge. Dieser breite Doppelgipfel stürzt in alle Richtungen mit stark zerborstenen Wänden und Flanken ab, die in Gletschern fußen und auch selbst mit Eis durchsetzt sind. Auf der Nordseite trägt er zudem ein Eisfeld, das noch heute fast bis zu den beiden Gipfeln reicht und eine Art Markenzeichen darstellt. Auch der übliche Aufstieg führt dort empor.

➵ Auf den Östlichen Feuerstein: Von der Bremer Hütte auf dem Höhenweg ins Simmingjöchl (2754 m). Über Platten und Schutt nach Süden auf ein Firnfeld und gerade empor zum Kamm, den man in 2950 m Höhe betritt. Über eine Kuppe in den folgenden Sattel. Nun entweder in einem weiten Bogen durch das Bekken des obersten Grüblferners mit seinen Schründen zur Nordrippe des Hauptgipfels und auf ihr zum Kreuz. Oder über den Firn- und Blockgrat zum Hauptkamm am Pflerscher Hochjoch und mit einfacher Kletterei über die brüchige Schneide zum Gipfel.

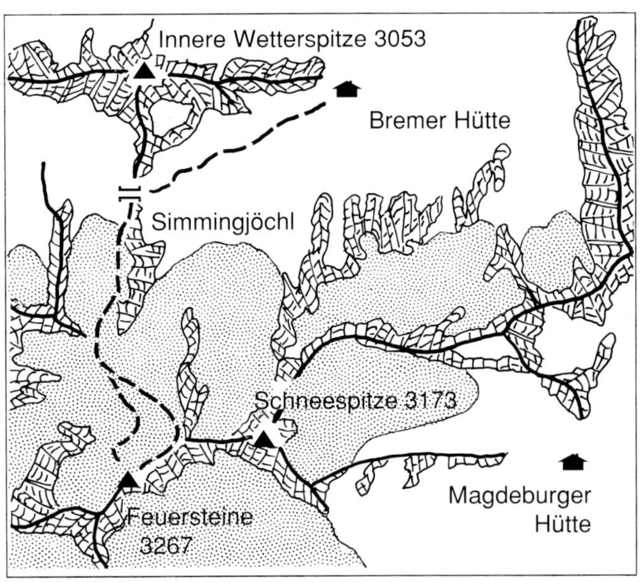

Habicht, 3277 m

Habicht
2 3/4 Std. von der Innsbrucker Hütte, Steiganlage, trotzdem viel Kletterei (I, Sicherungen); bei nassem Fels anspruchsvoll und nicht ungefährlich.

Vor dem Beginn des Alpinismus betrachtete man die Berge allenfalls aus halber Höhe, aus dem Bereich der Matten und Weideböden. So wird auch die Tatsache verständlich, daß einst der Habicht als höchster Berg im Stubai galt. Er ragt eben besonders gewaltig und steil über den Tälern auf! Hohe Flanken und kilometerlange Felsgrate schaffen zudem eine imposante Erscheinung, kleine Steilgletscher bilden einen starken Kontrast zum dunklen Gestein. Ein so bekannter, auf-

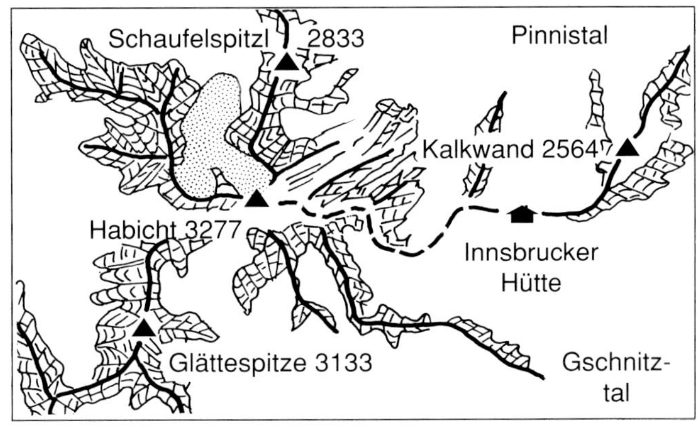

fallender Berg und eine Steiganlage bis zum Gipfel – da gibt es nur eine Möglichkeit: Der Habicht zählt zu den ausgesprochen beliebten Zielen. Niemand sollte diese Hochtour jedoch unterschätzen. Das Steiglein führt über Felsplatten und durch steile, ausgesetzte Blockflanken. Feuchtigkeit oder gar Schnee und Eis erhöhen rasch die Schwierigkeiten und Gefahren, so mancher Unfall dokumentiert das. Doch wer mit diesem Gelände zurecht kommt, der wird viel Spaß an der spannenden, abwechslungsreichen Tour haben. Als besonderer Leckerbissen für den Eisgeher galt einst der Mischbachferner. Dieser kleine, aber immerhin 600 Meter hohe Gletscher im Norden unseres Berges wartet mit ein paar imponierenden Steilstufen auf. Doch der Zugang aus dem Stubaital über die Mischbachalm bis zum Habichtgipfel ist mit 2150 Höhenmetern schon extrem weit!

➵ Von der Innsbrucker Hütte auf und neben dem Grat nach Westen an den Fuß der 500 m hohen Felsflanke. Zwischen Blöcken, durch schiefrige Rinnen und über schöne Platten weit empor. Dann nach rechts, über einen steilen, zerborstenen Blockhang und eine Rippe empor, bis sich das Gelände zurücklegt. Über ein flaches Firnfeld zum Gipfelgrat und über ein paar interessante Felsstellen (Drahtseile) auf den unerwartet weiträumigen Gipfel.

Pflerscher Tribulaun, 3097 m

Ein Felsdom dieser Art paßt so gar nicht zu den Stubaier Alpen, in den Dolomiten hingegen wäre er unter »seinesgleichen«. Es gibt noch eine weitere, ganz besondere Verbindung zu den berühmten Südtiroler Bergen: An den Tribulaunen fiel dem Naturforscher Dolomieu eine Gesteinsart auf, die dann nach ihm »Dolomit« benannt wurde, und das führte letztendlich auch zu der Bezeichnung Dolomiten. Der gesamte Name dieses französischen Mineralogen (1750–1801) lautet Déodat Guy Sylvain Tancred de Dolomieu, wobei man das *de* mit *aus* übersetzen muß. Die weltberühmten Dolomiten wurde also nach Dolomieu, einem bescheidenen Ort in der Nähe der Rhone schon außerhalb der Alpen (zwischen Lyon und Chambéry), benannt.
Mit ungewöhnlich steilen, bis zu 800 Meter hohen Wänden wächst dieser Tribulaungipfel aus üppigen Geröllfeldern empor. Das wild zerklüftete Gelände mit tiefen Schluchten und von Zacken und Türmen besetzten Graten läßt keinen soliden Fels erwarten, im Gegenteil, dieser ist – wie man so schön sagt – von ausgesuchter Brüchigkeit. Die Routen bis hin zum Schwierigkeitsgrad VI wurden schon als »Gruseltouren« charakterisiert. Trotz meiner reichen Erfahrungen mit brüchigem Fels habe ich mich – allein – nie so recht an den Tribulaun-Normalweg (III) gewagt, der immerhin durch eine 280 Meter hohe und teilweise ausgesetzte Flanke führt. Deshalb folgt hier auch keine Routenbeschreibung; man findet die nötigen, allerdings sehr kurz gefaßten Angaben im Alpenvereinsführer.

Déodat Guy Tancred aus dem kleinen französischen Ort Dolomieu beschrieb als erster das Gestein Dolomit.

Acherkogel, 3007 m

Der Acherkogel ragt gerade noch über die magische Dreitausendmetergrenze auf und ist damit der kleinste unter den Großen. Doch als gewaltiger Felskegel mit eleganter Spitze überragt er das äußere Ötztal um 2200 Meter, in einem »Schuß« geht's von Oetz zum Gipfel hinauf, kein Tal, kein Boden liegt dazwischen – und so wird der Acherkogel doch zur imponierenden Gestalt und gilt zu Recht als das Wahrzeichen der Region! Auch nach Süden und Osten stürzen hohe Wände ab. Ein berühmter Berg deshalb und eine Modetour? Keineswegs! Die komplizierte Routenführung durch eine 400 Meter hohe Flanke, das Geröll, die Schneefelder und nicht zuletzt die Kletterei im Schwierigkeitsgrad II halten wohl ein breites Publikum ab. Nur der erfahrene Bergsteiger kommt mit diesem Gelände zurecht und hat noch seinen Spaß an der eindrucksvollen Tour.

➵ Von der Bielefelder Hütte auf dem Höhenweg Richtung Schweinfurter Hütte bis in das Kar nordwestlich des Acherkogels. Von dort 45 Min. aufwärts zum Rand des Minikars mit dem winzigen Maningsee. Hier nach rechts vom Weg ab, quer über eine Bachrunse und den Steigspuren folgend, immer auf dem begrünten Westrand des Kares bleibend, zur ersten Felsstufe. Durch eine Rinne leicht empor auf die Schutthänge oberhalb. In der gleichen Richtung weiter aufwärts über rutschiges Geröll und gut gestufte Schrofen, die auf einen breiten, fast ebenen Absatz führen. Wieder gerade aufwärts auf die nächste hohe Felsstufe, den Fernerschrofen, zu. Auf einer kleinen, aber auffallenden Rampe von rechts nach links an die Kante, dann gerade über Fels, anschließend über labilen Schutt zum Fernerle, wie der Firnfleck in der Nordwand genannt wird. Immer an seinem rechten Ufer entlang zur 200 Meter hohen Gipfelwand. Alte, doch noch gut sichtbare Markierungen helfen bei der Wegsuche. In abwärts geschichtetem, aber erstaunlich festem Gestein, später in etwas brüchigerem Gelände durch Rinnen und über Felsstufen zum Grat knapp links eines Kreuzes. Über die sehr scharfe Felsschneide nach Osten auf den höchsten Punkt.

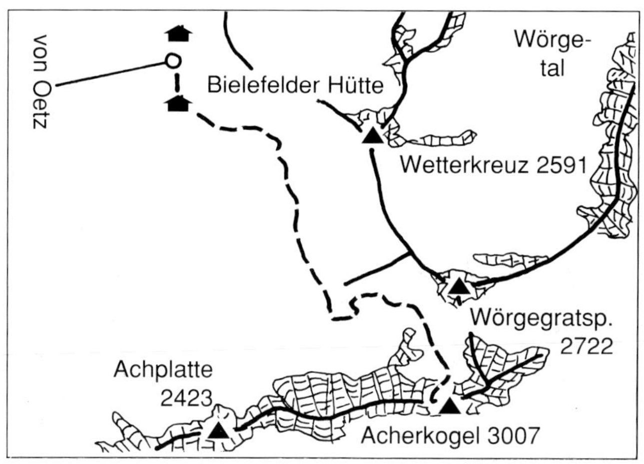

Breiter Grieskogel, 3287 m

Ganz im Nordwesten unseres Gebirges ragt ein Gipfelpaar weit über seine Region empor, ein sehr ungleiches Paar: schlank und spitz der Strahlkogel, behäbig breit – wie es der Name schon ankündigt – der Breite Grieskogel. Dieser fällt nach Süden mit einer wuchtigen, bis zu 600 Meter hohen Felsflanke ab, während die Nordseite einst ein makelloser Eismantel überzog. Inzwischen sind dort allerdings einige Felsinseln ausgeapert. Bei einer guten Firnlage gehört der Auf-

Pflerscher Tribulaun
4 1/2 Std. vom Tribulaunhaus, ab Sandesjoch Kletterei in bröseligem Kalk (250 Hm im Fels), trotz Sicherungen bis III.

Acherkogel
3 1/2 Std. von der Bielefelder Hütte, hoher Felsaufbau mit längerer Kletterei (II), komplizierte Routenführung, relativ selten begangen.

stieg zu den interessanten Gletschertouren ohne größere Schwierigkeiten.

➵ Von der Winnebachseehütte auf dem Höhenweg über weite Karböden bis unmittelbar unter das Zwieselbachjoch. Von dort nach Westen auf den Grieskogelferner. In 3000 m Höhe ganz nach links und über eine steile Stufe (oft Blankeis) auf einen letzten Absatz. Nun entweder rechts über den Firngrat oder links über den Schutthang zum Gipfel.

Breiter Grieskogel
3 Std. von der Winnebachseehütte, Bergwege, dann Gletscher mit steilerer Stufe und Spalten.

Strahlkogel
4 Std. von der Winnebachseehütte, anspruchsvolle Hochtour, steiler Gletscher, Kletterei bis III, wenig begangen.

Strahlkogel, 3288 m

Das ist der unnahbarste aller Urgesteinsgipfel der Stubaier Alpen. Schmale Grate und steile Wände sorgen für eine erstaunlich schlanke Gestalt. Auch der Larstigferner im Nordosten paßt zu der wilden Erscheinung: Er imponiert mit Gletscherbrüchen und einer 300 Meter hohen Eiswand. Der Führer bezeichnet die Südflanke als leichteste Möglichkeit. Sehr einladend sieht diese 200-m-Wand, der schmale Quarzschichten eine waagrechte Bänderung geben, jedoch nicht aus. In diesem Gelände fühlt man sich auf den Graten wohler, mag auch die Kletterei etwas schwieriger sein.

➵ Von der Winnebachseehüte auf dem Höhenweg über weite Karböden bis unmittelbar unter das Zwieselbachjoch. Von dort nach Westen auf den

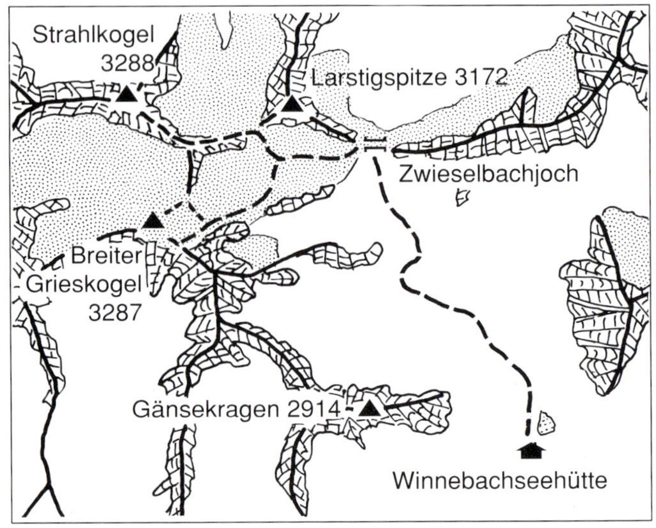

Grieskogelferner und schräg rechts in die Larstigscharte. Über den Zackengrat auf den Larstigfernerkopf (3216 m) und wieder ein Stück hinab in die Scharte vor dem Strahlkogel. Dorthin auch auf dem obersten Larstigferner – sehr steil, Spalten und plattiger Fels; ein ebenso anspruchsvoller wie interessanter Anstieg. Aus der Scharte über den scharfen Grat (ausweichen links) zum Gipfel.

Die breitgelagerte Sonklarspitze vom Schußgrubenkogel gesehen. Vorne der Pfaffenferner, hinter dem Felssporn der Triebenkarlesferner.

Schrandele, 3392 m

Von allen vier Seiten präsentiert sich das Schrandele als wohlgeformter, spitzer Dreikant aus kantigem Granitgneis. Da es zudem hoch über seine unmittelbaren Nachbarn aufragt, gehört es zu den auffallendsten Gestalten in den gesamten Stubaier Alpen und bildet durchaus kein Anhängsel des übermächtigen Schrankogels, wie man aus dem Namen schließen könnte. Noch dazu ermöglicht der Südostgrat – im Führer falsch als Südgrat bezeichnet – einen schönen und unschwierigen Aufstieg. Dennoch ist der Gipfel alles andere als ein Modeberg. Wer einen Dreier im Urgestein beherrscht, der findet hier auch eine Kletterei, die viel Spaß macht: die Überschreitung der *Nördlichen Wildgratspitze* (3320 m) von der Wildgratscharte zum Schrandele.

➵ Unter der Amberger Hütte über den Bach, gut 500 m eben nach Süden, dann diagonal über die Hänge empor und hinein ins Schwarzenbergtal. Stets auf der großen Moräne bis zum Ostgratfuß des Schrankogels (bis hier Weg). Nun auf dem Schwarzenbergferner über sanfte Böden genau nach Norden in die Südostgratscharte des Schrandeles. Über den steilen Fels- und Blockgrat auf den Gipfel.

Schrankogel, 3497 m

Ganze zehn Meter Höhe trennen Schrankogel und Zuckerhütl. Trotzdem gehört der eine zu den »top ten« in den Ostalpen, während den anderen im Verhältnis nur wenige Bergsteiger beachten. Dabei zählt der Schrankogel durchaus zu den markanten Gestalten. Wie kein anderer Stubaiberg ragt dieser abgerundete Kegel über seine Umgebung empor, mehr als 1000 m hohe, stark zerfurchte Felsflanken beherrschen das Sulztal, und die versteckte Nordostseite ziert eine Eiswand. Es gibt zudem in ganz Österreich keinen höheren Berg, auf den ein angelegter Steig führt. Allerdings kann der Schnee, der in dieser Höhe zu allen Jahreszeiten fällt, den obersten Grat rasch in eine exponierte Firnschneide und damit die Tour in ein hochalpines, recht anspruchsvolles Unternehmen verwandeln. Dieser hohe Berg läßt sich sogar überschreiten, ohne daß dabei ein Gletscher betreten wird. Am Ostgrat, diesem »Himmelssteg« über der jähen Eiswand, braucht man jedoch gute Nerven und viel alpine Erfahrung.

Der Pflerscher Tribulaun über der Tribulaunhütte: ganz links das Sandesjoch, von dort der Nordwestgrat, nach vorne die Südwestwand (falsch als Südwand bezeichnet; Kletterei bis VII).

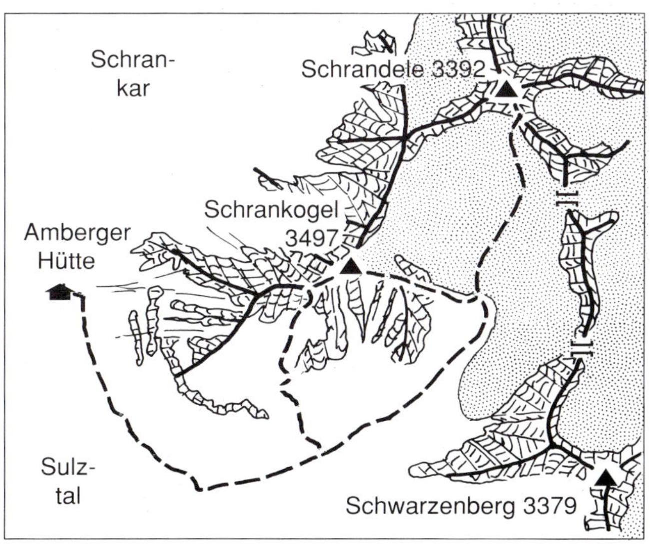

⇢ Unter der Amberger Hütte über den Bach, gut 500 m eben nach Süden, dann diagonal über die Hänge empor und hinein ins Schwarzenbergtal. Am Beginn der großen Moräne nach links und über Grashänge zum Hohen Eck. Es folgt ein gut 400 m hoher, dreieckiger Schutthang hinauf zum Südwesteck. Schließlich über den Trümmer- und Blockgrat in teilweise ausgesetztem Gelände zum Gipfelkreuz.

❊ Über den scharfen, recht exponierten Ostgrat teilweise im Firn abwärts zum Osteck, dann durch eine sehr steile Flanke (Steigspuren) und über die Fortsetzung des Grates zum Rand des Schwarzenbergferners. Von dort auf dem Weg zurück ins Tal. – Hochalpine, anspruchsvolle Route, stark von den Verhältnissen abhängig.

Schrandele
4 1/2 Std. von der Amberger Hütte, Steiganlage, dann Gletscherbegehung (einige Spalten), Gipfelgrat 150 m, I+.

Schrankogel
4 1/2 Std. von der Amberger Hütte, hochalpine Steiganlage, nur bei aperem Zustand und trockenem Fels relativ einfach.

Wilde Leck
4 1/2 Std. von der Amberger Hütte, Gletschertour mit Spalten, dann durch die 300 m hohe Südostwand, Kletterei III und II.

Windacher Daunkogel
45 Min. von der Hochstubaihütte, Gletscherbegehung, Schrofenflanke, relativ einfach.

Wilde Leck, 3359 m

Der »Vorname« der Leck charakterisiert recht treffend diesen Hauptgipfel über dem Sulztalferner. Als wilder Felsberg mit langen, scharfen Graten und ungewöhnlich steilen Wänden wächst er aus den Gletscherbecken empor. Bei der Wilden Leck gibt es keine harmlose Rückseite, wo jedermann dieses stolze Ziel erstürmen könnte. Nur dem erfahrenen Bergsteiger, der sich sicher auf zerschründeten Gletschern bewegt und der den Schwierigkeitsgrad drei beherrscht, bietet sich hier eine Chance. Er kann dann natürlich auch stolz sein, denn die Rast auf diesem noblen Berg wird er allenfalls mit seinesgleichen teilen. Zu den wenigen Urgesteinskletterein mit einem klangvollen Namen gehört der Ostgrat der Wilden Leck (III, eine Stelle IV).

➵ Von der Amberger Hütte über die Sulze, einen langen, fast ebenen Boden, nach Süden, dann über die Hänge empor auf einen Vorsprung im Gelände mit herrlichem Blick auf den Sulztalferner und das Leck-Massiv. Über den Moränenkamm und auf Schuttflächen zum Gletscher und an dessen rechtem Rand (Spalten) bis in 2900 m Höhe. Nun nach Westen steil empor in das Becken des Wilde-Leck-Ferners. Nach rechts über ein Blockfeld zum Einstieg in die sehr steile, knapp 300 m hohe Südostwand. Den Markierungen in dem unübersichtlichen Gelände folgend gegen den Ostgrat, vor ihm dann nach links und auf den Gipfel.

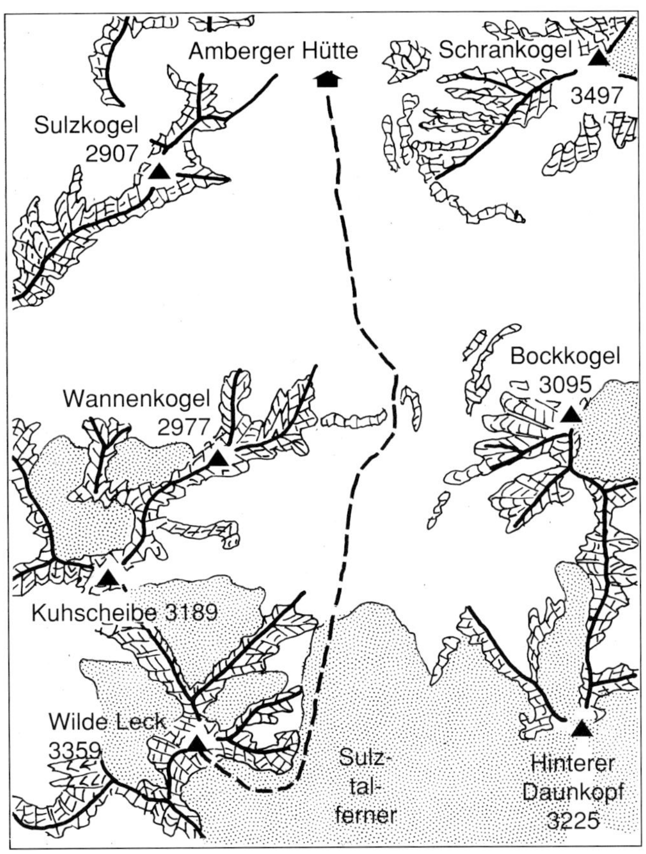

Windacher Daunkogel, 3348 m

Genau im Süden des weiträumigen Sulztalferners steht der Windacher Daunkogel, ein breites Massiv zwar, dank der 300 Meter hohen, mit Felsen durchsetzten Eiswand aber dennoch eine auffallende Gestalt. Trotzdem wird dieser Gipfel recht wenig beachtet, allenfalls die Skifahrer lieben die sehr lange Abfahrt über den Gletscher zur Amberger Hütte. Gäste der Hochstubaihütte können jedoch diesen mächtigen Berg im Handstreich erobern, als eine Art Betthupferl etwa, um von dort oben dem Sonnenuntergang zuzuschauen. Ein paar Worte zum *Östlichen Daunkogel* (3330 m): Das ist nach dem Zuckerhütl der eleganteste Berg im Hauptkamm, von Nordosten gesehen eine kecke Spitze, während sich die Nordwestseite mit einer kleinen Eiswand schmückt. Der übliche Anstieg führt über den Südwestgrat (Zugang über den Daunkogelferner, Spalten) und erfordert etwas Kletterei (II).

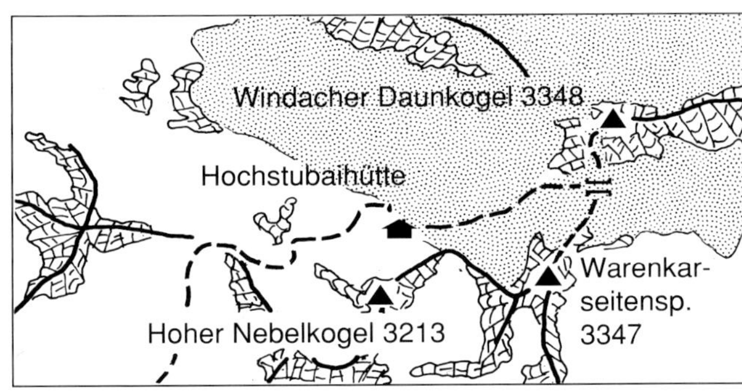

➵ Von der Hochstubaihütte nach Osten und Nordosten über den Wütenkarferner in die Warenkarscharte. Über Geröll und Schnee, am Schluß steil, auf das fast ebene Gipfelfirnfeld und nach rechts zum Kreuz.

✻ An keiner anderen Stelle läßt sich so rasch ein zweiter großer Gipfel »mitnehmen« wie hier: Von der Warenkarscharte über den langgestreckten Grat mit Blockwerk und Firn auf die *Warenkarseitenspitze* (3347 m, 35 Min., bei guten Verhältnissen einfach).

Klettereien im Urgestein

Die modernen Sportkletterer suchen ihre Wände natürlich nicht in der Hochregion der Stubaier Alpen. So bleiben in diesem Gebirge für Klettereien nur die Kalkkögel und die anderen Massive aus Dolomit wie

Bergname	Aufstieg über	Höhe	Schwierigkeit	Ausgangspunkt
Maningkogel	Nordostgrat	400 m	IV (1 St.), III	Kühtai
Maningkogel	Südostwand	300 m	V (1 St.), IV	Kühtai
Acherkogel	Südostwand	350 m	V (1 St.), IV	Kühtai
Sonnenwände	Überschreitung	2,4 km	II	Pforzheimer Hütte
Rotgratspitze	Südwand	200 m	IV+	Franz-Senn-Hütte
Vd. Brunnenkogel	Nordwestkante	460 m	V	Westfalenhaus
Nördl. Wildgratspitze	Südgrat	150 m	III	Amberger Hütte
Hölltalspitze	Südostgrat	650 m	IV+	Mutterbergalm
Wilde Leck	direkter Ostgrat	270 m	IV	Amberger Hütte
Schaufelspitze	Nordostgrat	400 m	IV (1 St.), III	Gletscherbahn
Aperer Pfaff	Überschreitung	(2 km)	II und I	Gletscherbahn

Kleine Aufstellung einiger interessanter Klettereien im Stubaier »Urgestein«.

die Ilmspitzen und Tribulaune. So lautet zumindest die übliche Meinung. Doch das stimmt allenfalls für die obersten Schwierigkeitsgrade! Bei anderen Touren, etwa vom Zweier bis zum Vierer, findet man ungleich schönere Routen im kristallinen Gestein der Gneisberge als im Kalk. Das entspricht auf jeden Fall meinen persönlichen Erfahrungen. An den Schlicker Zinnen etwa oder am Südgrat der Riepenwand, um nur zwei Beispiele zu nennen, traf ich auf ein derart bröseliges und zerborstenes Gestein in ausgesetztem Gelände, daß die Kletterei in einen häßlichen Eiertanz ausartete. In den Gneisbergen hingegen gab es nie so unangenehmes Material; neben brüchigem Gelände habe ich dort auch so manchen Grat kennengelernt, an dem das Klettern im kantigen, ziemlich kompakten Fels durchaus Spaß machte.
Doch darf an dieser Stelle ein Fragezeichen nicht fehlen. In den warmen Jahren der letzten Zeit stieg nämlich die Grenze des Permafrostes (Dauerfrostes im Boden) an. Dadurch schmolz mancher »Eiskitt«, der Steine und Blöcke zusammenhielt, ab, und der Fels zerfiel dann auffallend stark. So veränderte sich zum Beispiel die Westrippe der Schwarzwandspitze in den Ötztaler Alpen von einem Klettergrat in ein zu Sand und Schutt aufgelöstes Trümmerfeld. Man ist also vor Überraschungen nicht sicher, wenn man manche Felspassage nach zwanzig Jahren wiedersieht.
Wer einsame alpine Abenteuer sucht, findet in den Stubaier Gneisbergen – vor allem im Nordwestteil des Gebirges – ein weites Betätigungsfeld. Da kann er noch zum Pionier und Erstbegeher werden. Vor allem an den »ewig langen« Felsketten gibt es manchen Seitengrat, manche Flanke, die wohl noch niemand begangen hat, keine unbedeutenden »Wurzentouren«, sondern gewaltige Felsanstiege bis zu 800 Meter Höhe! Man braucht allerdings Erfahrung, um das Interessante vom allzu Brüchig-Unangenehmen zu unterscheiden. Dabei bieten selbstverständlich die Grate bessere Bedingun-

Bergname	Aufstieg über	Höhe	Art der Aufgabe	Ausgangspunkt
Wilder Turm	Berglasferner	400 m	zerschründeter Gletscher	Franz-Senn-Hütte
Östl. Seespitze	Kräulferner	400 m	Steilgletscher	Franz-Senn-Hütte
Ruderhofspitze	Nordwand	200 m	Eiswand	Regensburger Hütte
Schrankogel	Nordostwand	240 m	Eiswand	Amberger Hütte
Habicht	Mischbachferner	500 m	Steilgletscher	Gasteig
Zuckerhütl	Nordwand	180 m	Eiswand	Hildesheimer Hütte
Wilder Pfaff	Nordgrat	200 m	Eisgrat	Sulzenauhütte
Sonklarspitze	Triebenkarlasferner	350 m	Eisflanke	Siegerlandhütte
Wilder Freiger	Freigerferner	800 m	steiler Gletscher	Sulzenauhütte
Schneespitze	Simmingferner	300 m	Gletscher/Eisflanke	Bremer Hütte

Aufstellung der wichtigsten Stubaier Eis- und Gletscherfahrten.

gen als die Wände, und dort wird man wiederum die Rippen den Rinnen und Schluchten vorziehen. Der Alpenvereinsführer kennt zum Beispiel keine einzige Route in den 5 Kilometer breiten und bis zu 500 Meter hohen Westwänden von der Vorderen Sonnenwand bis zum Gleirscher Fernerkogel (über dem Zwieselbachtal bei der Schweinfurter Hütte) oder an den fünf nach Osten führenden Seitengraten gleich gegenüber im einsamen Larstigkamm. Recht eindrucksvoll schaut auch der 550 Meter hohe Südostpfeiler der Hinteren Grubenwand beim Westfalenhaus aus, um nur wenige Beispiele zu nennen.

Oben auf Seite 101 finden Sie eine kurze Tabelle jener Gneisklettereien in die Stubaier Alpen, die noch am häufigsten begangen werden.

Eiswände

Nach den Erfahrungen des Jahres 1992 mit seinem heißen Sommer, in dem auch auf den Gletschern die Schneefälle fast vollkommen ausgeblieben waren, wird man bei der Empfehlung von Eiswänden recht zurückhaltend. Im Juli 1967 waren wir über eine makellos weiße Nordwand auf die Ruderhofspitze gestiegen, bei dem ausgezeichneten Firn eine vergnügliche Tour ohne objektive Gefahren. Im vergangenen Sommer – 25 Jahre später – habe ich von oben wieder einmal in diese Wand geschaut. Für keine Tausend-Mark-Gage hätte ich jetzt die Tour wiederholt! Auf den letzten dreißig Metern der Wand war das Eis verschwunden, und morscher Fels trat zutage, jenes häßliche Bröselzeug, das das Ausapern fast stets begleitet – ein reiches Munitionslager für ein Steinschlag-Sperrfeuer in der Wand. Allenfalls an kalten Frühsommertagen, wenn Schnee und Frost die Geschosse festkitten, herrscht hier Sicherheit. Aber schon im kommenden Jahr mag alles wieder ganz anders ausschauen! In der Hoffnung, daß sich die Verhältnisse wieder bessern werden, erscheint auf Seite 101 eine kurze Aufstellung der wichtigsten Routen im Eis. Wer derartige Touren plant, muß selbst seine Augen offen halten, um ebenso die allgemeine Entwicklung wie die im Moment herrschenden Bedingungen zu beobachten.

Alle Stubaier Eistouren gehören eher zu den einfacheren und kürzeren Routen dieser Art. Sie eignen sich deshalb bestens zum Sammeln erster Erfahrungen, bevor man sich an größere Probleme wagt. Recht abwechslungsreiche Aufgaben bieten vor allem die Steilgletscher mit ihren Spaltenzonen etwa am Wilden Freiger oder an der Östlichen Seespitze.

Im Spätherbst auf dem Habicht. Dominierend der Pflerscher Tribulaun, rechts darunter das Goldkappl. Links im Hintergrund die Langkofelgruppe in den Dolomiten.

Skitouren – Hunderte von Möglichkeiten

Aufbruch beim Westfalenhaus. Im Hintergrund die Schöntalspitze.

Der Innsbrucker Professor und Skipapst für die Stubaier Alpen, Rudolf Weiss, beschreibt in seinem Führer nicht weniger als 346 Abfahrten in unserem Gebirge! Ein Dilemma für einen Buchautoren – was soll er aus dieser Fülle herausgreifen? Da bleibt nur ein Kompromiß: Ein allgemeiner Überblick soll die Neugier wecken und den Tatendrang anregen. Ergänzend werden dazu ein paar ausgewählte Appetithappen mit genaueren Angaben serviert.

Das manchmal schon akrobatische Können vieler Tiefschneefreunde verleitet dazu, in immer neue Bereiche vorzustoßen. So findet man heute zum Beispiel in den 1750 Meter hohen Südhängen der Ruderhofspitze – trotz der äußerst steilen Stufen – oft zahlreiche Spuren. Die Meisterschaft auf Skiern führt jedoch nur allzu schnell zu Übermut und Selbstüberschätzung. Dabei sind heute die Berge nicht weniger hochalpin und gefährlich als eh und je; Nebel, Sturm, Gletscherspalten und Lawinen nehmen keine Rücksicht auf modernste Ausrüstung und auf Draufgängertum. Gerade bei anspruchsvollen Routen sollte man die altehrwürdige Regel nicht mißachten: Dort aufsteigen, wo man später abfährt! Nur so weiß man über die herrschenden Verhältnisse und Gefahren rechtzeitig Bescheid. Lieber hin und wieder ein Feigling sein und umkehren, als …

Bei den folgenden Beschreibungen werden auch jeweils die Höhenmeter der Abfahrt angegeben. Daraus kann man – ganz ungefähr – die Aufstiegszeit errech-

nen: Mit Skiern schafft man etwa 300 Höhenmeter in der Stunde, falls eine Spur vorhanden ist.
Hinweise auf Lawinen fehlen auf den folgenden Seiten. Man müßte sich sonst laufend wiederholen. Alle Wege durch die so scharf eingeschnittenen V-Täler sind stark gefährdet. Aber auch im Tourengebiet oberhalb der Hütten findet man nur ganz selten wirklich sichere Routen, schließlich warten fast alle Ziele mit hohen Stufen und steilen Gipfelhängen auf.

Sellrainer und Kühtaier Berge

Dieses Gebiet ist und bleibt das Tiefschnee-Schlaraffenland Nummer eins, be- und geliebt und an entsprechenden Wochenenden regelrecht überspült von den Brettlfans. Selbst an einem so anstrengenden und schwierigen Berg wie dem Lüsenser Fernerkogel kann die Abfahrt an der großen Steilstufe zur Bobbahn ausgefräst sein. Und manchmal ist die Suche nach dem Parkplatz das größte aller Probleme. Wer es sich leisten kann, meidet deshalb den Sonntag.
Zum klassischen Skiland zählen die Berge um die Fotsch und die *Potsdamer Hütte* (2009 m, gut 1 1/2 Std. vom Parkplatz im Fotschertal). Dank der weiten, sanften Böden galt einst der Rote Kogel (2832 m, 800 Hm) als schönster Skiberg Tirols. Heute zieht man Steileres vor, etwa die Nordmulde am Wildkopf (2738 m, 800 Hm, anspruchsvoller Gipfelaufbau) oder gar den Gallwieser Mittergrat (2843 m, 900 Hm) mit seinen äußerst steilen Stufen unter und über dem Äußeren Bremstall.
Das nächste Tal im Westen, in dem *Praxmar* und *Lüsens* liegen, wartet gleich mit vier Touren der absoluten Spitzenklasse auf, von mittel und genußreich bis wild und kräftezehrend. Die beiden Abfahrten von der Lampsenspitze (2876 m) nach Praxmar über makellose Hänge zählen noch zum Einfachen.
Die Schöntalspitze (3002 m, 1300 Hm) verteidigt sich mit einer sehr hohen Stufe unter dem Schöntal, und nach den idealen Karmulden richtet sich auch der Nordosthang zum Gipfelgrat immer steiler und steiler auf. Besonders berühmt und beliebt aber sind die beiden folgenden Touren:

Zischgeles (3004 m). Hoch über Praxmar leuchten und locken die stets makellos weißen Hänge dieses Dreitausenders. Ein Lieblingsziel der Tiroler Tiefschneefüchse! Wo findet man sonst schon einen 500-m-Hang dieser Qualität! Und kaum einen Baum gibt es auf der gesamten Großabfahrt.
➵ In Praxmar zum Parkplatz am Lift. Auf einem Rücken südlich des Baches knapp 2 Std. aufwärts, dann nach Süden über die ziemlich steilen Idealhänge des Kampllochs empor; der oberen Stufe weicht man etwas nach links aus. Skidepot am Ostgrat, von dort über den Blockgrat auf den Gipfel mit überraschendem Blick auf die dreieckige Nordost-Eisflanke der Vorderen Grubenwand.

Lüsenser Fernerkogel (3298 m). Achtung! Das ist kein Skiberg im üblichen Sinn, sondern ein spannendes, anspruchsvolles und kräftezehrendes Abenteuer mit einigen Gefahren. Knapp 1700 Hm Aufstieg wollen erst einmal geschafft sein, wobei die »ewig« langen Steilhänge die Sache nicht gerade vereinfachen. Man braucht also Kraft, beste Verhältnisse, und man muß früh aufbrechen; nur unter diesen Bedingungen hat man Spaß an dem gewaltigen, formvollendeten Berg und seiner Großabfahrt mit ihrer 1000-m-Steilstufe.
➵ Von Lüsens in den Talschluß. Noch kurz über sanftes Gelände, dann etwa in der Mitte über die sehr steilen, sogar von Felsen durchsetzten Hänge empor und weiter über die ebenfalls steile Gletscherzunge in das Becken des Lüsenserferners. So bald wie möglich nach rechts und über die sanften Flächen längs der Plattigen Wand bis in 3000 m Höhe. Hier über die Felsstufe, dann über den

Die Stubaier Alpen waren stets ein sehr beliebtes Skitourengebiet. Hier bei einer Winterbesteigung des Schrandeles im Jahr 1959.

Skiführer und -karten
»Stubaier Alpen«, Rudolf Weiss, Bergverlag Rother. Alpenvereinskarten 1:25000 (2 Blätter mit Skirouten).

Zischgeles
3 3/4 Std. Aufstieg von Praxmar, 1250 Hm Abfahrt über stets freie, teilweise steile Nordhänge, sehr zügig, beliebt.

Lüsenser Fernerkogel
Gut 5 Std. Aufstieg von Lüsens, 1570 Hm Abfahrt über Gletscher, dann über sehr steile Nordhänge, hochalpin und anspruchsvoll, Gipfelgrat mit Kletterei, beliebt.

Im Aufstieg zum Lüsenser Fernerkogel, einem ebenso anspruchsvollen wie beliebten Skiberg über dem Sellrain.

viel steileren Rotgratferner in die Gipfelscharte. Auf dem noch 100 m hohen Blockgrat (bei aperem Fels leichte Kletterei, I) zum überragenden Gipfel.

In Lüsens beginnt auch der Aufstieg zum *Westfalenhaus* (2276 m, 2 1/2 Std.), diesem beliebten Frühjahrs-Stützpunkt mit seinen drei großen, klassischen Skibergen. Ein Schmankerl ganz eigener Art bietet die Abfahrt vom Hohen Seeblaskogel (3235 m, 950 Hm) über den schlauchartigen Grüne-Tatzen-Ferner, dem nach unten ein reichlich steiler, ostseitiger Riesenhang folgt, eine Schlemmerei bei idealem Firn, sonst ein nicht ganz ungefährliches Gelände. Auch der Längentaler Weißkogel (3217 m, 1000 Hm) gehört trotz seiner zwischendurch flachen Passagen zu den hochalpinen Zielen. Spalten im Längentalferner und der jähe Gipfelhang sorgen für entsprechende Spannung.

Winnebacher Weißkogel
Knapp 3 Std. Aufstieg vom Westfalenhaus, 880 Hm Abfahrt über hindernislose Hänge und Böden, kurzer Gipfelgrat zu Fuß.

Winnebacher Weißkogel (3182 m). So stellt man sich einen Skiberg im Frühjahr vor: weite Kare mit steileren Stufen, ein schönes, allerdings kleines Gletscherbecken und ein steiler, markanter Gipfel. Hier gibt es auch keine langen Querungen oder »Talhatscher«.

➵ Vom Westfalenhaus etwas nach links ausholend über eine Stufe ins Ochsenkar, dann auf der rechten Seite durch mehrere Böden, schließlich von rechts ins Winnebachjoch. Nur kurz empor, dann in einem Bogen nach Nordosten und Norden auf den kleinen Weißkogelferner. Über ihn am Schluß sehr steil in eine Lücke im Nordgrat und auf den breiten Gipfel.

Bei St. Sigmund mündet das langgestreckte Gleirschtal mit der relativ wenig besuchten *Pforzheimer Hütte* (2310 m, 2 3/4 Std. Aufstieg). Dabei gibt es dort eine reiche Tourenauswahl, für Firn etwa die Südhänge an der Heidenspitze (2975 m, 630 Hm) oder dem Gleirscher Roßkogel (2994 m, 680 Hm) mit einer recht steilen Stufe im Südostkar. Bei Pulver macht die Südliche Sonnenwand (3091 m, 740 Hm) oder auch die Schöntalspitze (3002 m, 800 Hm, Gegenanstieg) den meisten Spaß, während die Abenteurer dem einsamen Sattelschrofen (2892 m, 750 Hm, Gegenanstieg) durchs Karl und die Nordmulde aufs Haupt steigen.
Ein Stück weiter talein Richtung Kühtai warten die nächsten beiden Traumtouren auf die Brettljünger; sie werden anschließend ausführlich beschrieben. Der Steilhangfreund findet daneben noch ein paar abgelegene Kare und Hänge an wenig besuchten Bergen, etwa die Tour von Haggen durchs Äußere Hirschebenkar und über den folgenden 400-m-Extremhang

zum Geißkogel (2820 m, 1070 Hm, hoher, steiler Gipfelaufbau zu Fuß).

Zwieselbacher Roßkogel (Nordgipfel, 3060 m). Viel Abwechslung zeichnet diese berühmte Tour aus. Es gibt alles von flachen Passagen über einen spannenden Steilanstieg neben der großen, felsigen Talstufe bis hin zu idealen Gletscherflächen. Auch hier gilt ein eigenartiger Mechanismus: Je zahlreicher die Menschen sind, desto mehr werden Gefahren und Anforderungen einer Tour unterschätzt. Das Kraspestal mit seinen Lawinenstrichen und den 1400 Höhenmetern – das ist eine anspruchsvolle Hochtour und kein Sonntagsspaziergang für Auch-mal-Bergsteiger!

Zwieselbacher Roßkogel
4 1/2 Std. Aufstieg von Haggen, 1400 Hm Abfahrt, nordseitig, oben Gletscherhänge, dann eine große Steilstufe und flache Talpassagen.

➵ Von Haggen im Kraspestal flach nach Süden und durch einen Engpaß, die Zwing, in den Talschluß. Hier nach Osten erst durch ein Kar, dann über den großen Steilhang empor, schließlich nach rechts auf die weiten Böden. Sich stets links haltend auf den Kraspesferner, von rechts über eine Stufe in ein verstecktes Becken, aus dem kleine Hänge und Stufen bis in Gratnähe emporführen. Von dort entweder bequem auf den Nordgipfel oder links zum Grat und zu Fuß über die scharfe Schneide auf den nach Süden vorspringenden Hauptgipfel (3081 m).

Rietzer Grieskogel
3 Std. Aufstieg von der Kühtaier Straße, 900 Hm reine Südabfahrt über teilweise steiles Gelände, langer Gipfelgrat zu Fuß.

Rietzer Grieskogel (2884 m). Die teilweise steilen Südhänge im Bereich des Rietzer Grieskogels gehören bei Firn inzwischen zu den beliebtesten Strecken in ganz Tirol. Es gibt keinen Wald, keine Hindernisse, keine ebenen Passagen oder gar Gegenanstiege. Lediglich ein paar Böden auf halbem Weg eignen sich zum Verschnaufen. Der Gipfel selbst ist allerdings etwas skifahrerfeindlich: Man muß noch 120 Höhenmeter über den blockigen Westgrat zu Fuß aufsteigen. Wer es bergsteigerisch nicht so genau nimmt, kann sich auch mit dem unbedeutenden Bachwandkopf (2762 m) zufriedengeben, ohne dadurch von der Abfahrt etwas einzubüßen.

➵ Von Haggen mit dem Auto etwa 3 km Richtung Kühtai bis vor die Klammbachbrücke (Parken, 1869 m). Rechts der Bachschlucht ein Stückchen empor, dann talein bis in 2000 m Höhe. Jetzt sich rechts haltend auf die Narrenböden und nach Osten in deren letzten Winkel. Über einen Steilhang am Fuß des Grieskogels empor, dann oberhalb der Felsen nach links in ein kleines Hochkar, durch das man den Kamm erreicht. Nun entweder nach links rasch auf den nahen Bachwandkopf oder rechts über den langen Grat zu Fuß auf den Rietzer Grieskogel.

Breiter Grieskogel
4 1/2 Std. Aufstieg von der Schweinfurter Hütte, 1700 Hm Abfahrt durchs Larstigtal nach Niederthai, steiler Gletscher mit Spalten, hochalpin.

Vor allem die schneearmen Winter haben *Kühtai* viele neue Skifreunde gebracht. Ein Hoteldorf in 2000 Meter Höhe bietet eben beste Bedingungen. Hier kann man zudem schon sehr früh und noch recht spät in der Saison auf Tour gehen, zumal die Auswahl reich und vielfältig ist. Durch den Bau des Finstertalstausees hat die Standardtour der Region, die Route zum Sulzkogel (3016 m, 1000 Hm), gelitten, muß man doch reichlich lange am Ufer entlangqueren oder über die unsichere Eisdecke wandern. Das gleiche gilt natürlich für die Finstertalerscharte und den Schartenkopf (2855 m, 850 Hm).

Unberührt blieb jedoch das so reizvolle Gelände über Mittertal und Wörgetal. Kurze, spritzige Steilabfahrten bieten zum Beispiel der Schafzoll (2426 m, 550 Hm) und die Vordere Karlesspitze (2574 m, 700 Hm), Böden und Hänge die Wechnerscharte (2758 m, 920 Hm). Und eine Route mit Clou findet man am Wetterkreuz (2591 m, 840 Hm), denn dank einer versteckten Rampe oberhalb der Schwarzen Wand lassen sich die Skier bis zum Gipfel benützen.

Auf der Ötztaler Seite

Dank Stubaital und Sellrain sind die Stubaier Alpen so sehr nach Nordosten, also gegen Innsbruck, ausgerichtet, daß mancher die zum Ötztal fließenden Täler schon gar nicht mehr so richtig zu diesem Gebirge zählt. Auch die drei Hütten auf der Westseite erhalten weit weniger Besuch. Dabei gibt es hier eine ganze Reihe ausgesprochen schöner Skitouren in einem ziemlich hochalpinen, mit einigen großen Gletschern geschmückten Gelände. Das Frühjahr beschert die besten Bedingungen für diese Gebiete.

Wer kennt schon Niederthai, das Horlachtal und die *Schweinfurter Hütte* (2028 m, reichlich 2 Std., relativ sanfter Aufstieg)? Für Skifahrer langweilig? Im Gegenteil! Zehn lohnende Möglichkeiten gibt es dort, ideale bis rassige Abfahrten, darunter eine besonders spannende Strecke in einer ungewöhnlich wilden Umgebung. Über der Hütte bietet die Kraspesspitze (2954 m, 900 Hm) eine herrliche Firnstrecke, der Hochreichkopf (3010 m, 1000 Hm) ist ein Berg für fast alle Fälle, und die Hohe Wasserfalle (3003 m, 1000 Hm) mit ihrer jähen Gipfelrinne eine Tour voller Überraschungen. Wer jedoch das Supersteile liebt, der findet mit einigem Fingerspitzengefühl und mit der Hilfe einer guten Karte das entsprechende Abenteuer im Dristenkarle und an der Sömenspitze (2686 m, 600 Hm).

Breiter Grieskogel (3287 m). Vier Täler und vier ganz große Abfahrten – damit zählt der Grieskogel zu den Skibergen der Extraklasse. Der Zugang durch das von hohen Wänden gesäumte Zwieselbachtal zieht sich in die Länge. So ist man froh, im Zwieselbachjoch dem ersehnten Ziel endlich gegenüberzustehen. Verlockend wirkt von dort der Eisdom mit seinen steilen Gletscherstufen, die oft attraktiv mit Spuren bemalt sind. Nichts hindert später den Blick vom alles überragenden Gipfel. Bei der Abfahrt hält man sich nach den Steilstufen gleich links und schlüpft neben dem kecken Felsdreikant der Larstigspitze auf die Nordseite durch. Schauen und schlemmen! Ungemein wild ist dieser Bergwinkel mit den hohen Wänden und dem von Spalten zerrissenen Larstigferner. Skigelände vom Feinsten bietet der nun folgende 700-m-Hang hinab in den flachen Boden des Larstigtals.

➵ Von der Schweinfurter Hütte gut 6 km durch das Zwieselbachtal ins gleichnamige Joch (2868 m). Jenseits nach Westen auf den Grieskogelferner, ganz links über die Steilstufe, dann rechts über den Nordgrat oder auch direkt auf den Gipfel.

Bei der Abfahrt in 3050 m Höhe nach links und ganz kurz wieder empor in die Larstigscharte. Auf der rechten Seite über den Larstigferner (Spalten!) und den folgenden Hang ins Larstigtal. Flach talaus, dann rechts über eine leicht bewaldete Stufe ins Horlachtal. Abfahrt auf dem Sträßchen nach Niederthai oder Wiederanstieg zur Hütte in 45 Min.

Auch über der kleinen *Winnebachseehütte* (2361 m, 2 1/2 Std. Aufstieg von Gries im Sulztal durch das steile, nicht ungefährliche Winnebachtal) ist der Breite Grieskogel (3287 m, 900 Hm) das Lieblingsziel. Weitere Möglichkeiten im Hüttengebiet findet man über den sanften Flächen des Bachfallenferners, so kann man die Kühlehnkarschneide (3195 m, 700 Hm) mit ihrem hohen Gipfelaufbau besuchen, und natürlich den Bachfallenkopf (3178 m, 750 Hm) besteigen, der sich sozusagen mit einem ganz privaten Gletscherchen auf der Nordseite schmückt und damit einen 300-m-Idealhang bietet.

Der große Eisbruch des Alpeinerferners, darüber die Ruderhofspitze.

Auf dem obersten Grüne-Tatzen-Ferner im Aufstieg zum Hohen Seeblaskogel, links oben der Hintere Brunnenkogel.

Die meisten steigen von Gries jedoch zur *Amberger Hütte* (2138 m, reichlich 2 Std. Aufstieg) hinauf, die dem Supertourenstützpunkt Franz-Senn-Hütte bei den Gipfelzielen in keiner Weise nachsteht, aber doch viel weniger besucht wird. Die fast makellosen Galaskiberge heißen Kuhscheibe (3188 m, 1050 Hm) und Schrankarkogel (3332 m, 1200 Hm), eine besonders lange Gletscherabfahrt bietet der Windacher Daunkogel (3348 m, 1200 Hm) mit seinem kurzzeitig messerscharfen Westgrat. Dann gibt es natürlich noch den König im Revier, den Schrankogel (3497 m, 1050 Hm). Das ist jedoch kein reiner Skiberg, eher ein hochalpines Winterabenteuer mit einem 450 Meter hohen Fußanstieg und einem exponierten Gipfelgrat.

Hinterer Daunkopf
4 Std. von der Amberger Hütte, 1100 Hm Abfahrt über Gletscherflächen und durch Karmulden, teilweise steil, doch fast ebener Boden bei der Hütte.

Hinterer Daunkopf (3225 m). Man wird's heutzutage kaum glauben: Als wir vor 30 Jahren erstmals den Daunkopf von Norden bestiegen, gab es sozusagen diese Route noch gar nicht; in keinem Führer und in keiner Karte fand man entsprechende Einträge. Heute gehört die originellste aller Touren zum üblichen Repertoire. Zwischen die beiden Nordgrate des Gipfels ist ein ganz schmaler Gletscher eingezwängt, der in auffallender Weise von querlaufenden Rippen und Stufen gegliedert ist. Die Stürme sind hier als Architekten und Baumeister aktiv, sie lagern den Schnee hinter den Zacken der westlichen Rippe wie hinter einem Schneefangzaun ab und fegen ihn dafür an den freien Stellen hinweg.
➵ Von der Amberger Hütte fast eben über die Sulze in den Talschluß und rechts der Bachschlucht über eine Stufe auf den Boden vor dem Sulztalferner. In 2500 m Höhe nach Osten quer über eine steile Moräne in ein schönes Kar. Weiter bis an den Fuß des Nördlichen Daunkogels. Nun halbrechts in das versteckte Kar mit dem erwähnten Gletscherchen und noch 400 Hm über das Eis mit seinen kleinen Steilstufen zum Gipfel.

Tonigenkogel
3 1/2 Std. Aufstieg von der Amberger Hütte, 1400 Hm Abfahrt bis Gries, teilweise steile Nordkare, Gipfel zu Fuß.

Tonigenkogel (3011 m). Sie werden es nicht bereuen, einmal auf diesen Außenseiter zu setzen! Schönste und dabei fast immer unberührte Nordhänge führen zu dem kleinen, völlig unbekannten Gipfel, einem Schmankerl abseits der ausgefahrenen Bahnen. Bei der Rückkehr von der Amberger Hütte ins Tal liegt dieser Abstecher unmittelbar am Weg.
➵ Von der Amberger Hütte talaus und unter der Vorderen Sulztalalm noch über die Brücke. Über eine kurze steile Waldstufe nach Süden ins Sulzkar und relativ flach auf einen kleinen Absatz in 2400 m Höhe. Nun links über den schmalen Steilhang gerade empor in ein verstecktes Hochkar. Über Böden und den kleinen Muschenferner, das letzte Stück zu Fuß auf den Gipfel, der das rechte Eck in der Begrenzung des erwähnten Gletschers bildet.

Rund ums Stubaital

Die Region um das Stubaital ist *das* Tummelgebiet für Wanderer und Bergsteiger schlechthin. Im Sommer, wohlbemerkt! Zur Skitourenzeit jedoch bleiben weite Bereiche nahezu unberührt. Die Tiefschneefreunde konzentrieren sich fast ausschließlich auf die Franz-Senn-Hütte mit ihren Bergen und auf ein paar Ziele rund um das Gletscherskigebiet. Bahnen und Lifte schleppen die Gipfelhungrigen dort bis auf knapp 3200 Meter Höhe und reduzieren damit den Aufstieg zu manchem einst stolzen Dreitausender zur »Jausentour«. Bei der Schaufelspitze (3332 m) verläßt man das Pistenrevier überhaupt nicht, und selbst an dem so eleganten Östlichen Daunkogel (3330 m, anspruchsvoller Gipfelaufbau) bleibt es bei wenigen Tiefschneeschwüngen. Sogar der Besuch von Königin Zuckerhütl (3507 m) wird zu einem Pistentag mit Toureneinlage. Reichlich zwei Stunden Aufstieg vom Geißkarferner, vielleicht ein wenig Zittern am steilen, manchmal vereisten Gipfelgrat – Pickel und Steigeisen sollten nicht fehlen –, das ist schon alles. Da läßt sich dann mit Ruhe und noch mit voller Kraft die 2600 Meter hohe Abfahrt genießen!
Wegen der allzu steilen und gefährlichen Zugänge bleibt die Nürnberger Hütte im Frühjahr geschlossen und öffnet die Sulzenauhütte allenfalls um Ostern. Das macht das Skierlebnis Wilder Freiger (3418 m, 1150 Hm) zu einem noch größeren Abenteuer. Spalten und weite Gletscherflächen prägen die einfachste Route durch die Fernerstube und über die Pfaffennieder, während wilde Gletscherbrüche und jähe Steilstufen auf den beiden anderen Routen – über den Wilder-Freiger- beziehungsweise den Grüblferner – den Tiefschnee-Meister begeistern, alle anderen aber das Gruseln lehren.

Hinterer Daunkopf (3225 m). Nicht eine rosarote Brille auf der Nase des Autors ist schuld daran, daß hier der Daunkopf ein zweites Mal auftaucht. Ihm gebühren eben zwei Superlative: originellste Tour über der Amberger Hütte und genußvollste Tiefschnee-Pisten-Kombination im Bereich der Gletscherbahnen. Schon nach gut einer Stunde Aufstieg steht man auf dem mächtigen Gipfel, kann das Panorama genießen mit all

Hinterer Daunkopf
1 1/4 Std. Aufstieg aus dem Liftgebiet, insgesamt 1800 Hm Abfahrt über Pisten und durch Tiefschnee (Gletscher und Kare)

Ruderhofspitze
5 Std. von der Mutterbergalm, 1700 Hm Abfahrt, besonders steil und anspruchsvoll, fast reine Südseite.

den großen Bergen von der Ruderhofspitze, über den Schrankogel und die Wilde Leck bis zum Zuckerhütl. Anschließend folgt die Traumabfahrt über 1400 Höhenmeter. Ist das nicht wie ein Geschenk?

➼ Mit Bahnen und Liften über das Eisjoch zum Tunnel (3200 m) und Abfahrt auf der Piste über den Daunkogelferner, sich am Schluß stark nach links haltend, bis in 2800 m Höhe. Um einen Felssporn herum, dann durch eine steile Mulde ins Daunjoch (3057 m) hinauf. Noch ein Stück mit den Skiern, dann zu Fuß über den meist abgeblasenen Schuttrücken auf den Gipfel.

Bei der Abfahrt vom Joch gleich nach links auf eine kleine Hochfläche und weiter nach links zum Sattel im Daunkopf-Ostgrat. Über herrliche Gletscherhänge, dann über Böden in die Glamergrube. Ganz rechts über die folgende, sehr steile Stufe und anschließend auf der Wilde-Gruben-Abfahrt zur Talstation bei der Mutterbergalm.

Ruderhofspitze (3474 m). Darf man eine so anspruchsvolle Bergfahrt überhaupt empfehlen? Bei dem extrem steilen Gelände sollte sich jeder zweimal überlegen, ob die Firnverhältnisse passen und ob die Kondition für die 1750 Höhenmeter Aufstieg reicht; zudem müßte ein Aufbruch im ersten Dämmerlicht selbstverständlich sein. Stimmen alle Voraussetzungen, dann kann man hier mehr schwelgen als bei allen anderen Stubaier Abfahrten. Etwa 1000 Höhenmeter führen über hindernislose Steilhänge, der Rest setzt sich aus etwas flacheren Passagen, einer Stufe mit Bäumen, einem Felsdurchschlupf, einem Pistenstück usw. zusammen. Da beim Aufstieg der Firn noch gefroren sein sollte, dürfen Steigeisen und Pickel nicht fehlen.

➼ Von der Talstation der Seilbahn (Mutterbergalm, 1720 m) auf der Wilde-Gruben-Abfahrt bis in 1900 m Höhe. Über den Bach und nach Norden sehr steil über die folgende, etwas unangenehme Stufe, dann immer im freien Idealgelände empor in den Ruderhof und weiter zum kleinen Ruderhofferner. In einer Rinne durch einen Felsgürtel, dann äußerst steil über die folgenden Gletscherhänge zum flacheren oberen Fernerteil und auf den Gipfel.

Die *Franz-Senn-Hütte* (2149 m) ist *der* Skitourenstützpunkt schlechthin! Um den gut vierstündigen »Hatscher« von Neustift/Milders durchs Oberbergtal zu verkürzen, sollte man sich um ein Taxi nach Seduck

Panoramaaufnahme vom Muttenkopf mit Schwarzer Wand, Gschnitzer und Pflerscher Tribulaun (letztere stehen genau hintereinander).

bemühen. Von dort erreicht man dann sein Traumland nach 2 3/4 Std.
Kräulscharte (3069 m, 920 Hm) heißt das Ziel der Genießer. Makellos ist das Gletscher- und Kargelände bei der Abfahrt zurück zur Hütte. Von der Scharte läßt sich zudem über Blockwerk die nahe Innere Sommerwand (3123 m) besteigen. Von ganz anderem Format ist hingegen die benachbarte Mittlere Kräulspitze (3303 m, 1020 Hm), ein eleganter Dreikant mit steilen Gipfelfelsen (Kletterei bis II+).
Reichlich in die Länge zieht sich der Anmarsch zu den großen Gipfeln über dem Alpeinerferner, zur Ruderhofspitze (3474 m, 1150 Hm, langer Gipfelanstieg zu Fuß), dem berühmtesten Ziel im Revier, und zur Hochmoosscharte mit der Westlichen Seespitze (3354 m, 1150 Hm). Ganz Eifrige wechseln sogar über die Wildgratscharte hinüber zum Schwarzenbergferner, um bequem den Schrankarkogel (3332 m, 1200 Hm) zu besteigen, oder um das Mammut-Abenteuer Schrankogel (3497 m, 1050 Hm, siehe auch Seite 110) mit seinen gut fünf Aufstiegsstunden zu bestehen.

Wildes Hinterbergl (3288 m). Trotz seines drolligen Namens handelt es sich hier um einen ganz soliden Skiberg, ja geradezu um das Ideal einer Frühjahrstour. Man könnte wie auf der Piste von einer blauen, einer roten und einer schwarzen Abfahrt sprechen, also von Möglichkeiten für jedes Können und für (fast) alle Verhältnisse: Über den Verborgenen-Berg-Ferner führt die bequemste Abfahrt, unter dem Turmferner schaffen kleine Steilstufen schon ein paar kitzlige Stellen, während die Spalten auf dem Berglasferner für ein hochalpines Erlebnis sorgen.

➵ Von der Franz-Senn-Hütte über den ganz flachen Boden weit talein, dann auf Hängen und über die Zunge des Alpeinerferners bis in 2700 m Höhe empor. Dort nach Nordwesten abbiegend in den rechten oberen Winkel des Verborgenen-Berg-Ferners. Über eine kurze Felsstufe in die Turmscharte und schräg über den obersten Berglasferner auf den Gipfel.
Abfahrt über den Turmferner: Auf dem Berglasferner im Norden knapp unter dem Gipfel des Vorderen Wilden Turms hindurch, dann in herrlichem

Gipfelhänge des Muttenkopfs bei Obernberg.

Gelände über den Turmferner und die folgenden Hänge hinab. Am Ende der Moräne kurz nach rechts und durch eine Rinne auf die große Alpeinermoräne. Nach Süden zur Aufstiegsroute oder nach Norden durch steile Moränentälchen in den Talboden hinab.

Östliche Seespitze (3416 m). Vom Gipfel zieht ein schmales, gebogenes Becken nach Nordwesten hinab. In diese Mulde schmiegt sich der Alpeiner-Kräul-Ferner mit seinen beiden, von Spalten zerklüfteten Steilstufen, die ihn schon fast zu einem Hängegletscher formen. Für manchen Bergsteiger wäre da bereits ein Aufstieg zu Fuß, mit Pickel und Steigeisen bewehrt, ein echtes Abenteuer, andere »tänzeln und schweben« mit ihren Skiern dort hinab. So heißt es zumindest in einer Beschreibung, allzu überschwenglich, ja, schon reichlich leichtfertig. So steile und damit auch gefährliche Strecken sollte man nie in dieser Weise verniedlichen! Bei allerbesten Verhältnissen ein Leckerbissen für den Könner, unter allen anderen Bedingungen ein verbotenes Glücksspiel – so könnte eher die Kurzinformation über die Seespitz-Nordwestabfahrt lauten.
➵ Von der Franz-Senn-Hütte über den ganz flachen Boden weit talein, dann auf Hängen und über die Zunge des Alpeinerferners bis in 2650 m Höhe. Von dort nach Osten zum Alpeiner-Kräul-Ferner empor, links über die erste Stufe zum Becken und wieder links über den zweiten, 300 m hohen Steilhang zu den etwas sanfteren Gipfelflächen.

Wildes Hinterbergl
Gut 4 Std. Aufstieg von der Franz-Senn-Hütte, 1140 Hm Abfahrt über den Turmferner, nur kurzzeitig recht steil, meist Osthänge, beliebt.

Östliche Seespitze
Gut 4 Std. Aufstieg von der Franz-Senn-Hütte, 1250 Hm Abfahrt über teilweise extrem steile Gletscherflächen, Spalten, sehr hochalpin.

Zum Schluß noch ein kleiner Geheimtip. Etwa ab Mitte Mai ist die Straße im Oberbergtal wieder bis zur Oberißhütte befahrbar. Das ist dann die richtige Zeit für das Baßlerjoch (2829 m, 1100 Hm). So unbedeutend dieser Kopf über der Schrimmennieder auch sein mag, so spannend und reizvoll ist die Steilabfahrt durch die Platzengrube und das Kuhgeschwez direkt ins Tal.

Wipptal – diesseits und jenseits des Brenners

Schon bei Matrei und dem Gschnitztalort Trins bietet das Skidorado Wipptal die ersten Möglichkeiten. Über dem Waldrastental lockt das Kalbenjoch (2226 m, 700 Hm, eine weitere Abfahrt über 1000 Hm nach Trins) mit einer idealen Nordabfahrt, während der Blaser (2241 m, 750 Hm) ein schmales, schlauchartiges und zwischendurch auch recht steiles Nordkar bietet. Andere steigen bei sicherem Firn durch das Padastertal und das Loosloch zur mächtigen Kesselspitze (2728 m, 1500 Hm) hinauf. Doch Vorsicht! Mag der weiße Schneemantel auch noch so verführerisch leuchten, das Gelände dort oben ist äußerst steil.

Rötenspitze
Gut 3 Std. Aufstieg von Obernberg, 1060 Hm Südabfahrt, sehr zügig, teilweise steil, im unteren Teil lichter Baumbestand.

Hofmannspitze
4 1/2 Std. Aufstieg von der Timmelsjochstraße, 1350 Hm Abfahrt, meist südwestseitig, schöne Hänge, nur ein paar kurze Steilstellen, kaum befahren.

Doch die vielfältigsten Möglichkeiten finden wir weiter im Süden. In einem kurzen, sonnigen Wiesental liegt das weit verstreute Dörfchen *Obernberg* (1396 m) mit einem erstaunlich großen Tourenangebot auf engstem Raum. Eine ganze Kette runder Köpfe, reine Wald- und Wiesenberge, begrenzt das Tal im Süden – das passende Gelände bei Pulverschnee. Der Grubenkopf (2337, 900 Hm) verdient das Prädikat »nahezu ideal für ein Ziel dieser Art«.
Die Berge im Kamm gegenüber, also nordwestlich über dem Ort, sind schon um eine ganze Stufe mächtiger und imposanter. In den teilweise steilen Südhängen dort macht das Fahren natürlich auf einem soliden Firn den meisten Spaß. Zum Einfachen gehört der Leitnerberg (2309 m, 900 Hm), dessen weite Gipfelflächen der Föhn oft stark verblasen hat, wesentlich weiter und auch anspruchsvoller ist der Muttenkopf (2637 m, 1250 Hm). Könner, die das Steilgelände und den dazugehörenden Kitzel lieben, steuern das Superziel der Region an, den Obernberger Tribulaun (2780 m, 1330 Hm). Selbstverständlich müssen sie bei diesem jähen 1000-m-Hang auf ausgezeichnete Verhältnisse warten.

Rötenspitze (2481 m). Über diesen unauffälligen Berg gibt's nicht viel zu sagen. Der schneeweiße Kopf steht als östlicher Eckpfeiler in einer langen Kette. Wellig und teilweise recht steil ziehen die Hänge nach Süden hinab, ein Traumland in der Firnschneezeit. Weiter unten geht dann das Gelände in lockeren Wald mit vielen Lärchen über. Bittere Konsequenz des Milchüberschusses: Manche einst freie Fläche wuchert allmählich mit Jungwald zu.
➵ In Obernberg nördlich des OeAV-Heims über einen Rücken zwischen zwei Bacheinschnitten weit empor zur Kastenalm. Nach rechts über den nahen Graben, dann immer auf dem breiten Rücken aufwärts bis unter den Hauptkamm. Hier nun nach Westen auf eine kleine Schulter in der Südostrippe und in die schöne Mulde dahinter. Durch sie auf den oberen Südwestgrat und zum Gipfel (der oft beschriebene Ostgrat ist weniger günstig).

Pflerschtal heißt der erste Einschnitt gleich südlich des Brenners. Der gewaltige Pflerscher Tribulaun sorgt dort für eine imposante Kulisse. Der schönste Skiberg dürfte die Maurerspitze (2628 m, 1180 Hm) sein mit ihren beiden Nordabfahrten über teilweise hindernislose Hänge. Auch die mächtige Wetterspitze (2709 m, maximal 1450 Hm) läßt sich durchs Allrißtal und über den sehr steilen, abgerundeten Westrücken erreichen. Ähnliche Touren bietet das innere Ridnauntal. Da gibt es zum Beispiel die Hohe Ferse (2669 m, 1300 Hm) mit einem Waldtal, Almwiesen und Steilhängen. Am häufigsten wird von den Tiefschneefreunden jedoch das kleine Tal von Ratschings besucht. Am bekanntesten sind der Saxner (2358 m, 950 Hm), die Kleine Kreuzspitze (2518 m, 1050 Hm) und die Hohe Kreuzspitze (2743 m, 1200 Hm); die Route von Flading über Klammalm, Butsee und die sehr schönen nordseitigen Mulden zu diesem mächtigen Gipfel wartet mit ein paar Steilstellen auf.

Über dem Passeiertal

Zum Schluß noch eine ganz ausgefallene Empfehlung, und zwar für ein Gebiet, in dem es keine dick ausgewalzten Spuren und Trassen gibt. Wie wäre es mit einer Frühjahrs-Tourenwoche im Südtiroler Passeiertal, in Moos, Pfelders, St. Leonhard? Man wird dort wohl kaum deutsche Brettlfans treffen, die Berge weitgehend für sich alleine haben und manchmal sogar zu einer Art alpinem Pionier werden.
Zum »Einlaufen« locken die Südhänge am Schlotterjoch (2373 m, 1050 Hm); man startet dazu im Passeier Sonnen- und Panoramadorf Stuls (1317 m). Nordkare prägen hingegen die große Abfahrt von der Hohen Kreuzspitze (2743 m, 1070 Hm) durchs Schönnartal nach Saltnuss an der Timmelsjochstraße. Von dort kann man auch ins Schneeberggebiet aufsteigen; man folgt dazu in etwa dem Sommerweg. Ein rassiges Gipfelziel wäre dort oben die Sprinzenwand (2899 m, 1130 Hm). Die sehr steilen Hänge zum Grat etwas oberhalb der Südlichen Schwarzseescharte bieten dabei eine etwas heikle Aufgabe; bei besten Verhältnissen kann man dann sogar noch dem Kamm bis vor den Gipfel folgen, ohne abzuschnallen.
Sobald die Straße oberhalb von Saltnuss noch drei Kilometer weit befahren werden kann, wird man natürlich das Timmelstal besuchen, ein weiträumiges, sehr vielgestaltiges Tourengebiet für alle mit Kondition und Orientierungsvermögen. Neben den »soliden« Zielen wie der Hofmannspitze (siehe unten) oder der Schwarzseespitze (2988 m, 1230 Hm) gibt es die anspruchsvolle Hochtour zum Botzer (3251 m, 1440 Hm), eine Bergfahrt der Gegensätze: rassig-steile Gletscher- und Moränenhänge von immerhin 600 Meter Höhe unter dem Gipfel, gemütliche, endlos weite Böden im mittleren Teil, und schließlich von tiefen Bachläufen zerfurchte Mattenlandschaft bei der Timmelsalm.
Außerdem gibt es hier noch den Überraschungsberg schlechthin, nämlich den Hinteren Kitzkogel (3059 m, 1380 Hm). Der vollkommen unbekannte Dreitausender im Windachkamm verbirgt sich hinter klotzigen Vorköpfen mit hohen Felsflanken, von unten entdeckt man nur Steil-, aber keinerlei Skigelände! Das Lange Tal, es könnte wegen seiner S-Form auch Krummes Tal heißen, verwehrt nämlich jeden Einblick. Doch ist man erst einmal durch den anfangs äußerst steilen Engpaß geschlüpft, dann öffnet sich ein herrliches Skikar. In einem weiten Bogen zieht es empor ins Obere Beilloch und weiter bis knapp unter den Gipfel. Ein Leckerbissen bei sicherem Schnee und alpinem Können!

Hofmannspitze (3113 m). In anderen Gebieten wäre dieser Dreitausender am Südrand des Übeltalferners, dem man mit den Skiern bis aufs Haupt steigen kann, eine Modetour mit lebhaftem Andrang! Hier trifft man fast immer unberührten Schnee an. Bei dieser Fülle schönster Hänge können auch die kleinen »Fehler«, wie ein ebener Boden bei der Alm oder die kurzen Steilstufen zwischen den schmalen Felsriegeln, das Vergnügen nicht beeinträchtigen.
➵ Auf der Timmelsjochstraße zur Brücke über den Timmelsbach (1760 m, Parkplätze). Immer auf dem Fahrweg zur Timmelsalm. Nun am kürzesten wie der Sommerweg links der Bachschlucht über Hänge und kurze Steilstellen zum Boden am Unteren Krumpwasser. Am linken Rand der Ebene etwa 800 m flach nach Nordosten, dann links durch eine Rinne über eine kleine Steilstufe zum Punkt 2362 der AV-Karte (Hüttchen). Ein wenig nach links in ein Tälchen und empor in einen Boden in 2600 m Höhe. Über eine Moränenstufe und sehr schöne Hänge in die Schwarzwandscharte. Von dort in erstaunlich sanftem Gelände nach rechts zum nahen Gipfel.
Noch ein Tip: Die Passer ist der Grenzfluß zwischen Ötztaler und Stubaier Alpen. Natürlich gibt es auch westlich des Flusses schöne Skitouren, vor allem im Nordostflügel der Texelgruppe. So kann man etwa von Ulfaß bei Platt die Kolbenspitze (2868 m) besuchen.

Im Aufstieg zur Wetterspitze, einem rassigen Skiziel über dem Ridnauntal (Südtirol). Das Foto zeigt zudem die felsige Maratschspitze und hinten die Weißwand.

Berühmte und stille Täler

Für den Gast ist das Stubaital *die* alpine Traumlandschaft, weiträumig, sonnig, von Wiesen überzogen; das drohend Steile rückt in den Hintergrund, und doch gibt es eine faszinierende Bergkulisse. Die anderen Täler der Region wirken etwas herber und alpiner, ohne einen strengen oder gar düsteren Eindruck zu hinterlassen – solange die sommerliche Sonne scheint. Doch dieses »Sommersonntagsgesicht« beinhaltet nur einen Bereich. Die Wirklichkeit setzt sich aus vielen Facetten zusammen; dazu gehört auch manches weniger Bekannte, das dennoch besonders reizvoll sein kann.

Unser Buch gehört den Bergwanderern und Alpinisten, da bleibt kein Platz für den Bereich Fremdenverkehr. Jeder kann sich bei den Verkehrsämtern reichhaltiges Material über die Talorte und ihre Einrichtungen, oft auch über einfache Wanderungen beschaffen. Wir hingegen konzentrieren uns mehr auf allgemeine Impressionen aus dem Talbereich, die jedoch durch einige »Schmankerl« der Landschaft oder aus der Architektur, wie dem Mischbach-Wasserfall und dem Kloster Stams, ergänzt werden. Wer mit offenen Augen durch das Land bummelt, kann zusätzlich manches andere entdecken, an dem die meisten achtlos vorbeilaufen.

Innsbruck, 575 m
Verkehrsamt, A-6021, Burggraben 3, Tel. 0512/59850, 115000 Einwohner, 10000 Gästebetten.

Matrei, 985 m
Verkehrsamt, A-6143, Tel. 05273/6278, 1000 Einwohner, 1000 Gästebetten.

Steinach, 1048 m
Verkehrsamt, A-6150, Tel. 05272/6270, 3200 Einwohner, 1300 Gästebetten.

Innsbruck, Wipptal und Brenner

Innsbruck ist die Stadt der Berge und der Bergsteiger. So dürfte die folgende, offizielle Angabe ziemlich einmalig sein: tiefster Punkt des *Stadt*gebietes 564 m, höchster Punkt 2642 m (Praxmarerkarspitze, Karwendel). Trotzdem reicht der Platz in unserem reinen Bergbuch lediglich für einen einzigen Absatz, der sich mit der Tiroler Landeshauptstadt beschäftigt. Ein Bummel zu Fuß – nur das paßt zu dieser lebhaften, letztendlich aber doch gemütlichen Stadt. Dann kann man auch in aller Ruhe die historischen Sehenswürdigkeiten bewundern, etwa das bekannte Goldene Dachl, einen gotischen Erker mit 2657 vergoldeten Kupferplatten, das Kaisergrab von Maximilian I. mit seinen Reliefs und Erzstatuen oder die Rokokokirche in Wilten mit ihrer besonders feinen und reichen Ausstattung, die berühmte Künstler geschaffen haben. Die historische Altstadt um die Maria-Theresia- und die Herzog-Friedrich-Straße ist natürlich der interessanteste Teil. Sie entstand in der Zeit von 1420 bis 1665, in der die Tiroler Landesfürsten in Innsbruck residierten und in der ein reges höfisches Leben herrschte. Seine ganz eigene Atmosphäre bekommt der Stadtkern durch die Allgegenwart der großen Felsberge in der sogenannten Nordkette des Karwendels, die unmittelbar über den Häusern in den Himmel ragen.

Das Goldene Dachl mit seinen vergoldeten Kupferplatten an einem gotischen Erker (Neue Residenz, Herzog-Friedrich-Straße, Innsbruck).

Unzählige kennen das *Wipptal* in seiner gesamten Länge und haben diesen Namen doch noch nie gehört. Sie waren auf der Autobahn zwischen Innsbruck und dem Brenner, eben im Wipptal, unterwegs und dabei wohl ausschließlich mit dem Fahren beschäftigt, um sich möglichst rasch dem Süden zu nähern. In derartigen Durchgangstälern kommen die meisten gar nicht auf den Gedanken, hier eine Ferienregion zu suchen. Zu Unrecht! In diesem uralten Kulturland, das einst bedeutenden Reichtum durch den Transitverkehr gewann, gibt es zum Beispiel das schmucke Städtchen Matrei mit seinen Tiroler Giebelhäusern, die reich mit Erkern, Fresken, Gittern, Wirtshausschildern geschmückt sind. Reizvoll ist auch die barocke Pfarrkirche. Und fünf Nebentäler auf beiden Seiten des Wipptals erschließen ein weites, vielgestaltiges und noch erstaunlich ursprüngliches Bergland.

Die ehemalige Lodenwalke »Walchl« am Beginn des Obergbergtales südlich von Neustift (Stubaital).

Eine besondere Bedeutung kommt natürlich dem *Brenner* zu; mit seinen 1371 Meter ist er der niedrigste Paß im gesamten Alpenhauptkamm. Das macht ihn zum wichtigsten Übergang vom Norden in den Süden – und das seit mehr als 2000 Jahren. Der Paß war schon lange vor den Römern bekannt, die hier um das Jahr 200 einen Militärweg bauten. Später diente der Brenner den Deutschen Kaisern wie Otto dem Großen als Verbindung, und ab dem späten Mittelalter wurde dann der Handel immer bedeutender. Er verschaffte den Tirolern reiche Einnahmen; sie leben ja im Norden wie im Süden des Passes, der deshalb mehr verband als trennte. Erst als Folge des Ersten Weltkrieges entstand dort oben eine widersinnige Landesgrenze.

Um 1845 begann mit dem Straßenbau eine neue Epoche für den Brenner; die 44 Meter lange Stefansbrücke über die Ruetz (Ausmündung des Stubaitals) galt seinerzeit als Wunderwerk der Technik. Lange übernahm dann die 1867 eröffnete Brennerbahn weitgehend den Personen- und Gütertransport, bis schließlich als Folge der Motorisierung das nächste, für Aufsehen sorgende Bauwerk entstand. Es bekam den klangvollen Namen Europabrücke. Sie ist 815 Meter lang und überspannt das Wipptal in knapp 200 Meter Höhe. Ihr mächtigster Pfeiler hat eine Höhe von 184 Meter, davon stecken allerdings 47 Meter in dem von einer dicken Schuttschicht überdeckten Boden. Etwa 30 % der Brenner-Autobahn verlaufen auf Brücken. Dennoch fügt sich die Strecke auf Nordtiroler Boden einigermaßen in das Gelände ein, während drüben in Südtirol der allzu eifrig verwendete Beton nicht immer eine Zierde der Landschaft ist.

Wer stillere Bergregionen schätzt, fühlt sich in dem bei Steinach mündenden *Gschnitztal* besonders wohl. Seine behäbige Ruhe verleiht dem inneren Tal eine ganz eigene Atmosphäre. Das Fehlen spektakulärer Erschließungen bewahrte Gschnitz die Ursprünglichkeit. Zudem zählt es zu den schönsten Landschaften überhaupt! Dafür sorgen die wilden Felsmassive aus Kalk, etwa die Torsäule an der Kirchdachspitze, die gegen das Tal vordrängen und dadurch stark an die Dolomiten erinnern. Der flache, von Wiesen überzogene Boden im inneren Tal mit den über Kilometer verstreuten Häusern, dahinter die so steilen Gipfel – das ist ein reizvolles Bild der Kontraste. Immer wieder trifft man

Trins, 1233 m
Verkehrsamt, A-6152,
Tel. 05275/5337,
1000 Einwohner,
1200 Gästebetten.

Gschnitz, 1242 m
Verkehrsamt, A-6150,
Tel. 05276/217,
450 Einwohner,
500 Gästebetten.

Zwei Details an der barocken Kirche von Telfes, der Pfarre von Franz de Paula Penz.

in Gschnitz zudem auf alte, reich bemalte Höfe. Und in der 1755 von Franz de Paula Penz umgebauten Pfarrkirche sind das Dekkenfresko und die spätgotischen Figuren sehenswert.
Die Region gibt zudem einen geschichtlichen Anschauungsunterricht: Bald nach Beginn des Tales trifft man auf den stattlichen Ort Trins. Seine am steilen Sonnenhang eng zusammengedrängten Häuser zeigen die typische Siedlungsform der Rätoromanen. Später kamen die Bajuwaren, suchten neues Land und mußten deshalb tiefer ins Tal eindringen. Dort bauten sie ihre Höfe, die, wie üblich, weit verstreut zwischen den eigenen Feldern lagen. Noch heute fallen die beiden Siedlungsformen im Gschnitztal ins Auge.
Ähnliche Ruhe findet man in dem kurzen *Obernbergtal* mit seinen ebenfalls weit verstreuten Höfen, den wenigen Pensionen und Gasthäusern und der schmucken Kirche von 1760. Mit den Felsen der Tribulaune im Hintergrund ergibt sie ein friedlich-malerisches, viel fotografiertes Motiv. Nur im Talschluß um das Gasthaus Waldesruh drängen sich an schönen Tagen die Autos, zählt doch eine Wanderung zum Obernbergsee (siehe unten) zu den beliebten Jausen-Ausflügen der Tiroler und natürlich auch der Gäste des Wipptals. Und noch eine andere Gruppe schätzt dieses freundliche Region mit ihren freien Hängen: Ein Dutzend schönster Abfahrten von leicht bis steil lockt so manchen Tiefschnee-Liebhaber an.

Gries am Brenner 1165 m
Verkehrsamt, A-6156, Tel. 05274/254, 1400 Einwohner, 680 Gästebetten.

Obernberg, 1396 m
Verkehrsamt, A-6156, Tel. 05274/474, 360 Einwohner, 500 Gästebetten.

Sarnthein-Wasserfall
20 Min. Aufstieg vom westlichen Ortsrand von Trins auf Waldwegen, Rückkehr über Barbarakapelle.

⇛ Beim *Sarnthein-Wasserfall* unmittelbar hinter Trins im Gschnitztal wird großartig eine Fallhöhe von 120 m angegeben; richtig dürften 20 m sein. Ein paar malerische Felsen, viel Moos und der vor allem im Frühsommer schäumende Bach – das ist bescheiden, fast intim, aber doch romantisch und sehenswert. Der Aufstieg von etwa 20 Min. längs des Baches macht auch den Kindern so richtig Spaß. Der Weg beginnt bei der Brücke am westlichen Ortsende von Trins. Beim Rückweg kann man an der Barbarakapelle vorbei zurück nach Trins wandern.

⇛ Den *Sandesbach-Wasserfall* findet man unmittelbar hinter den letzten, südlichen Häusern von Gschnitz-Obertal. Der von den Tribulaunen herabkommende Bach zwängt sich dort durch eine Schlucht und stürzt sich dann über eine kurze Felsstufe sozusagen aus der Enge des Sandestals hinaus in die Weite und Freiheit des inneren Gschnitztals.

⇛ Der *Allerleibrunnen* im innersten Obernbergtal fällt als erstes durch seinen ungewöhnlichen Namen auf. An zwei Stellen – einmal im lichten Wald, im anderen Fall auf einer weiten, flachen Wiese – dringt hier das Wasser als stille Quelle aus dem Boden, ein Schauspiel, das man selten so mühelos wie hier betrachten kann.

700 Jahre alter Hof in Gschnitz.

Etwa Anfang Juni findet man die besten Bedingungen: viel Wasser in den Quellen, dazu eine üppige Blütenpracht mit Kugelblumen-Polstern, vielen Enzianen, Silberwurz, Buchsblättriger Kreuzblume usw. Die Umgebung des Waldesruh-Parkplatzes mit ihren lichten Lärchen- und Fichtenbeständen, dem kurzen, wie hochalpinen Rasen, den Bächen und dem »Wadi«, einem nur periodisch wasserführenden Geröllbett, stellt die reinste Parklandschaft dar.
Zu den Quellen: Vom Parkplatz auf dem Sträßchen etwa 1 Min. nach Süden bis über eine Brücke. Hier liegt nun links unten und rechts oben je eine Quelle. Wandert man auf dem erwähnten Fahrweg gut 30 Min. bergauf, dann kommt man zum nächsten landschaftlichen Kleinod, dem von Wald eingefaßten, buchtenreichen *Obernbergsee* (1594 m, Gasthof). Ein Steig führt rund um die immerhin einen Kilometer lange, buchtenreiche Wasserfläche.

Obernbergsee
30 Min. vom Parkplatz im hinteren Obernbergtal, bequem, Wanderung um den See knapp 1 Std.

Stubaital

Eine blühende Bilderbuchlandschaft – dieses Attribut kann man mit gutem Gewissen dem Stubaital von Telfes über Fulpmes und Mieders bis Neustift verleihen. Wiesen, Sonne, Berge, schmucke Orte und das eisverbrämte Zuckerhütl als ferner Hintergrund schaf-

Blick von der Kirche in Trins ins innere Gschnitztal mit seinen Gipfeln: Wetterspitzen, Feuersteine und Schneespitze.

Der Sulzenau-Wasserfall.

Fulpmes, 937 m
Verkehrsamt, A-6166,
Tel. 05225/2235,
3000 Einwohner,
3550 Gästebetten.

Neustift, 993 m
Verkehrsamt, A-6167,
Tel. 05226/2228,
3800 Einwohner,
7200 Gästebetten.

Mischbach-Wasserfall
40 Min. Aufstieg von Gasteig, im oberen Teil recht steiler Steig, bei Nässe schmierig.

Sulzenau-Wasserfall
10 Min. vom Parkplatz bei der Grabaalm, guter Bergweg, sehr viel besucht.

Mutters, 830 m
Verkehrsamt, A-6162,
Tel. 0512/573744,
1700 Einwohner,
1000 Gästebetten.

Götzens, 868 m
Verkehrsamt, A-6091,
Tel. 05234/32236,
3700 Einwohner,
720 Gästebetten.

Franz de Paula Penz, Pfarrer und Kirchenbaumeister aus Telfes im Stubaital.

fen das ungewöhnlich reizvolle Bild. Zu manchen Hotels und Pensionen paßt das Wort stattlich, und dies läßt einen gewissen Wohlstand im Tal erkennen. Natürlich heißt das entsprechende Zauberwort »Fremdenverkehr«. Und es leben auch tatsächlich etwa 60 % der Einheimischen von den Gästen. Eine Million Übernachtungen im Jahr alleine in Neustift – diese Zahl läßt die Bedeutung erahnen. Es gibt zu diesem Erwerbszweig auch keinerlei Alternative, denn niemand wird ernsthaft dort größere Industrien ansiedeln wollen. Nur im einstigen Bergwerksort Fulpmes haben sich ein paar traditionelle Betriebe erhalten. Dort gab es zum Beispiel im Jahr 1675 nicht weniger als 45 Schmieden, und etwa die Sensen aus Fulpmes ließen sich hervorragend verkaufen. Heute stellt man dort immer noch Werkzeug und zudem alpine Ausrüstungsgegenstände wie Steigeisen und Pickel her.

Der freundliche Eindruck von heute verwischt ein wenig die Realitäten. Das Stubaital, vor allem aber die beiden Quelläste, das Unterberg- und das Oberbergtal, liegen doch in einer ausgesprochen hochalpinen Landschaft. Die Bergbauern, von denen nur noch wenige übrig geblieben sind, hatten hier ein so hartes Leben wie überall. Das letzte Fleckchen wurde genützt; so standen einst im Oberbergtal in Oberiß (1742 m), Unteriß und Seduck sogenannte Schwaighöfe (Näheres über diese alte Siedlungsart im Abschnitt »Sellrain«), selbst an den teilweise äußerst steilen Hängen unter dem Burgstall findet man Anwesen wie Vergör, Pfurtschell, Kartnall und Forchach (1341 m), malerische Plätze etwa 300 Meter über dem Tal, die man heute als Ausflugsziele schätzt. Dazu paßt eine ungewöhnliche Statistik: In dem Gebiet gibt es 103 Lawinenstriche, die bis ins Tal herabreichen, und 19 Wildbäche. Noch 1975 rissen riesige Lahnen zwischen Krößbach und Ranalt große Blößen in den Bannwald, und 1987 sorgten ungewöhnliche Wetterbedingungen für ein Hochwasser, das 21 Häuser einmurte und in dem 23 Rinder umkamen.

In Neustift, dem innersten Stubaiort, fällt die Pfarrkirche durch ihre Größe auf, beim Betreten begeistert dann der Innenraum mit seiner barocken Ausstattung und den reichen Deckenfresken. Zudem war ein Einheimischer mit dem eigenartigen Namen Franz de Paula Penz der Baumeister. Der Kooperator und spätere Pfarrer von Telfes im Stubaital führte ein Doppelleben: Neben seiner seelsorgerischen Tätigkeit fand er noch Zeit, vierzehn Kirchen neu zu schaffen oder deren Umgestaltung zu leiten. Dazu gehören in unserem Bereich die Gotteshäuser in Innsbruck-Wilten, Fulpmes, Telfes, Schönberg, Mieders, Steinach, Gschnitz und Gossensaß.

Von den vielen landschaftlichen Schönheiten im Stubaital und seinen Nebenästen werden hier nur die beiden grandiosen Wasserfälle vorgestellt:

⇛ Der *Sulzenau-Wasserfall* stellt sich für den Gast, der durch das Tal zur Gletscherbahn fährt, so richtig zur Schau. Gegenüber, aber ganz nahe, stürzt der mächtige, von Sulzenau- und Grünauferner gespeiste Bach über eine ebenfalls etwa 80 m hohe, gleichzeitig aber auch 50 m breite Stufe herab. Diese weite Fächerung gibt dem Wasserfall seinen Reiz und seine unverwechselbare Note. Man kann von der Jausenstation Grawaalm bei einem gemütlichen Abstecher von zehn Minuten den Fuß des Falls erreichen.

⇛ *Der Mischbach-Wasserfall* versteckt sich ein gutes Stück oberhalb von Gasteig in einem steilen Bacheinschnitt und fällt doch bereits von der Durchgangsstraße aus ins Auge. Über eine senkrechte Felsstufe stürzt sich der wasserreiche Bach etwa 80 m in die Tiefe, schäumt dann durch ein kurzes Blocktal tiefer, um schließlich zwischen mächtigen Wällen den Talboden zu errei-

chen. Man hat diese mit einigem Aufwand errichtet, um die Häuser von Gasteig vor der Mischbach-Lawine zu schützen.
Zugang: Mit dem Auto bis 200 m hinter die Häuser von Gasteig. Nun auf dem Schutzwall links neben dem Bach über das freie Gelände empor, dann nach rechts über die Brücke und wieder gerade aufwärts zum Beginn des Steilgeländes. Zwischen Felsen und üppig wucherndem Buschwerk auf steilem Zickzackweg noch ein gutes Stück empor bis nahe an den Wasserfall.

Sellrain und Inntal

Weite, makellose Wiesenhänge etwa bei Gries im Sellrain – das schaut so freundlich, fast lieblich aus! Von der Herrschaft der Natur merkt der Sommergast kaum etwas, er müßte schon im Mai nach einem schnee- und lawinenreichen Winter hierher kommen, um zu spüren, wie nah und stark die Bergwelt noch heute sein kann. Man bräuchte zudem einige Phantasie, um sich auszumalen, wie es hier noch im 12. Jahrhundert aussah. Die Talböden mit Geröll, Schlamm und Morast, alles überwuchert von einem undurchdringlichen Urwald, waren besonders unwirtlich. Deshalb wichen die ersten Siedler auch auf die Hänge aus, bauten ihre Höfe teilweise in so extremen Lagen wie Praxmar (1689 m), Haggen (1646 m) und Kühtai (1950 m), aber auch hoch oben an den Hängen über dem Haupttal. So kleben zum Beispiel die Dörfchen St. Quirin und Perfall 300 Meter über Sellrain in der steilen Flanke. Schwaighöfe nannte man die erste Siedlungsart. Ein »Herr« richtete die Höfe ein, die wegen des rauhen Klimas ganz auf Viehwirtschaft angewiesen waren, und versorgte sie mit Salz und Getreide. Die Pacht wurde in erster Linie mit Käse beglichen. Die Sellrainer waren bis Ende des 19. Jahrhunderts vom fernen Benediktinerinnenstift Frauenchiemsee abhängig.
Bei der Fahrt von Kematen talauf kommt man nach einem engen Waldtal ins Dorf Sellrain, dann wird der Talboden immer weiter, freier und sonniger. Erstaunlich, was die Bauern aus dem einstigen Ödland gezaubert haben – und das mit den früher doch reichlich primitiven Werkzeugen! Bei Gries streben die beiden Quelltäler des Sellrains rechtwinkelig auseinander: Nach Süden geht es ins Lüsenstal mit dem Dörfchen Praxmar, dem der gewaltige Lüsenser Fernerkogel (3298 m) einen imposanten Abschluß gibt, während im Westen das Tal in Stufen über St. Sigmund und Haggen zum Kühtaier Sattel (2017 m), einer schon fast waldfreien Region, ansteigt.

Wer es sich leisten kann, der lebt nicht in Innsbruck, unten in der Wärme und dem Dunst, sondern etwa 300 Meter höher auf einer der Terrassen, von den Einheimischen Mittelgebirge genannt, die eine Laune der Eiszeitgletscher hier entstehen ließ. Besonders schön und weiträumig ist die Hochfläche von Axams (874 m) und Götzens, die den Kalkkögeln im Norden vorgelagert ist. Apropos Götzens: Die Pfarrkirche mit ihrer Rokoko-Ausstattung gilt als die schönste in ganz Tirol; das Deckenfresko stammt von Matthäus Günther, die Altäre schuf Johann Schnegg. Der Baumeister Franz Singer war zudem ein Einheimischer! Axams ist aus einem ganz anderen Grund zu Ruhm gekommen: 1964 und 1976 fanden die meisten alpinen Rennen der Olympischen Winterspiele in der Axamer Lizum statt, einem auf breiter Straße erreichbaren Hochtal (1564 m) mit reichem Pistenangebot und großer Felsberg-Dekoration. Auch Mutters, an der Kante zwischen Inn- und Wipptal gelegen, sollte man erwähnen: Mit viel Liebe und schon fast peinlicher Sorgfalt wurden die alten Häuser und Höfe im Ortskern restauriert; dafür zeichnete man Mutters mit dem Umweltgütesiegel »Das schönste Dorf Tirols« aus.

Türschloß am Jagdschlößl (heute Hotel) in Kühtai, das die Tiroler Landesfürsten gerne aufsuchten.

Axams, 874 m
Verkehrsamt, A-6094,
Tel. 05234/8178,
4800 Einwohner,
1800 Gästebetten.

In Oberperfuß, dem Dorf, das 200 m über der Ausmündung des Sellraintals thront, ist man stolz auf *den* Sohn der Gemeinde, auf *Peter Anich*. 1723 kam er im Ortsteil Völsergasse als Sohn eines Bauern, Kohlenbrenners und Drechslers zur Welt. Er arbeitete selbst als Bauer, wurde später dann Schönschreiber, Zeichner, Mechaniker, Kupferstecher und hörte sogar an der Universität Innsbruck Vorlesungen über Mathematik und Astronomie. Sonnenuhren waren seine ersten Ar-

Peter Anich und Blasius Hueber, die beiden »Bauern-Kartographen« aus Oberperfuß.

Gries über dem Ötztal. Blick ins Sulztal mit der Mutterberger Seespitze.

Gries im Sellrain, 1187 m
Verkehrsamt, A-6182,
Tel. 05236/224,
560 Einwohner,
800 Gästebetten.

St. Sigmund, 1513 m
mit Haggen, Praxmar,
Verkehrsamt, A-6182,
Tel. 05236/8247,
160 Einwohner,
600 Gästebetten.

Oberperfuß, 812 m
Verkehrsamt, A-6173,
Tel. 05232/81489,
2300 Einwohner,
700 Gästebetten.

Stams, 665 m
Verkehrsamt, A-6422,
Tel. 05263/6748,
1100 Einwohner,
330 Gästebetten.

Stift Stams im Inntal, hinten Hochplattig (Mieminger Berge).

beiten für die Öffentlichkeit, Aufsehen erregt sein riesiger Himmelsglobus mit 76 Sternbildern und 1862 Einzelsternen, und schließlich bekam er einen k. k. Auftrag, Tirol zu vermessen und ein entsprechendes Kartenwerk anzufertigen.
Mit all seiner Energie und der für ihn typischen Gewissenhaftigkeit – so konstruierte er zum Beispiel eigene Arbeits- und Meßgeräte – machte er sich an diese Mammutaufgabe. Statt auf Hilfe stieß er in der Bevölkerung jedoch auf Widerstand, ja, auf Feindschaft. Man bekämpfte ihn als Landesverräter, als Spion und hatte Angst vor höheren Abgaben an die Obrigkeit. Die ständigen Reibereien und auch die Mißgunst manches Zeitgenossen setzten ihm zu, ein Fieber aus den Eisacksümpfen kam dazu, so starb er bereits mit 43 Jahren. Vierzehn Tage vor seinem Tod erhielt er, auf das direkte Betreiben von Maria Theresia hin, eine goldene Ehrenmedaille, die ihn ein wenig mit den erlittenen Kränkungen aussöhnte. Blasius Hueber, ebenfalls ein Bauer aus Oberperfuß, vollendete sein Werk: die berühmte Anichkarte im Maßstab 1:103000.

Über dem Inntal zwischen Kematen und dem Beginn des Ötztals zeigen die Stubaier Berge stets das gleiche Bild: Von unten sieht man fast ausschließlich riesige, oft steile Waldhänge, die hin und wieder von tiefen Bacheinschnitten unterbrochen werden Diese Bäche spülten im Laufe der Zeit große Geröllmengen herab, die sich an den Ausmündungen als weite Schutt- und Murkegel über dem Inn ablagerten. Die stattlichen Orte südlich des Flusses wie Inzing, Flaurling, Rietz und Stams liegen auf oder an derartigen Kegeln.
So ändern sich die Zeiten: Heute kennen die Menschen den Inntalort *Stams* (672 m) vor allem durch das Skigymnasium, in dem »die österreichischen Adler gezüchtet werden«, jene Skispringer, die so erfolgreich sind. Dabei schaut gerade dieser Ort auf eine lange und bewegte Geschichte zurück. Schon 1273 entstand hier eine Zisterzienserabtei, die im Barock zur gewaltigen Klosteranlage ausgebaut wurde und für einige Zeit den Tiroler Landesfürsten als Erbbegräbnis diente. Die Stiftskirche mit ihren gedrungenen, von Zwiebeln gekrönten Türmen begeistert mit einer prunkvollen Innenausstattung, einem mit 84 Schnitzfiguren geschmückten Hochaltar und dem Rosengitter, einem Meisterwerk der Schmiedekunst von 1715 in der Heiligblutkapelle.

Ötztal und seine Seitenäste

Das untere und mittlere Ötztal bietet nicht nur eine reizvolle Landschaft, sondern auch echte Sehenswürdigkeiten wie den Piburgersee, die Stromschnellen der Ache bei Habichen, die Tumpenbachfälle und den hohen, malerischen Lehner Wasserfall (mit Klettersteig nebenan!) bei Längenfeld. Ganz zu den Stubaier Alpen gehören zwei Bergdörfer, die sich hoch oben in den Seitentälern verstecken, und auf die wir Sie hier ganz speziell aufmerksam machen wollen. Lange Zeit zählten sie zu den »vergessenen« Orten, führten ein stilles Leben abseits des Fremdenverkehrs. Doch urplötzlich waren sie aus ihrem Dornröschenschlaf erwacht und hatten sich in kürzester Frist zu ausgeprägten Ferienorten gemausert – dies, wohlgemerkt, in einer angenehmen, unauffälligen Art.
Niederthai (1538 m) »sonnt« sich in einem schüsselartigen Hochtal 500 m oberhalb von Umhausen. Dieser Kessel entstand vor 8700 Jahren bei einem gewaltigen Naturereignis, das den Wissenschaftlern bis heute Rätsel aufgibt. War es ein besonders gewaltiger Bergsturz, ein Meteoreinschlag oder eine Eruption, die oberhalb von Köfels einen ganzen Berg zum Absturz brachte und die Gesteinsmassen im Ötztal zwischen Umhausen und Längenfeld-Winklen bis zu 600 m (!) dick aufschüttete? Man hat berechnet, daß es sich hier um drei Kubikkilometer Material handelt, eine unvorstellbar große Menge. Man bräuchte 300 000 000 Lastwagen von je 25 Tonnen, um den Schutt zu verladen. Aber Niederthai versteckt sich nicht ganz in der erwähnten Schüssel, die Höfe von Bichl und Höfle liegen außen an der Berglehne, 600 m über dem Ötztal, und bieten einen faszinierenden Ausblick.
In *Gries* (1569 m), drüben im Sulztal, ist die Landschaft strenger, rücken die Berghänge näher zusammen, sind die Gipfel gewaltiger und wilder, und durch den Taleinschnitt schauen sogar der Schrankogel (3497 m) und der Bockkogelferner. Wer in seinem Ferienort das Hochgebirge möglichst nah und unmittelbar erleben will, der findet in den ganzen Stubaier Alpen keinen reizvolleren Platz. Dieses Gries darf man zudem nicht

Nostalgie: Vor vierzig Jahren war Gries im Ötztal noch ein vollkommen unbekanntes Bergbauerndorf.

mit den gleichnamigen Orten im Sellrain oder am Brenner verwechseln.
»Gries« gehört zu den häufigsten Flurnamen in den Tiroler Bergen, es steckt auch in vielen zusammengesetzten Worten wie Grieskogel. Man bezeichnet damit Geröllfelder aus feinerem Material, das aus einiger Entfernung wirklich Ähnlichkeit mit unserem Lebensmittel Grieß hat.

⇛ *Die Stuibenfälle* mit ihren beiden Kaskaden von insgesamt 140 m Höhe gelten als die größten Wasserfälle Tirols. Ein Steig führt parallel zum Horlachbach über die Steilstufe und bietet immer wieder großartige Ausblicke. Oberhalb der ungewöhnlich hohen Fälle gibt es ein schön ausgewaschenes Flußbett und als ganz besondere Attraktion einen natürlichen Felsbogen über den Fluß, an den allerdings – und das ist unverständlich – der Weg nicht ganz heranführt.
Die ideale Tour: Mit dem Bus von Umhausen bis zum Ghs. Stuibenfall in Niederthai. Rechts neben dem Bach abwärts, dann über die Brücke und zu den Wasserfällen. Hier nun steil hinab in den Talboden. In diesem Einschnitt und über die anschließenden Wiesenböden zurück nach Umhausen.

Niederthai, 1538 m
Verkehrsamt, A-6441,
Tel. 05255/5400,
330 Einwohner,
870 Gästebetten.

Gries im Ötztal,
1569 m
Verkehrsamt, A-6444,
Tel. 05253/5103,
180 Einwohner,
700 Gästebetten.

Stuibenfälle
Reichlich 1 Std. vom Ghs. Stuibenfall nach Umhausen, Fußwege in teilweise steilem Gelände.

Südtiroler Täler

Steil über der Paßhöhe des Brenners, in dem schmalen Tälchen zwischen Sattelberg und Steinjoch, entspringt der Eisack, strömt dann als unauffälliges Bächlein durch das flache Brennertal und »mausert« sich schließlich dank einiger Gletscherzuflüsse wie dem Pflersch-, dem Pfitscher-, dem Ridnaunbach und der aus dem Pustertal kommenden Rienz doch zu einem wasserreichen Strom. Altbekannte Orte wie Sterzing, Brixen und Klausen liegen am Ufer des Eisack. Aber auch Bozen wird von dem Fluß berührt, bevor er dann südlich der Hauptstadt Südtirols nach einem Lauf von immerhin 95 Kilometer in die Etsch mündet.
Das Tal der Sill zwischen Innsbruck und dem Brenner bezeichnet man ebenso als Wipptal wie jenes von der Paßhöhe nach Süden hinab über Sterzing bis Franzensfeste – ein handfester Beweis dafür, daß der Brenner einst ausschließlich eine verbindende, niemals eine trennende Funktion hatte. Ureigenstes Tirolerland im Norden wie im Süden! *Sterzing* heißt das erste Zentrum südlich der Paßhöhe, ein Städtchen mit langer Geschichte und einem schmucken historischen Kern. Die stattlichen Bürgerhäuser sind mit Zinnen bewehrt und mit Erkern, Gittern, Lauben usw. geschmückt, das Rathaus stammt aus dem 15. Jahrhundert, es gibt gleich vier alte Kirchen, und drei Kilometer talaus bewachen zwei gut erhaltene Burgen das Sterzinger Moos. Das aus dem 12. Jahrhundert stammende Schloß Reifenstein mit seinen alten Fresken und Schnitzarbeiten ist stets einen Besuch wert.
Seine Blütezeit erlebte Sterzing im 15. und 16. Jahrhundert, und zwar durch den Bergbau in den Tälern rundum. Bis zu 10000 Knappen förderten Silber und

Rechts: Schloß Reifenstein bei Sterzing (im Inneren sehenswerte gotische Schnitzarbeiten und Intarsien).

Blei, später auch Zink. So manches Relikt aus dieser Zeit fällt vor allem im Ridnauntal noch heute ins Auge, es beeinträchtigt das Aussehen des Lazachertals und prägt vollständig das Gebiet von St. Martin am Schneeberg (siehe auch Seite 12). Schneeberg – Superlativ im alpinen Bergbau! In diesem Kessel hoch über dem innersten Passeiertal entstand in gut 2300 Meter Höhe eine regelrechte Siedlung, in der es zeitweise sogar eine Schule gab. Im Mittelalter arbeiteten in 70 Stollen mehr als 1000 Bergleute. Anfangs brachte man das Erz von dort oben über die Schneebergscharte (2650 m) nach Ridnaun und Sterzing, anschließend über den Brenner bis nach Brixlegg im Unterinntal – fast ausschließlich auf Pferderücken. Ein unvorstellbarer Aufwand! Kein Wunder also, daß man immer neue Methoden für dieses höchstgelegene Bergwerk der Alpen ausklügelte: Rutschen, Seil- und Lorenbahnen, und um 1720 diente der 731 Meter lange Kaindltunnel dem Erztransport vom Schneeberg unter der gleichnamigen Scharte hindurch nach Osten.
Heute herrscht in den drei Stubaitälern bei Sterzing eine erstaunliche Ruhe. Der Bergsteiger wird das freudig begrüßen, ohne die Ursachen dafür so recht zu verste-

hen: Denn zumindest das Pflerschtal gehört zum Schönsten in Tirol. Die Riesenfelsburg des Pflerscher Tribulauns (3096 m) mit ihren wilden, bis zu 1000 Meter hohen Abstürzen, aber auch die Gletscher im Talhintergrund sorgen für ein eindrucksvolles Bild. Feuerstein heißt der dominierende Berg dort, die auffallend roten Gletscherschliffe sorgten für diesen Namen. Ungleich weiter, sanfter und sonniger ist das Ridnauntal mit seinen verstreuten Dörfern und Weilern unten auf den Böden und den kleinen Orten und Einzelhöfen hoch oben am Hang wie Telfes (1250 m) oder Stranses (1462 m). Auch hier leuchtet im Talhintergrund das Eis (des Übeltalferners). Und schließlich gibt es noch das kleine, abgeschiedene, man möchte fast sagen intime Tal von Ratschings (1280 m), das von Wald und steilen Hängen umrahmt wird und sich weitab aller spektakulären Hochgebirgsszenerie am Südostrand der Stubaier Alpen verbirgt.

⇛ Als *Gilfenklamm* bezeichnet man den Durchbruch des Ratschingsbaches zum Ridnaunbach. Das Wasser schuf hier eine unterirdische Märchenwelt, die seit 1886 mit einem Steig erschlossen ist, der oft kunstvoll an den Felsen »klebt« und sogar durch einen Tunnel führt. Die vor allem im Frühsommer reichen Wassermengen zwängen sich durch eine enge, manchmal nur wenige Meter breite Klamm oder stürzen als Wasserfall in die Tiefe. Ein starkes Gefälle in dieser Schlucht sorgt für das ungewöhnlich laute Tosen. An manchen Stellen, an denen das Wasser arbeitet, leuchtet der Fels auffallend hell. Die Gilfenklamm ist nämlich in einen fast weißen Marmor eingeschnitten, der in Außerratschings auch abgebaut wird. Eine Rundtour: Parken in Stange an der Hauptstraße. Zwischen den Häusern zum Bach und auf dem kunstvoll angelegten Steig durch die Gilfenklamm (Gebühr) zum Jaufensteg. Hier auf einem Sträßchen nach Osten bis Burgt und auf steilem Fußweg an der Burgruine Reifenegg vorbei wieder nach Stange hinab.

⇛ *Pflerscher Wasserspiele* lautet die beste Bezeichnung für all die Wasserfälle im Bereich von Innerpflersch und Stein. Zusammen mit den gepflegten, teilweise steilen, im Frühsommer üppig blühenden Mähwiesen und den verstreuten Höfen ist das eine ungewöhnlich reizvolle Tallandschaft. Der wasserreiche Pflerschbach selbst tost im Gebiet von Stein durch eine Felsschlucht mit malerischen Strudeltöpfen, Gumpen, Kaskaden usw. Er kommt auch durch die Hölle. Jawohl! Oberhalb von Innerstein stürzt der Bach über eine 46 m hohe Stufe, stark gischtend, so daß hier der Höllendampf aus dem Boden aufzusteigen scheint. Gleich nebenan stürzt der feine Strahl des Trommelbachfalls über zwei Stufen (45 und 52 m) in die Tiefe. Etwas weiter talaus fällt der breite, 81 m hohe Gansörbachfall auf. Er bringt das Wasser aus dem Sandessee (bei der Tribulaunhütte) auf etwas ungewöhnlichem Weg: Der See entwässert unterirdisch, das Wasser tritt nach etwa einem Kilometer wieder an die Oberfläche und erreicht schließlich als Gansörbach das Tal. Knapp hinter Innerpflersch sieht man den 77 m hohen Mesnerbachfall, während sich die beiden Koggrabenfälle direkt oberhalb des Ortes in ihrem schmalen Taleinschnitt verstecken.
Jeder mag sich seine Schau- und Bummeltour im Bereich der Pflerscher Wasserspiele selbst zusammenstellen. Am besten startet man in Innerpflersch. Der Wanderweg Nr. 6 bildet die Leitlinie. Man wird auf jeden Fall die Hölle besuchen und zudem Abstecher nach oben einstreuen, um sich die anderen Wasserfälle noch näher anzuschauen.

Meine persönliche Liebe gehört dem innersten Passeiertal (Ausmündung bei Meran), das unser Gebirge im Südwesten begrenzt. In der Erzählung ab Seite 45 habe ich diese wild-urtümliche Landschaft beschrieben. Bitte, lesen Sie dort nach.

Sterzing, 948 m
Verkehrsamt, I-39049,
Tel. 0472/765325,
5500 Einwohner,
1300 Gästebetten.

Gossensaß, 1098 m
mit Pflerschtal,
Verkehrsamt, I-39040,
Tel. 0472/62372,
2300 Einwohner,
1200 Gästebetten.

Ratschings, 971 m
mit den Fraktionen
Stange, Mareit,
Ridnaun, Telfes,
Jaufental u.a.
Verkehrsverein in
Stange, I-39040,
Tel. 0472/756666,
3650 Einwohner,
3000 Gästebetten.

Gilfenklamm
Knapp 2 Std. für den Rundweg von Stange durch die Klamm zum Jaufensteg und zurück über Reifenegg, Fuß- und Fahrwege.

Pflerscher Hölle
Von Innerpflersch in 40 Min. auf Weg Nr. 6 zur Hölle. Die anderen Wasserfälle liegen 10 bis 15 Min. oberhalb des Weges.

Um 1880:
Marktbild aus dem Südtiroler Wipptal.